高等学校网络教育规划教材

市 场 营 销 学

主 编 周 琳
副主编 蒋园园

西北工业大学出版社

【内容简介】 本书根据市场营销学的最新研究成果，全面系统地介绍了市场营销的基本理论和营销策略，主要内容包括市场营销概述、市场营销环境、市场购买行为分析、目标市场的选择、战略计划过程、产品决策、价格决策、分销渠道。

本书既可作为高等学校网络教育的教材使用，也可供其他院校相关专业作为教材选用。

图书在版编目（CIP）数据

市场营销学/周琳主编. —西安：西北工业大学出版社，2010.1
（2015.12 重印）
ISBN 978 - 7 - 5612 - 2723 - 7

Ⅰ.①市… Ⅱ.①周… Ⅲ.①市场营销学 Ⅳ.①F713.50

中国版本图书馆 CIP 数据核字（2010）第 015851 号

出版发行：西北工业大学出版社
通信地址：西安市友谊西路 127 号 邮编 710072
电 话：(029)88493844 88491757
网 址：www.nwpup.com
印 刷 者：陕西向阳印务有限公司
开 本：727 mm×960 mm 1/16
印 张：19.5
字 数：333 千字
版 次：2010 年 1 月第 1 版 2015 年 12 月第 3 次印刷
定 价：36.00 元

前　言

改革开放以来,社会主义市场经济逐步确立,市场营销学的基本理论随之发展完善。从传统意义上的"酒好不怕巷子深"到现在"酒好也怕巷子深"的营销理念转变,充分说明市场营销理论对现代企业产品销售以及营销人员开发市场具有很好的指导意义。

本书主要面向接受网络教育的本科大学生。与在校大学生比较,他们学习条件更艰苦,学习时间更紧张,学习环境更困难,但他们追求真理的求知欲望和在校大学生是完全一样的。怎样使本书更能适应网络教育大学生的实际水平,方便他们的学习,我们基于这些思考,做了许多创造性的工作,使本书具有下述特点:一是简明化。从节约学生学习时间考虑,每章内容前均配有学习目标和知识要点,教材力求简明扼要,注重对基本理论和主要观点的介绍,对一些人人皆知的知识性问题一般不做过多阐述,尽量避免冗言赘语。二是条理化。为了方便学生记忆、考试,教材注重内容的条理性,运用逻辑联系,分层表述的方法,尽量将系统的理论分条缕析,进行阐述,使学生对每一个理论观点都有一个清晰的记忆。三是通俗化。在语言使用上力求大众化、通俗化,尽量避免使用生僻词句,在理论阐述上深入浅出,注重用浅显的语言表述深刻的道理。四是内容新颖,实用性强。编写时每章前均以案例导入开始,章末以案例分析和思考题结束,从现实问题入手,进行理论讲解,并佐以大量的案例以加深读者对问题的理解和认识。在内容编排上不仅保留了传统市场营销的核心内容,如环境与行为分析、战略计划、目标市场的选择、4Ps组合策略,同时也考虑到今天服务行业以及网络技术的发展,选择了服务营销和网络营销的内容。五是配有习题集,便于学生巩固知识点、复习、考试使用。

本书由西北工业大学网络教育学院组织策划,西安交通大学周琳副教授任主编,西安交通大学城市学院蒋园园任副主编。全书分为 11 章,编写分工为:第一章由周琳编写;第二、七、十一章由将园园编写;第三~五章由刘颖编写;第六、九、十章由张雯编写;第八章由张武康编写。全书由周琳统稿。

　　本书在编写过程中参阅并引用了许多专家、学者的研究成果,西安工业大学网络学院的领导和同行给予大力支持和帮助,在此一并表示衷心感谢!

　　由于编者水平有限,不足之处在所难免,恳请读者批评指正。

编　者
2009 年 10 月

目　录

第一章　市场营销概述 ································· 1

第一节　市场营销及其功能 ····················· 2

第二节　市场营销管理 ························· 10

第三节　市场营销观念及其发展 ················· 12

习题一 ································· 24

第二章　市场营销环境 ····························· 27

第一节　营销活动与营销环境 ··················· 29

第二节　直接营销环境 ························· 30

第三节　间接营销环境 ························· 33

第四节　环境分析与企业对策 ··················· 38

习题二 ································· 40

第三章　市场购买行为分析 ························· 44

第一节　消费者市场购买行为分析 ··············· 45

第二节　组织市场购买行为分析 ················· 63

习题三 ································· 71

第四章　目标市场的选择 ··························· 73

第一节　寻找和评价市场机会 ··················· 74

第二节　市场细分的依据和方法 ················· 77

第三节　目标市场的选择 ······················· 85

第四节　目标市场定位 ························· 90

习题四 ································· 96

第五章　战略计划过程 ·· 98

　　第一节　企业任务与营销目标 ························· 99
　　第二节　制订业务投资组合计划 ····················· 102
　　第三节　制订新业务计划 ···························· 108
　　习题五 ·· 112

第六章　产品决策 ··· 115

　　第一节　产品概念 ··································· 118
　　第二节　产品组合策略 ······························ 121
　　第三节　产品生命周期 ······························ 125
　　第四节　品牌策略 ··································· 131
　　第五节　包装策略 ··································· 142
　　第六节　新产品开发 ································· 148
　　习题六 ·· 161

第七章　价格决策 ··· 163

　　第一节　影响定价的因素 ····························· 165
　　第二节　定价的方法 ································· 167
　　第三节　定价策略 ··································· 171
　　习题七 ·· 178

第八章　分销渠道 ··· 181

　　第一节　分销渠道的结构 ····························· 182
　　第二节　分销渠道的设计与选择 ····················· 191
　　第三节　分销渠道管理 ······························ 197
　　第四节　中间商分析 ································· 201
　　习题八 ·· 209

第九章　促销策略 ··· 212

　　第一节　促销及其组合 ······························ 213
　　第二节　广告策略 ··································· 224
　　第三节　营业推广 ··································· 233

　　第四节　人员推销…………………………………………238

　　第五节　公共关系…………………………………………247

　　习题九……………………………………………………255

第十章　服务营销………………………………………257

　　第一节　服务与服务营销…………………………………259

　　第二节　服务营销组合策略………………………………266

　　第三节　服务营销管理……………………………………271

　　习题十……………………………………………………279

第十一章　网上营销……………………………………284

　　第一节　网上营销概述……………………………………285

　　第二节　网上购物…………………………………………289

　　第三节　网上广告…………………………………………291

　　习题十一…………………………………………………297

参考文献…………………………………………………301

第一章　市场营销概述

学习目标

通过本章的学习应正确理解市场营销的概念，将市场营销与一般的销售区分开来；了解市场营销的功能；理解市场营销管理的实质；把握市场营销管理的任务；掌握市场营销的核心概念；理解顾客让渡价值理论；了解市场营销观念的发展变化。

知识要点

市场营销，需求，欲望，需要，交换，营销管理任务，市场营销观念，整体营销，顾客让渡价值。

案例导入

日本电视机进入中国市场

1979 年，我国放宽了对家用电器的进口。当时，西方多个国家欲进入我国市场。但是他们在做过一些市场调研之后，都因中国居民收入过低而放弃。日本电视机厂商在其之后进入，日商首先分析了中国市场需求特点，从市场营销角度将市场视为由人口、购买力及购买动机构成，认为中国有 10 亿人口，人均收入虽然较低，但中国人有储蓄的习惯，已经形成了一定的购买力，长期文化生活的匮乏使中国消费者有着对电视机的需求。由此得出结论：中国存在一个很有潜力的黑白乃至彩色电视机市场，决定进军中国市场。日本电视机厂商在分析中国电视机市场需求特点的基础上，制定了相应的市场营销策略以满足中国消费者的需求。

首先，他们对电视机进行了有针对性的改造。中国电压系统与日本不同，必须将 110 伏改为 220 伏；中国电力不足，电压不稳定，需配置稳压器；要适合中国住房面积小的特点，应以 12～14 英寸电视机为主；要提供质量保证及维修服务。

其次，针对当时我国还未设立国营商店分销进口电视机的渠道，选择港澳国货公司和代理、经销商推销，同时通过港澳同胞携带电视机进内地，由日本厂商用货柜直接运送到广州榴花宾馆。

接着在香港电视台发动宣传攻势，并在香港《大公报》《文汇报》等报刊大量刊登广告；在香港电视台介绍有关日本电视机的知识。一番广告的狂轰烂炸，使国人了解并认识了电视机。

最后在其产品大举进入时，考虑当时中国尚无外国电视机的竞争，因此，价格比中国同类电视机的要高。

第一节　市场营销及其功能

在市场经济条件下，市场是一切经济活动的集中体现。从生产企业到消费者个人，都与市场有着千丝万缕的联系。市场是所有企业从事生产经营活动的出发点和归宿，是不同国家、地区、行业的生产者相互联系和竞争的载体。

市场营销是企业整体活动的中心环节，又是评判企业生产经营活动成功与失败的决定要素。因此，企业必须不断地研究市场、认识市场，进而适应市场和驾驭市场。

Marketing 这门学科在最初被引进我国时，人们对它的翻译有很多种，有人将它译为"销售学"，也有人将它译为"市场学"；台湾地区将其译为"行销学"；香港地区将其译为"市务学"。而这些译法都没有把其原本含义全面地反映出来。而"市场营销"的译法则较准确地反映了 Marketing 原本的意思，这一译法也最终被国内公众普遍接受。

一、市场营销的定义

西方学者从不同角度以发展的观点对市场营销下了不同的定义。有些学者从宏观角度对市场营销下定义。例如，麦卡锡把市场营销定义为一种社会经济活动过程，其目的在于满足社会或人类需要，实现社会目标。又如，菲利浦·科特勒曾经指出，"市场营销是与市场有关的人类活动。市场营销意味着和市场打交道，为了满足人类需要和欲望，去实现潜在的交换"。美国市场营销协会于 1960 年从微观的角度对市场营销下的定义是：市场营销是"引导产品或劳务从生产者流向消费者的企业营销活动"。这一概念主要强调了渠道和促销功能。菲利浦·科特勒 1984 年对市场营销的定义是：市场营销是指企业的这种职能，"认识目前未满足的需要和欲望，估量和确定需求量大小，选择和决定企业能最好地为其服务的目标市场，并决定适当的产品、劳务和计划（或方案），以便为目标市场服务"。

美国市场营销协会（AMA）于 1985 年对市场营销下了更完整和全面的定义：市场营销是"对思想、产品及劳务进行设计、定价、促销及分销的计划和实施的过程，从而产生满足个人和组织目标的交换。"这一定义比前面的诸多定义更为全面和完善。主要表现是：①产品概念扩大了，它不仅包括有形产品，也包括无形产品；②市场营销概念扩大了，市场营销活动贯穿整个生产经营活动之中，不仅包括赢利性的经营活动，还包括非赢利组织的活动；③强调了交换过程；④突出了市场营销计划的制订与实施。

本书采用美国著名营销学者菲利普·科特勒教授对市场营销所做的定义：市场营销是通过创造和交换产品及价值，从而使个人或群体满足欲望和需要的社会过程和管理过程。

二、市场营销的核心概念

在美国著名营销学者菲利浦·科特勒对市场营销的定义中包含了有关市场营销的一系列相关概念。

1. 需要、欲望和需求

（1）需要是没有得到某些基本满足的感受状态。需要的满足必须依靠产品，当你看到一个人寻找水泥钉时，你会认为他需要什么？他需要解决什么问题？你又会向他提供什么产品？如果你认为他需要的是钉子，那你就会向他提供钉子和榔头；而如果你认为他需要的是解决墙面固定物品的问题，那你就会向他提供钻子……

（2）欲望是指人们想得到基本需要的具体满足物的愿望。人类的需要是有限的，但其欲望却是无限的。

（3）需求是对于有能力购买并且愿意购买的某个具体产品的欲望。当人们具有购买能力时，欲望便转化为需求。

将需要、欲望和需求加以区分，其重要意义就在于阐明这样一个事实，即市场营销者并不创造需要；需要早就存在于市场营销活动出现之前；市场营销者，连同社会上的其他因素，只是影响了人们的欲望，并试图向人们指出何种特定产品可以满足其特定需要，进而通过具有吸引力，并能与消费者的支付能力相适应，且容易得到的产品来影响需求。

【案例 1-1】卖火柴的小女孩

圣诞节之夜，贫穷的小佩蒂冒着风雪，沿街叫卖火柴，但没有一个人来买。乘马车赴宴的富豪们过来了，小佩蒂求他们买一包火柴，老爷们催马扬鞭，将她撞倒在雪地里。天越来越黑，风雪越来越大，饥寒交迫的小佩蒂实在支持不住了，她想："我怎样才能暖和暖和身子呢？"这时，她想到了手中的火柴。那怕是一根火柴的光和热，对她也是温暖的。火柴燃起来了。在那温暖明亮的火光里，她看到了多么奇异的景象啊！一群火焰姑娘围着她，温暖着她的身心；三个小侍者给她送来了喷香的烤鸡和节日蛋糕；妈妈给她带来了圣诞礼物……但凛洌的北风吹灭了她擦燃的根根火柴，美好的幻景一个个地消逝了。晨曦中，教堂的钟声响起来了，可是蜷缩在路灯下的小佩蒂已经停止了呼吸。

小佩蒂太冷太饿，她需要温暖（需要），想得到面包和烤鸡（欲望），但是她没有钱。如果她有钱，那么她就可以买到面包和烤鸡（需求）。

2. 产品及相关的效用和价值的满足

（1）产品是指用来满足顾客需求和欲望的物品。产品包括有形产品和无形产品。有形产品是为顾客提供服务的载体，如电视机、汽车等。无形产品是通过其他载体，诸如人、地、活动、组织和观念等来提供的。比如当我们感到疲劳时，可以到音乐厅欣赏歌星唱歌（人），可以到公园去游玩（地），可以到室外散步（活动），可以参加俱乐部活动（组织），或者接受一种新的意识（观念）。有形产品的重要性不仅在于拥有它们，而且在于通过使用它们来满足我们的欲望。市场营销者切记，销售产品是为了满足顾客需求。如果只注意产品而忽视顾客需求，就会产生"市场营销近视症"。

（2）效用、价值和满足。效用是消费者对满足其需要的产品的全部效能的估价，是指产品满足人们欲望的能力。效用实际上是一个人的自我心理感受，它来自人的主观评价。

产品全部效能（或理想产品）的标准究竟应该如何确定？例如，某消费者从甲地前往乙地，有多种交通工具可以选择，如自行车、摩托车、汽车、火车、飞机等。这些可供选择的产品就构成了产品的选择组合。又假设某消费者要求满足其不同的需求，如速度、安全、舒适及节约成本，这些要素又构成了其需求组合。这样，每种产品有不同能力来满足其不同需要，如自行车省钱，但速度慢，欠安全；汽车速度快，但成本高。消费者要决定一项最能满足其需要的产品。为此，将最能满足其需求到最不能满足其需求的产品进行排列，从中选择出最接近理想产品的产品，它对消费者效用最大，如消费者到某目的地所选择理想产品的标准是安全、速度，他可能会选择汽车。

消费者在选择所需的产品时除效用因素外，产品价格高低也是其选择因素之一。如果消费者追求效用最大化，他就不会简单地只看产品表面价格的高低，而会看每一元钱能产生的最大效用，如一辆好汽车要比一辆自行车贵得多，但由于速度快，相对于自行车更安全，其效用相对较大，从而更能满足顾客需求。

【案例 1 - 2】三个业务员寻找市场

美国一个制鞋公司要寻找国外市场，公司派了一个业务员去非洲一个岛国，让他了解一下能否将本公司的鞋销给岛上的人们。这个业务员到非洲呆了一天后发回一封电报："这里的人不穿鞋，没有市场，我即刻返回。"公司又派出了另一名业务员，第二个人在非洲呆了一个星期，发回一封电报："这里的人不穿鞋，鞋的市场很大，我准备把本公司生产的鞋卖给他们。"公司总裁得到两种不同的结果后，为了解到更真实的情况，于是又派去了第三个人，该人到非洲后呆了三个星期，发回一封电报："这里的人不穿鞋，原因是他们脚上长有脚疾，他们也想穿鞋，过去不需要我们公司生产的鞋，是因为我们的鞋太窄。我们必须生产宽鞋，才能适合他们对鞋的需求，这里的部落首领不让我们做买卖，除非我们借助于政府的力量和公关活动搞大市场营销。我们打开这个市场需要投入大约 1.5 万美元。这样我们每年能卖大约 2 万双鞋，在这里卖鞋可以赚钱，投资收益率约为 15%。"

3. 交换、交易和关系

所谓交换是指通过提供某种东西作为回报，从别人那里获取所需物的行为。

当人们有了需求和欲望，企业亦将产品生产出来，还不能解释为市场营销，产品只有通过交换才使市场营销产生。历史上人们取得所需物的方式主要有 4 种：人们通过自给自足或自我生产方式，或通过偷抢方式，或通过乞求方式获得物品，或通过交换方式取得。但前三者都不是市场营销，只有通过交换，买卖双方彼此获得所需的产品，才产生市场营销。可见，交换是市场营销的核心概念。

交换的发生，必须具备 5 个条件：

（1）至少有两方；

（2）每一方都有被对方认为有价值的东西；

（3）每一方都能沟通信息和传送物品；

（4）每一方都可以自由接受或拒绝对方的产品；

（5）每一方都认为与另一方进行交换是适当的或称心如意的。

交易是交换的基本组成部分。交易是指买卖双方价值的交换，它是以货币为媒介的，而交换不一定以货币为媒介，它可以是物物交换。

一次交易包括 3 个可以量度的实质内容：

（1）至少有两个有价值的事物；

（2）买卖双方所同意的条件；

（3）协议时间和地点。

关系是指双方的联系。在市场竞争中买卖双方之所以能够发生交易行为，除了交换条件和交易内容的满足外，还涉及关系问题。经营中企业之间长期的合作关系，可以使其节约交易成本和时间，降低交易风险。巴巴拉·本德·杰克逊于 1985 年提出关系营销的概念，他认为关系营销可以使企业得到的比在交易营销中所得到的更多。

关系市场营销可定义为：企业与其顾客、分销商、经销商、供应商等建立、保持并加强关系，通过互利交换及共同履行诺言，使有关各方实现各自目的。企业与顾客之间的长期关系是关系市场营销的核心概念。交易市场营销能使企业获利，但企业更应着眼于长远利益，因而保持并发展与顾客的长期关系是关系市场营销的重要内容。建立关系是指企业向顾客作出各种许诺；保持关系的前提是企业履行诺言；发展或加强关系是指企业履行从前的诺言后，向顾客作出一系列新的许诺。关系市场营销强调顾客忠诚度，保持老顾客比吸引新顾客更重要。企业的回头客越多，市场营销费用越低。而企业在与顾客保持长久的关系基础上，除产品和企业的市场形象之外，很难再有其他有效措施了。

4. 市场、市场营销者

市场由一切有特定需求或欲望并且愿意和可能从事交换来使需求和欲望得到满足的潜在顾客所组成。一般来说，市场是买卖双方进行交换的场所。但从市场营销学角度看，卖方组成行业，买方组成市场，行业和市场构成了简单的市场营销系统。买方和卖方由 4 种流程所联结，卖方将货物、服务和信息传递到市场，然后收回货币及信息。现代市场经济中的市场是由诸多种类的市场及多种流程联结而成的。生产商到资源市场购买资源（包括劳动力、资本及原材料），转换成商品和服务之后卖给中间商，再由中间商出售给消费者。消费者则到资源市场上出售劳动力而获取货币来购买产品和服务。政府从资源市场、生产商及中间商购买产品，支付货币，再向这些市场征税及提供服务。因此，整个国家的经济及世界经济都是由交换过程所联结而形成的复杂的相互影响的各类市场所组成的。

市场包含 3 个主要因素,即有某种需要的人,为满足这种需要的购买能力和购买欲望。分析一个市场好坏必须从这 3 个方面考虑。用公式来表示为

$$市场 = 人口 + 购买力 + 购买欲望$$

【案例 1－3】中国市场与美国市场之比较

1987 年中国有 12 亿人口,人均月收入不足 100 元(人民币);美国近 2 亿人口,人均月收入超过 2 000 美元。在中国一个馒头 0.2 元人民币,一个面包均价为 1.2 元人民币;在美国一个面包 1 美元左右(500 克)。选择哪个市场更赚钱?以当时的情况,当然选择中国市场卖馒头更赚钱。

由此可见购买力虽然很大,但人口少,也不能成为很大的市场。只有人口既多,购买力又高,才能成为一个有潜力的大市场。顶新董事长魏应行回想起创业时的心情曾感慨地说:"当对内地形势认识只有 5%～10% 的时候,感觉真是太好了,什么东西一乘上 12 亿,心情就很激动,恨不得拥抱大陆。"

由上述分析可知,我们可以将市场营销理解为与市场有关的人类活动,即以满足人类各种需要和欲望为目的,通过市场变潜在交换为现实交换的活动。在交换双方中,如果一方比另一方更主动、更积极地寻求交换,则前者称为市场营销者,后者称为潜在顾客。所谓市场营销者,是指希望从别人那里取得资源并愿意以某种有价之物作为交换的人。市场营销者可以是卖主,也可以是买主。

三、市场营销的功能

1. 发现和了解消费者需求

现代市场营销观念强调市场营销应以消费者为中心,企业也只有通过满足消费者的需求,才可能实现企业的目标,因此,发现和了解消费者的需求是市场营销的首要功能。

2. 指导企业决策

企业决策正确与否是企业成败的关键,企业要谋得生存和发展,首先是要做好经营决策。企业通过市场营销活动,分析外部环境的动向,了解消费者的需求和欲望,了解竞争者的现状和发展趋势,结合自身的资源条件,指导企业在产品、定价、分销、促销和服务等方面作出相应的、科学的决策。

3. 开拓市场

随着市场的发展、竞争的加剧,企业在站稳原市场的基础上,必须开发

新产品、开拓新市场。因此企业市场营销活动的另一个功能就是通过对消费者现在需求和潜在需求的调查、了解与分析，充分把握和捕捉市场机会，积极开发产品，建立更多的分销渠道，采用更多的促销形式，以开拓市场，增加销售。

4. 满足消费者的需求

满足消费者的需求与欲望是企业市场营销活动的出发点和中心，也是市场营销的基本功能。企业通过市场营销活动，从消费者的需求出发，并根据不同目标市场的顾客，采取不同的市场营销策略，合理地组织企业的人力、物力、财力等资源，为消费者提供适销对路的产品，搞好销售后的各种服务，让消费者满意。

【案例 1－4】康师傅——成功看得见

康师傅方便面的投资者是台湾的顶新集团。顶新集团在台湾只能算是一个不起眼的小兵。而统一集团，可以说是台湾食品业的龙头老大。但是，小兵却扳倒了龙头老大，也击败了众多大陆方便面品牌，牢牢地坐稳了大陆方便面市场的头把交椅。他山之石，可以攻玉，"康师傅"缘何如此成功？其中的原因值得我们慢慢体味并加以借鉴。

顶新集团的创业者是来自台湾的魏家四兄弟。1987 年底，他们原本计划到欧洲投资。但就在动身前，台湾当局宣布开放大陆探亲，他们立即改变行程，决定在潜藏无限商机的大陆市场寻求发展契机。于是，1988 年顶新集团开始了在大陆的投资。在几次投资未果的情况下，一次，魏应行外出办事，因为不太习惯火车上的饮食，便带了两箱从台湾捎来的方便面。没想到这些在台湾非常普通的方便面却引起了同车旅客极大的兴趣。大家纷纷夸奖这面好吃，两箱面很快被一扫而空。就是这次经历，魏应行发现了一个新的创业契机，也就是进军方便面市场。

吸取前几次投资失败的教训，在进军方便面市场之前，魏应行等人对大陆的方便面市场进行了详尽的市场调研。他们对当时市场上已有的方便面品牌做了仔细的分析，发现国内的方便面市场呈两极化趋势：一方面国内厂家生产的方便面虽然价格比较低——仅几毛钱一袋，但是质量较差，面条一泡就烂，而且都黏在一起。调味料配料简单，冲出来就像味精水；另一方面进口面条虽然质量好，但是却要五六元一碗，一般消费者都接受不了。同时，他们还针对不同层次的消费者做了调查，发现随着生活节奏的加快，大多数人们都希望有一种价廉物美的方便食品。由此他们总结出如果生产价格在一两元钱、味美价廉的方便面，一定会有很大的市场潜力。

顶新集团首先考虑如何为产品命名。为此，他们颇下了一番工夫，最后给产品起名叫"康师傅"。"康"念起来很响亮，加上顶新集团过去生产经营过的"康莱蛋酥卷"有一定的知名度，方便面姓"康"，与"康莱"可以"称兄道弟"。此外，"康师傅"方便面有个"康"字，也容易引起人们对"健康"、"安康"、"小康"等的心理联想。"师傅"是大陆最普遍的尊称，也是专业上有好手艺的代名词，康师傅叫起来既上口，又亲切，再配上笑容可掬、憨厚可爱的"胖厨师"形象，是一个很具号召力的品牌。

确定了品牌名称，接下来就是开发适合大陆口味的面。这也是最为关键的一步。顶新集团对"康师傅"的定位是既要比大陆生产的方便面好吃，同时还要保留大陆风味。考虑到大陆人口味偏重，而且比较偏爱牛肉口味，集团决定以"红烧牛肉面"作为进入市场的主打产品。在方便面的制作工艺和口味配方确定上，集团的调研策划者采用了"最笨"、"最原始"的办法——"试吃"。他们摆设了摊点，请一批试吃者品尝某种配方的牛肉面，一旦有人提出不满意的地方就改。待这批人接受了这种风味后，再找第二批人品尝，根据反馈意见再加以改进。调研部门经过上万次改口味测试和调查，才将"大陆风味"的方便面制作工艺和配方最终确定下来。集团从日本、德国专门进口了最先进的生产设备，采用特选面粉，经蒸煮、淋汁、油炸制成面饼，保证了面条够劲道，久泡不糟；方便面内附脱水蔬菜包、调味包和夹有细肉块的肉酱包，经过调配便是具有浓郁牛肉香味的汤汁。上帝是苛刻的，但也是公平的。当新口味的康师傅方便面正式上市销售时，消费者的反应几乎异口同声："味道好极了！"一时间，康师傅方便面成了北京、天津、上海、广州等大城市居民首选的方便食品。

从1994年开始康师傅又相继在广州、杭州、武汉、重庆、西安、沈阳、青岛等地设立生产基地，生产线也从1条增加到88条。他们每设立一个生产基地，都会在当地展开详尽的市场调研，了解消费者对其产品的意见。根据各地的口味差异，他们先后开发生产了20余种不同口味的产品。这些口味的方便面，由于有详细的市场调研资料为基础，在推出后也纷纷受到了消费者的欢迎。

在开发新产品的同时，顶新集团还从各细节处着手，尽心竭力地做到让消费者满意。他们最典型的一个创新便是首创在碗面上加放塑料叉，以方便消费者，尤其是出门在外的消费者的使用。此项看似不起眼的创举迅速成为一种潮流，使得所有生产方便碗面的厂家纷纷效仿，碗面配小叉成了一项不成文的标准。诸如此类的例子很多。顶新集团正是靠着对市场精确的把握，想消费者之未想而最终实现了成为中国面王的梦想。

第二节　市场营销管理

在现代市场经济条件下，企业必须十分重视市场营销管理，根据市场需求的现状与趋势，制订计划，配置资源。通过有效地满足市场需求，进而赢得竞争优势，求得生存与发展。

一、市场营销管理的实质

市场营销管理是指为创造达到个人和机构目标的交换，而规划和实施理念、产品和服务的构思、定价、分销和促销的过程。市场营销管理是一个过程，包括分析、规划、执行和控制。市场营销管理的对象包含理念、产品和服务。市场营销管理就是通过完成交换，满足各自需求，以实现企业发展的最终目的。

刺激消费者对产品的需求是市场营销管理的主要任务，但市场营销管理的主要任务又不能仅仅局限于此。它还必须帮助公司在实现其营销目标的过程中，影响需求水平、需求时间和需求构成。因此，市场营销管理的任务应是刺激、创造、适应及影响消费者的需求。由此可说，市场营销管理的本质是需求管理。企业在开展市场营销的过程中，一般要设定一个在目标市场上预期要实现的交易水平，然而，实际需求水平可能低于、等于或高于这个预期的需求水平。也就是说，在目标市场上，可能没有需求，或需求很小，或需求超量，市场营销管理就是要解决这些不同的需求问题。

二、市场营销管理的任务

任何市场都可能存在不同的需求状况。我们根据市场需求水平、时间和性质的不同，可归纳出 8 种不同的需求状况。在不同的需求状况下，市场营销管理的任务有所不同，要求通过不同的市场营销策略来解决。

1. 负需求

负需求是指市场上众多顾客不喜欢某种产品或服务，即指绝大多数人对某个产品感到厌恶，甚至回避它的一种需求状况。如许多老年人为预防各种老年疾病拒绝吃甜点心和肥肉，又如有些顾客害怕危险而不敢乘飞机，或害怕化纤纺织品有有毒物质损害身体，而不愿购买化纤服装，等等。市场营销管理的任务是分析人们为什么不喜欢这些产品，并针对目标顾客的需求重新设计产品、重新定价，做更积极的促销，以改变顾客对某些产品或服务的信念，诸如宣传老年人适当吃甜食可促进脑血液循环，乘坐飞机出事的概率比较小等。把负需求变为正需求，称为改变市场营销。

2. 无需求

无需求是指目标市场顾客对某种产品从来不感兴趣或漠不关心的一种需求状况。如许多非洲国家居民从不穿鞋子，对鞋子无需求。一般情况下市场对下列产品无需求：①人们一般认为无价值的废旧物资；②人们一般认为有价值，但在特定市场无价值的东西；③新产品或消费者平常不熟悉的物品等。在无需求情况下，市场营销管理的任务是刺激市场营销，即通过大力促销及其他市场营销措施，努力将产品所能提供的利益与人的自然需要和兴趣联系起来。如现在有一些环保工作者将一些废旧物品（俗称垃圾）或组拼或加工为实用物品，进而改变了人们原本对这些废旧物品漠不关心的状态。

3. 潜在需求

潜在需求是指现有的许多消费者对某种产品或服务有强烈的需求，而现有产品或服务又无法满足其需求的一种状况。例如，老年人需要高植物蛋白、低胆固醇的保健食品，美观大方的服饰，安全、舒适、服务周到的交通工具等，但许多企业尚未重视老年市场的需求。在潜在需求情况下，市场营销管理的任务是开发市场营销，准确地衡量潜在市场需求，开发有效的产品和服务，即开发市场营销，将潜在需求变为现实需求。

4. 下降需求

下降需求是指目标市场顾客对某些产品或服务的需求出现了下降趋势的一种需求状况，如近年来城市居民对电风扇的需求已趋于饱和，需求相对减少。在下降需求情况下，市场营销者要了解顾客需求下降的原因，可以通过改变产品的特色，采用更有效的沟通方法再刺激需求，即创造性地再营销，也可以通过寻求新的目标市场，以扭转需求下降的格局。

5. 不规则需求

不规则需求是指市场对一些产品或服务的需求因季节等因素而存在上下波动的需求状况。这种状况的出现势必会造成在需求高峰期商品的过度使用和生产能力不足、质量下降；而在需求非高峰期生产能力和商品的闲置。如旅游旺季时旅馆紧张和短缺，在旅游淡季时，旅馆空闲；再如节假日或周末时，商店拥挤，在平时商店顾客稀少。在不规则需求情况下，市场营销的任务是通过灵活的定价、促销及其他激励因素来改变需求时间模式，使物品或服务的市场供给与需求在时间上协调一致，这也被称为同步营销。

6. 充分需求

充分需求是指某种产品或服务目前的需求水平和时间与期望的需求水平和时间相一致的需求状况，这也是企业最理想的一种市场需求状况。但是，在动态市场上，消费者需求是不断变化的。因此，在充分需求情况下，企业营销的任务是改进产品质量及不断分析评估消费者的满足程度，通过降低成本来保持合理价格，并激励推销人员和经销商大力推销，千方百计维持目前需求水平，维持现时需求，此做法也被称为"维持营销"。

7. 过度需求

过度需求是指市场上顾客对某些产品的需求超过了企业供应能力，即市场上出现产品供不应求的一种需求状况。比如，由于人口过多或物资短缺，引起交通、能源及住房等产品供不应求。在过量需求情况下，企业营销管理的任务是减缓营销，可以通过提高价格、减少促销和服务等方式暂时或永久地降低市场需求水平，或者设法降低来自赢利较少或服务需要不大的市场需求水平。企业最好选择那些利润较少、要求提供服务不多的目标顾客作为减缓营销的对象。减缓营销的目的不是杜绝需求，而只是降低需求水平。

8. 有害需求

有害需求是指市场对某些有害物品或服务的需求。对于有害需求，市场营销管理的任务是反市场营销，即劝说喜欢有害产品或服务的消费者放弃这种爱好和需求，大力宣传有害产品或服务的严重危害性，大幅度提高价格，以及停止生产供应等。降低市场营销与反市场营销的区别在于：前者是采取措施减少需求，后者是采取措施消灭需求。

第三节　市场营销观念及其发展

企业经营观念（哲学）是企业经营活动的指导思想，是企业如何看待顾客和社会的利益，即如何处理企业、顾客和社会三者利益之间比重的关键。无论是西方国家企业还是我国企业，他们的经营管理思想演变都经历了"以生产为中心"向"以顾客为中心"及"以产定销"向"以销定产"转变的过程。企业经营观念的演变过程，既反映了社会生产力及市场趋势的发展，也反映了企业领导者对市场营销发展客观规律认识的过程。

一、市场营销观念

在市场发展中企业的市场营销管理观念经历了 6 个阶段，按时间顺序可归纳为生产观念、产品观念、推销观念、市场营销观念、社会市场营销观念和关系营销观念。

1. 生产观念

生产观念是指导销售者行为的最古老的观念之一，这种观念产生于20世纪20年代之前。当时由于内燃机、电力等新技术的广泛使用，带动了市场的不断扩大，市场需求也较为旺盛。与需求相比，生产能力则显示不足，市场上可供的产品有限，卖方市场居主导地位。企业经营哲学不是从消费者需求出发，而是从企业生产出发。其主要表现是"制造商生产什么，销售商卖什么；销售商卖什么，消费者就买什么"。例如，美国汽车大王亨利·福特曾傲慢地宣称："不管顾客需要什么颜色的汽车，我只有一种黑色的。"显然，其生产观念是一种重生产、轻市场营销的商业哲学。当时的生产者认为，消费者喜欢那些可以随处买得到而且价格低廉的产品，所以企业应致力于提高生产效率和分销效率，扩大生产，降低成本以扩展市场。例如，美国皮尔斯堡面粉公司，从1869—1920年，一直运用生产观念指导企业的经营，当时这家公司提出的口号是"本公司旨在制造面粉"。

由此可以看出，生产观念是在卖方市场条件下产生的。在资本主义工业化初期以及第二次世界大战末期和战后一段时期内，由于物资短缺，产品供不应求，生产观念在企业经营管理中颇为流行。我国在计划经济旧体制下，由于市场产品短缺，企业不愁其产品没有销路，工商企业在其经营管理中也奉行生产观念，具体表现为：工业企业集中力量发展生产，轻视市场营销，实行以产定销；商业企业集中力量抓货源，工业生产什么就收购什么，工业生产多少就收购多少，也不重视市场营销。

2. 产品观念

产品观念也是一种较早的企业经营哲学。这种观念认为，消费者喜欢质量最优、性能最好和功能最多的产品。因此，企业的任务应是致力于制造优良产品并经常加以改进。这些企业认为只要产品好就会顾客盈门，因而经常迷恋自己的产品，而未看到市场需求的变化。这种观点必然导致"一孔之见"的市场营销近视，甚而导致经营的失败。

【案例 1－5】爱尔琴钟表公司的经营观念

美国爱尔琴钟表公司自1869年创立到20世纪50年代，一直被公认为是美国最好的钟表制造商之一。该公司在市场营销管理中强调生产优质产品，并通过由著名珠宝商店、大百货公司等构成的市场营销网络分销产品。1958年之前，公司销售额始终呈上升趋势，但此后其销售额和市场占有率开始下降。造成这种状况的主要原因是市场形势发生了变化：这一时期的许多消费者对名贵手表已经不感兴趣，而趋于购买那些经济、方便、时尚的手表。同时，许多制造商为迎合消费者需要，已经开始生产低档产品，并通过廉价商店、超级市场等大众分销渠道积极推销，从而夺走了爱尔琴钟表公司的大部分市场份额。爱尔琴钟表公司竟没有注意到市场形势的变化，依然迷恋于生产精美的传统样式手表，仍旧借助传统渠道销售，认为自己的产品质量好，顾客必然会找上门。结果，致使企业经营遭受重大挫折。

3. 推销观念

这一经营哲学产生于 20 世纪 20 年代末至 50 年代前。随着生产社会化程度的提高和规模的扩大，社会产品数量迅速增多，资本主义固有的产品生产过剩与有支付能力的需求相对不足的矛盾也日趋明显。许多产品供大于求，市场趋势开始由卖方市场向买方市场转变，尤其在 1929－1933 年的特大经济危机期间，大量产品销售不出去，因而迫使企业重视采用广告术与推销术去推销产品。

推销观念强调消费者通常不会主动选择和购买某种商品，而只能通过推销的刺激作用，诱导其产生购买行为。因此，推销观念表现为"我卖什么，顾客就买什么"。在此观念导向下美国皮尔斯堡面粉公司，将以往的"本公司旨在制造面粉"改为"本公司旨在推销面粉"。在今天的企业营销活动中仍存在着推销观念，许多企业对于顾客不愿购买的产品，往往采用强行的推销手段。

这种观念虽然比前两种观念前进了一步，开始重视广告术及推销术，但实质依然是以生产为中心的，而对产品是否符合消费者需要，是否让消费者满意等问题重视不够。

4. 市场营销观念

市场营销观念认为，要达到企业目标，关键在于确定目标市场及其市场需求，并要比竞争者更有效能和效率地满足消费者的需求。可见，市场营销观念是以满足顾客需求为出发点的，即"顾客需要什么，就生产什么"。

这种观念产生于 20 世纪 50 年代以后，当时美国等发达资本主义国家相继进入市场经济阶段。随着战时庞大的军事工业转产民用产品以及科学技术的高度发展，市场产品供应量剧增，花色品种繁多，产品更新换代的周期逐渐缩短；再加之发达国家高工资、高福利、高消费的政策，使消费者的购买能力大幅提高，市场竞争加剧，市场趋势表现为真正的买方市场。许多企业开始认识到，必须转变经营哲学，才能求得生存和发展，因此市场营销观念应运而生。

在市场营销观念的指导下，企业营销活动由传统的以产定销转变为以销定产。即首先通过市场调查，分析预测市场，充分了解消费者需求，再根据市场需求确定经营方向，制订生产经营计划，向消费者提供能满足其需求的产品或服务，争取消费者的信任和满意。

市场营销观念的出现，使企业经营哲学发生了根本性变化，也使市场营销学发生了一次革命。市场营销观念同推销观念相比具有重大的差别。市场营销观念是以市场为出发点的，而推销观念则以工厂为出发点；市场营销观念以顾客需求为中心，推销观念则以产品为中心；市场营销观念以协调市场营销策略为手段，推销观念则以推销术和促销术为手段；市场营销观念是通过满足消费者需求来创造利润，推销观念则通过扩大消费者需求来创造利润。可见，市场营销观念的4个支柱是：市场中心、顾客导向、协调的市场营销和利润。推销观念的4个支柱是：工厂、产品导向、推销和赢利。

5. 社会市场营销观念

这种观念认为，企业的任务是确定目标市场需求和利益，并且在保持和增进消费者和社会福利的情况下，比竞争者更有效率地满足目标顾客。这不仅要求企业满足目标顾客的需求与欲望，而且要考虑消费者及社会的长远利益，即将企业利益、消费者利益与社会利益有机地结合起来。

社会市场营销观念产生于20世纪70年代。由于市场的发展、产业的发展，市场上丰富的商品，极大限度地满足了广大消费者的需求；而利益的趋使也使企业忽略了对环境的保护，破坏了社会生态平衡。同时市场上也出现了假冒伪劣产品及欺骗性广告等现象，从而引起了广大消费者不满，并掀起了保护消费者权益运动及保护生态平衡运动，迫使企业在营销活动中必须考虑消费者及社会长远利益。必须指出的是，由于诸多因素的制约，迄今为止，并不是所有的企业都树立了市场营销观念和社会市场营销观念。事实上，现在还有许多企业仍然以产品观念及推销观念为导向。

6. 关系营销观念

关系营销是20世纪80年代末在西方资本主义国家新兴的一种营销观念，这种营销观念的基本观点是企业要在赢利的基础上，建立、维持和促进与消费者、供应商、分销商、竞争者、政府机构及其他公众之间的关系，以实现参与交易各方的目标，从而形成一种兼顾各方利益的长期关系。

关系营销观念是把营销活动看成是企业与消费者、供应商、分销商、竞争者、政府机构及其他公众发生互动作用的过程，企业营销活动的核心是建立和发展与这些公众的良好关系，建立和保持与这些组织或个人的长期的经济、技术和社会关系纽带，形成关系营销网络。企业、供应商、分销商和顾客共同构成了网络成员，各网络成员彼此建立了牢固的相互依赖的商业关系。市场营销就从过去追求交易利润最大化转变为使网络成员利益关系最大化，使网络成员互惠互利，共同发展。

二、市场营销观念新发展

企业市场营销管理哲学在经历了生产观念、产品观念、推销观念、市场营销观念、社会市场营销观念和关系营销观念 6 个阶段之后，继续随着实践的发展而不断深化、丰富，尤其是在进入 20 世纪 90 年代以来，新出现的整体市场营销与顾客让渡价值概念对市场营销的发展具有不可低估的作用。

(一) 整体市场营销

1992 年市场营销学界的权威菲利普·科特勒提出了跨世纪的市场营销新观念——整体市场营销。他认为，从长远利益出发，公司的市场营销活动应囊括构成其内、外部环境的所有重要行为者，他们是供应商、分销商、最终顾客、职员、财务公司、政府、同盟者、竞争者、传媒和一般大众。

1. 供应商市场营销

对于供应商，传统的做法是选择若干数目的供应商，从供应商 A、B、C……那里分别采购所需货物的 50%、25%、12%、5%……并促使他们相互竞争，从而迫使他们利用价格折扣尽量提高自己的供货份额。事实上，这种做法虽然能使企业节约成本费用，但由于供货质量参差不齐，主要的供应商因价格竞争过度而破产等因素，使营销者面临很大的风险。如今，越来越多的企业已开始倾向于把供应商看做合作伙伴，设法帮助他们提高供货质量，保证供货时间，搞好经营管理。

开展"供应商市场营销"，主要包括两方面的内容。其一，确定严格的资格标准以选择优秀的供应商，这些标准可以包括技术水平、财务状况、创新能力、质量观念等；其二，积极争取那些成绩卓著的供应商，使其成为自己的合作者。因为这种市场营销活动与产品流动方向是相反的，故也称为"反向市场营销"。

2. 分销商市场营销

如今对许多制造商而言，分销商市场营销正变得比最终顾客市场营销更重要。在食品、个人保健品、个人电脑等领域，这种趋势表现得尤为明显，大零售商事实上控制了最终顾客。由于销售空间有限，零售商在购进产品时，对品牌的选择条件极为苛刻，他们偏爱那些叫得响的名牌产品，对其他品牌则大打折扣或干脆使用零售商自己的品牌。更有甚者，由于买方市场的竞争日益激烈，零售商大肆索要"货架占用费"、"专门展示费"、"合作广告费"等，以至于制造商要将促销费的70％用于争取零售商的"优待"上。

因此，制造商必须开展分销商市场营销，以获取他们主动或被动的支持。一是"正面市场营销"，即与分销商展开直接交流与合作，例如著名的宝洁公司（P&G）就将12人长期派驻美国零售商沃奇公司总部，进行长期合作；二是"侧面市场营销"，即公司设法绕开分销商的主观偏好，而以密集广告、质量改进等手段建立并维护企业的目标顾客，从而迫使分销商购买该品牌产品。

3. 最终顾客市场营销

这是传统意义上的市场营销，是公司通过市场营销研究，确认并服务于某一特定的目标顾客群的活动过程。在此方面，市场营销研究人员已经具备相当复杂的技术手段，建立了顾客品牌偏好和行为选择的数学模型，以寻求满足目标顾客群的最佳途径。

实行目标顾客战略，有一点值得商榷。有些公司领导人认为，满足最终顾客是一项永无止境的工作，职员对顾客应当永远说"是"。显然，这是不切实际的，因为有些顾客的要求是不合理的，难以满足或无利可图。而且，这种做法曲解了目标顾客战略的真正含义，误以为是满足、迎合顾客的一切需求。

另外，最终顾客市场营销还可采用"牵动顾客"策略。公司推出顾客意想不到的新产品时，应通过积极有效的市场营销活动使人们逐渐地了解它、喜爱它、接受它。在美国，电子洗碗机、微波炉等新产品能被广泛使用，就在于它们使顾客相信这些新技术革新成果确实是能提高生活质量。

4. 职员市场营销

对一个股份制公司而言，它的经营宗旨应当是使职员、顾客、股东均表示满意，而首要的是让职员满意。只有职员心情舒畅，才能保证工作积极、服务周到，才能让顾客满意，满意的顾客一定会再次光顾，由此带来的利润增加就可增加股东的收益，令股东满意。

可见，作为公司形象的代表和服务的真实提供者，职员也应成为公司市场营销活动涉及的一个重要方面。职员市场营销由于面对内部职员，因而也被称为"内部市场营销"。一方面，它要求通过培训提高职员的服务水平，增强敏感性以及与顾客融洽相处的技巧；另一方面，它要求强化与职员的沟通、理解并满足他们的需求，激励他们在工作中发挥最大的潜能。

5. 财务公司市场营销

财务公司提供一种关键性的专门资源——资金，因而财务公司市场营销至关重要。公司的资金能力取决于它在财务公司及其他金融机构的资信，是否被认为能有效地使用借入资金从而能够偿本付息。因此，公司需要了解金融机构对它的资信评价，并由公司的财务经理通过年度报表、业务计划等工具影响其看法，以便在资金成本和便利性方面获得优势。这种影响活动过程及其中的技巧就形成了财务公司市场营销。

6. 政府市场营销

企业的所有经济行为都必然受制于一系列由政府颁布的法律。如汽车公司进行开发、设计时必须考虑不断升级的污染和安全标准，在境外销售产品的公司可能受到东道国广告立法的限制及其他贸易、非贸易壁垒。

面对政府立法的制约，美国的大公司一般都开展政府市场营销。他们聘用那些能对立法机关施加重要影响的社会活动家四处游说，以促使政府制定于己有利的立法，消除不利的立法。这些社会活动家类似杰出的职业市场营销者，他们向立法机关提交翔实的材料和报告，向其证实有必要在立法中更多地考虑该行业甚至该公司的利益。另外，他们十分了解立法者对名誉、权力、选票的需求，并尽量给予满足。

政府市场营销会产生正、负两方面效用。比如，日本议院和美国国会几乎同时通过了提高汽车排放标准的立法，日本的汽车制造商立即着手生产具有更好排气控制系统的汽车；而美国的同行们则马上派出更优秀的社会活动家游说国会，要求修改这项法律。前者视法律为挑战和机会，后者则视为绊脚石。结果美国汽车制造商搬起石头砸了自己的脚，将一大部分国内市场及海外市场拱手相让。

7. 同盟者市场营销

由于市场在全球范围的扩展，寻求同盟者对公司来说日益重要。同盟者一般与企业组成松散的联盟，在设计、生产、市场营销等领域为企业的扩张提供帮助，双方建立互惠互利的合作关系。潜在的同盟者不计其数，且他们的实力、需求及文化特征各不相同，企业必须根据自身的实际资源状况和经营目标加以选择，一旦确定，就积极吸引他们参与合作，并在合作过程中不断加以激励，以取得最大的合作效益。如美国电报电话公司（AT&T）与飞利浦等欧洲大公司联手，得以在欧洲电信市场立足。著名的 IBM 公司、美国通用汽车公司等，如果不借助于同盟者，也无法覆盖全球市场。

8. 竞争者市场营销

传统的观点认为竞争者只是那些与自己生产相同产品的企业或人，而市场营销学则认为，凡是与自己争夺市场和赢利的企业或个人均为竞争者。事实上，只要"管理"得当，竞争者可以转变为合作者。这种对竞争者施以管理，以形成最佳竞争格局、取得最大竞争收益的过程就可视为"竞争者市场营销"。

在许多行业都是市场领导者定价，竞争者相随。为了避免两败俱伤的"流血冲突"，领导者可以向竞争者暗示他最好并且只能采用何种竞争策略。例如，宝洁公司在其主要产品市场上把自己塑成一只"老虎"，万一出现新品牌竞争，公司会立即采用价格折扣等方法促使顾客维持忠诚。面对这样的强者姿态，聪明的竞争者都会自觉避开"老虎"，转而进攻迟钝的"大象"或软弱的"老鼠"。

9. 传媒市场营销

大众传媒（如广播、报刊、电视等）直接影响企业的公众形象和声誉。传媒市场营销的目的在于鼓励传媒作对企业有利的宣传，尽量淡化不利的宣传。为此，首先要了解传媒对"故事"的需求及接近公司高级主管的必要性。在此前提下，一方面委托公关部门致力于与记者建立良好关系，另一方面企业的发言人要认真对待传媒的提问，尽量做出准确、清晰的回答，以赢得他们的信任和好感。

10. 公众市场营销

公众看法对企业生存与发展有至关重要的影响，这就迫使企业必须重视公众的意见。例如，公众对环境问题的关注迫使化工、冶金、造纸等行业修改生产计划和市场营销策略。同样，消费者对胆固醇的恐惧和忧虑也要求快餐公司在其产品中添加合理的营养成分。为了获得公众的好感，企业必须广泛搜集公众意见，确定他们关注的新焦点，并有针对性地设计一些方案，加强与公众的交流。

（二）顾客让渡价值

1. "顾客让渡价值"的含义

"顾客让渡价值"是指顾客总价值（Total Customer Value）与顾客总成本（Total Customer Cost）之间的差额。

顾客总价值是指顾客购买某一产品与服务所期望获得的一组利益，它包括产品价值、服务价值、人员价值和形象价值等。

顾客总成本是指顾客为购买某一产品所耗费的时间、精神、体力以及所支付的货币资金等，因此，顾客总成本包括货币成本、时间成本、精神成本和体力成本等。

顾客在购买产品时，总希望以最低的成本获得更多的利益，使自己的需要得到最大限度的满足。因此，顾客在选购产品时，往往从价值与成本两个方面进行比较分析，从中选择出价值最高、成本最低，即"顾客让渡价值"最大的产品作为优先选购的对象。而企业为在竞争中战胜对手，吸引更多的潜在顾客，就必须向顾客提供比竞争对手具有更多"顾客让渡价值"的产品，这样，才能使自己的产品被消费者所注意，进而购买本企业的产品。为此，企业可从两个方面改进自己的工作：一是通过改进产品、服务、人员与形象，提高产品的总价值；二是通过降低生产与销售成本，减少顾客购买产品的时间、精神与体力的耗费，从而降低货币与非货币成本。

2. 顾客购买的总价值

顾客获得更大"顾客让渡价值"的途径之一，就是增加顾客购买的总价值。顾客总价值由产品价值、服务价值、人员价值和形象价值构成，其中每一项价值因素的变化均对总价值产生影响。

(1) 产品价值。产品价值是由产品的功能、特性、品质、品种与式样等所产生的价值。它是顾客需要的中心内容，也是顾客选购产品的首要因素，因而在一般情况下，它是决定顾客购买总价值大小的关键和主要因素。

由于产品价值是由顾客需要来决定的，依据马斯洛的需求理论可知，在经济发展的不同时期，顾客对产品的需要有不同的要求，构成产品价值的要素以及各种要素的相对重要程度也会有所不同。例如，我国在计划经济体制下，由于商品供应紧张，人们把获得产品看得比较重要，过多地看重产品的耐用性、可靠性等性能方面，较少考虑对产品的其他要求；在市场商品日益丰富、人们生活水平普遍提高的今天，人们则更为重视产品的特色，如要求功能齐备、质量上乘、式样新颖等。同样，在经济发展的同一时期，不同类型的顾客对产品价值也会有不同的要求，在购买行为上显示出极强的个性特点和明显的需求差异性。因此，这就要求企业必须认真分析不同经济发展时期顾客需求的共同特点以及同　发展时期不同类型顾客需求的个性特征，并据此进行产品的开发与设计，增强产品的适应性，从而为顾客创造更大的价值。

(2) 服务价值。服务价值是指伴随产品实体的出售，企业向顾客提供的各种附加服务，包括产品介绍、送货、安装、调试、维修、技术培训、产品保证等所产生的价值。服务价值是构成顾客总价值的重要因素之一。在现代市场营销实践中，随着消费者收入水平的提高和消费观念的变化，消费者在选购产品时，不仅注意产品本身价值的高低，而且更加重视产品附加价值的大小。特别是在同类产品质量与性质大体相同或类似的情况下，企业向顾客提供的附加服务越完备，产品的附加价值越大，顾客从中获得的实际利益就越大，从而购买的总价值也越大；反之，则越小。因此，在提供优质产品的同时，向消费者提供完善的服务，已成为现代企业市场竞争的新焦点。

（3）人员价值。人员价值是指企业员工的经营思想、知识水平、业务能力、工作效益与质量、经营作风、应变能力等所产生的价值。企业员工直接决定着企业为顾客提供的产品与服务的质量，决定着顾客购买总价值的大小。一个综合素质较高又具有顾客导向经营思想的工作人员，会比知识水平低、业务能力差、经营思想不端正的工作人员为顾客创造更高的价值，进而为企业创造市场。人员价值对企业、对顾客的影响作用是巨大的，并且这种作用往往是潜移默化、不易度量的。因此，高度重视对企业人员综合素质与能力的培养，加强对员工日常工作的激励、监督与管理，使其始终保持较高的工作质量与水平就显得至关重要。

（4）形象价值。形象价值是指企业及其产品在社会公众中形成的总体形象所产生的价值。既包括企业的产品、技术、质量、包装、商标、工作场所等所构成的有形形象所产生的价值，也包括公司及其员工的职业道德行为、经营行为、服务态度、作风等行为形象所产生的价值，以及企业的价值观念、管理哲学等理念形象所产生的价值等。形象价值与产品价值、服务价值、人员价值密切相关，在很大程度上是上述三个方面价值综合作用的反映和结果。形象对于企业来说是宝贵的无形资产，良好的形象会对企业的产品产生巨大的支持作用，赋予产品较高的价值，从而带给顾客精神上和心理上的满足感、信任感，使顾客的需要获得更高层次和更大限度的满足，从而增加顾客购买的总价值。因此，企业应高度重视自身形象塑造，为企业进而为顾客带来更大的价值。

3. 顾客购买的总成本

顾客获得更大"顾客让渡价值"的另一途径，就是降低顾客购买的总成本。一般情况下，顾客购买产品时首先要考虑货币成本的大小，在货币成本相同的情况下，还要考虑所花费的时间、精神、体力等，因此这些支出也是构成顾客总成本的重要因素。所以顾客总成本不仅包括货币成本，还包括时间成本、精神成本、体力成本等非货币成本。这里我们主要分析后面几种成本。

（1）时间成本。在时间就是金钱的今天，当顾客总价值与其他成本不变时，时间成本越低，顾客购买的总成本越小，从而"顾客让渡价值"越大。如以服务企业为例，顾客在购买餐馆、旅馆、银行等服务行业所提供的服务时，常常需要等候一段时间才能进入到正式购买或消费阶段，特别是在营业高峰期更是如此。在服务质量相同的情况下，顾客等候购买该项服务的时间越长，所花费的时间成本越多，购买的总成本就会越高。同时，等候时间越长，越容易引起顾客对企业的不满，从而中途放弃购买的可能性亦会增大。反之亦然。因此，努力提高工作效率，在保证产品与服务质量的前提下，尽可能减少顾客的时间支出，降低顾客的购买成本，是增强企业产品市场竞争能力的重要途径。

（2）精力成本（精神与体力成本）。精力成本是指顾客购买产品时，在精神、体力方面的耗费与支出。由于消费者购买产品的过程是一个从产生需求、寻找信息、判断选择、决定购买到实施购买以及购后感受的全过程。在购买过程的各个阶段，均需付出一定的精神与体力。所以当消费者对某种产品产生了购买需求后，就需要搜集该种产品的有关信息，消费者为搜集信息而付出的精神与体力的多少会因购买情况的复杂程度而有所差异。因此，当顾客总价值与其他成本不变时，精神与体力成本越小，顾客为购买产品所支出的总成本就越低，从而"顾客让渡价值"也就越大。

【案例 1-6】购买的选择

有一位年近 60 的女性想买一台抽油烟机，通过反复对比选中了某品牌某型号的机子。而在决定购买时，她发现小区附近有一商店和离小区较远的一个电器专卖店都有这一型号的机子，专卖店比小区略贵 30 元，但免费负责运送和安装，而小区商店只帮忙找一蹬三轮的，其他不管。平时这位女性在消费上是精打细算，此时她又该如何选择呢？

4. "顾客让渡价值"的意义

在现代市场经济条件下，企业树立"顾客让渡价值"观念，对于加强市场营销管理，提高企业经济效益具有十分重要的意义。

（1）"顾客让渡价值"受顾客总价值与顾客总成本两方面的因素影响。

顾客总价值是产品价值（Product Value）、服务价值（Services Value）、人员价值（Personnal Value）和形象价值（Image Value）等因素的函数，可表示为

$$TCV=f\ (Pd,\ S,\ Ps,\ I)$$

顾客总成本是包括货币成本（Monetary　Price）、时间成本（Time Cost）、精力成本（Energy Cost）等因素的函数，即

$$TCC=f\ (M,\ T,\ E)$$

顾客总价值与总成本的各个构成因素的变化及其影响作用是相互的。某一项价值因素的变化不仅影响其他相关价值因素的增减，还影响顾客总成本的大小，而且还会影响"顾客让渡价值"的大小。同样，某一项成本因素的变化不仅影响其他相关成本因素的增减，还影响顾客总价值的大小，而且还会影响"顾客让渡价值"的大小。因此，企业在制订各项市场营销决策时，应综合考虑构成顾客总价值与总成本的各项因素之间的这种相互关系，以求用较低的生产与市场营销费用为顾客提供具有更多的"顾客让渡价值"的产品。

（2）不同的顾客群对产品价值的期望与对各项成本的重视程度是不同的。企业应根据不同顾客群的需求特点，有针对性地设计和增加顾客总价值，降低顾客总成本，以提高产品的实用价值。例如，对于工作繁忙的消费者而言，时间成本是最为重要的因素，企业应尽量缩短消费者从产生需求到具体实施购买，以及产品投入使用和产品维修的时间，最大限度地满足和适应其求速、求便的心理要求。总之，企业应根据不同细分市场顾客的不同需要，努力提供实用价值强的产品，这样才能增加其购买的实际利益，减少其购买成本，使顾客的需要得到最大限度的满足。

（3）企业为了争取顾客，战胜竞争对手，巩固或提高市场占有率，往往采取"顾客让渡价值"最大化策略。但是追求"顾客让渡价值"最大化的结果却往往会导致成本增加，利润减少。因此，在市场营销实践中，企业应掌握一个合理的度的界线，而不应片面追求"顾客让渡价值"最大化，以确保实行"顾客让渡价值"所带来的利益超过因此而增加的成本费用。

本章小结

1. 市场营销不是单纯的销售活动，而是一种积极的市场交易行为，是企业在对市场进行充分分析的基础上，以市场需求为导向，规划从产品设计到产品销售的全部经营活动，通过有效的市场活动满足消费者需求，实现企业经济利益。

2. 在现代市场经济条件下，企业必须重视市场营销管理，根据市场需求的现状与趋势，制订计划，配置资源。

3. 市场营销的概念与实践产生于 20 世纪初的美国，并随着市场环境和企业经营实践的发展与变化而不断地向前发展。从资本主义工业化时期起，企业的经营观念由最初的生产观念、产品观念、推销观念、市场营销观念、社会市场营销观念向关系营销观念发展变化着，并随着市场化的进程不断出现新的营销理念，如绿色营销、体验营销等。

4. 顾客让渡价值是现代营销中较为重要的一个营销理念。

习 题 一

1. 什么是市场营销？为什么说市场营销不是单纯的产品推销？
2. 市场营销管理的任务是什么？
3. 你是怎样认识理解顾客让渡价值的？
4. 营销观念的演变经历了哪几个阶段？

案例分析

从海尔洗衣机的无所不洗，看海尔的经营理念

1996 年，四川成都的一位农民投诉海尔洗衣机排水管老是被堵，服务人员上门维修时发现这位农民用洗衣机洗红薯（有些地方又称"地瓜"），红薯泥土大，当然容易堵塞。服务人员并不推卸自己的责任，而是帮顾客加粗了排水管。顾客感激之余，埋怨自己给海尔人增添了麻烦，还说如果能有洗红薯的洗衣机，就不用烦劳海尔人了。农民兄弟的一句话，被海尔人记在了心上。海尔营销人员调查四川农民使用洗衣机的状况时发现，在盛产红薯的成都平原，每当红薯大丰收的时节，许多农民除了卖掉一部分新鲜红薯，还要将大量的红薯洗净后加工成薯条。但红薯上沾带的泥土洗起来费时费力，于是农民就动用了洗衣机。更深一步地调查发现，在四川农村有不少洗衣机用过一段时间后，电机转速减弱、电机壳体发烫。向农民一打听，才知道他们冬天用洗衣机洗红薯，夏天用它来洗衣服。这令张瑞敏萌生了一个大胆的想法：发明一种洗红薯的洗衣机。1997 年海尔为该洗衣机立项，成立了以工程师李崇正为组长的 4 人课题组，1998 年 4 月投入批量生产型号为 XPB40－DS的洗衣机，不仅具有一般双桶洗衣机的全部功能，还可以洗红薯、水果甚至蛤蜊，价格仅为 848 元。首次生产了 1 万台投放农村，立刻被一抢而空。

一般来讲，每年的 6～8 月是洗衣机销售的淡季。每到这段时间，很多

厂家就把促销员从商场撤回去了。张瑞敏纳闷儿：难道天气越热，出汗越多，老百姓越不洗衣裳？调查发现，不是老百姓不洗衣裳，而是夏天里5千克的洗衣机不实用，既浪费水又浪费电。于是，海尔的科研人员很快设计出一种洗衣量只有1.5千克的洗衣机——小小神童。小小神童投产后先在上海试销，因为张瑞敏认为上海人消费水平高又爱挑剔。结果，上海人马上认可了这种世界上最小的洗衣机。该产品在上海热销之后，很快又风靡全国。在不到两年的时间里，海尔的小小神童在全国卖了100多万台，并出口到日本和韩国。张瑞敏告诫员工说："只有淡季的思想，没有淡季的市场。"

在西藏，海尔洗衣机甚至可以打酥油。2000年7月，海尔集团研制开发的一种既可洗衣又可打酥油的高原型"小小神童"洗衣机在西藏市场一经上市，便受到消费者的广泛欢迎，从而开辟出自己独有的市场。这种洗衣机3个小时打制的酥油，相当于一名藏族妇女3天的工作量。藏族同胞购买这种洗衣机后，从此可以告别手工打酥油的繁重家务劳动。

在2002年举办的第一届合肥"龙虾节"上，海尔推出的一款"洗虾机"引发了难得一见的抢购热潮，上百台"洗虾机"不到一天就被当地消费者抢购一空，更有许多龙虾店经营者纷纷交订金预约购买。这款海尔"洗虾机"因其巨大的市场潜力被安徽卫视评为"市场前景奖"。5月，是安徽当地特产——龙虾——上市的季节，每到这个季节，各龙虾店大小排档生意异常火爆，仅合肥大小龙虾店就有上千家，每天要消费龙虾近2.5万千克。但龙虾好吃清洗难的问题一直困扰着当地龙虾店的经营者。因为龙虾生长在泥湾里，捕捞时浑身是泥，清洗异常麻烦，一般的龙虾店一天要雇用2～3人专门手工刷洗龙虾，但常常一天洗的龙虾，不够几个小时卖，并且，人工洗刷费时又费力，还增加了人工成本。针对这一潜在的市场需求，海尔洗衣机事业部利用自己拥有的"大地瓜洗衣机"技术，迅速推出了一款采用全塑一体桶、宽电压设计的可以洗龙虾的"洗虾机"，不但省时省力，而且洗涤效果也非常好，价格定位比较合理，极大地满足了当地消费者的需求。过去洗2千克龙虾一个人需要10～15分钟，现在用"龙虾机"只需3分钟就可以完成。

"听说你们的洗衣机能为牧民打酥油，还能给合肥的饭店洗龙虾，真是神了！能洗荞麦皮吗？"2003年的一天，一个来自北方某枕头厂的电话打进了海尔总部。海尔洗衣机公司在接到用户需求后，仅用了24小时，就在已有的洗衣机模块技术上，创新地推出了一款可洗荞麦皮枕头的洗衣机，受到用户的极力称赞，更成为继海尔洗地瓜机、打酥油机、洗龙虾机之后，在满足市场个性化需求上的又一经典之作。明代医学家李时珍在《本草纲目》中有一则"明目枕"的记载："荞麦皮、绿豆皮……菊花同作枕，至老明目。"在我国，人们历来把荞麦皮枕芯视为枕中上品。荞麦皮属生谷类，具有油性，而且硬度较高，如果不常洗或者晒不干又容易滋生细菌，但荞麦皮的清洗与干燥特别费劲，因为荞麦皮自身体积微小，质量极轻，很难晾晒，如果在户外晾晒很容易被风刮走。荞麦皮的清洗和晾晒问题就成了荞麦皮枕头厂家及消费者的一大难题。海尔开发的这款既可以家庭洗衣，又可以用来洗荞麦皮枕头的"爽神童"洗衣机，除了洗涤、脱水等基本功能外，还独有高效的 PTC 转动烘干、自然风晾干两种干燥技术，同时专门设计了荞麦皮包装洗涤袋，加上海尔独有的"抗菌"技术，非常圆满地解决了荞麦皮枕头的清洗、干燥难题。

专家指出，目前洗衣机市场已进入更新换代、需求快速增长期。始终靠技术创新领先市场的海尔，通过多年以来的技术储备和市场优势的积累，在快速启动的洗衣机市场上占尽先机。世界第四种洗衣机——海尔"双动力"——就是海尔人根据用户需求，为解决用户对波轮式、滚筒式、搅拌式洗衣机的抱怨而创新推出的一款全新的洗衣机，由于集合了洗得净、磨损低、不缠绕、15 分钟洗好大件衣物、"省水省时各一半"等优点于一身，迎合了人们新的洗衣需求，产品上市 1 个月就创造了国内高端洗衣机销量、零售额第一的傲人业绩，成为国内市场上升最快的洗衣机新品，在第 95 届法国列宾国际发明展览会上一举夺得了世界家电行业唯一发明金奖。

赛诺市场研究公司 2004 年 4 月份统计数据显示，海尔洗衣机市场份额继续高居全国第一，尤其在我国华北、东北、华东、西北、中南、西南 6 大地区市场上分别稳居第一，且与竞争对手的距离进一步拉大。在西北地区，海尔洗衣机的市场份额已接近 40%，超出第二名近 3 倍；在其他 5 大地区，海尔洗衣机的市场份额也都有明显上升，均超出了第二名近两倍。

思考题

1. 结合本案例分析海尔的经营观念。

2. 张瑞敏说："只有淡季的思想，没有淡季的市场。"请谈谈你对这句话的理解。

第二章 市场营销环境

学习目标

市场营销环境直接或间接地影响着企业的投入产出活动，是企业营销职能外部的不可控制的因素和力量。在营销活动中，企业必须根据环境的变化趋势，自觉地利用市场机会，扬长避短，在市场竞争中求得生存和发展。通过本章的学习，了解市场营销活动，市场营销的直接环境和间接环境，以及环境中的影响因素。学会针对不同的企业进行环境分析，并提出相应的企业对策。

知识要点

营销活动，营销环境，直接营销环境，间接营销环境，环境分析，企业对策。

案例导入

香港营销环境因素分析

香港是广东省最大的外资来源，活跃在珠三角的港资企业约有 7 万家，港资企业占珠三角全部外资企业的 72%，但从 2007 年底开始，随着人民币升值，出口退税减少，环保政策加紧，劳动法出台以及劳动成本加大，香港在内地的制造工厂已经出现颓废之势；加上 2008 年的金融海啸和次贷危机，约有 1/3 的港资企业面临倒闭。香港企业在大陆市场不重视品牌建设，不愿意开拓国内市场是与其营销环境因素密切相关的。

1. 香港地理环境因素

香港位于珠江口，面积约 1 100 平方千米，略大于上海市的 1/6，人口约有 699 万。香港是全球第 11 大贸易体系，第 6 大外汇市场及第 12 大银行中心。香港股票市场在亚洲排名第二。在这弹丸之地，承受着如此众多的人口和如此密集的金融业和贸易业，加上每个行业基本都有一些传统的老品牌，例如皇朝家私、荣华月饼、周大福、周生生、屈臣氏、莎莎、太子珠宝钟表、时间廊、丰泽电器、京都念慈庵、余仁生、李锦记等。所以，想在一个狭小的地域里造就一个品牌非常困难。同时，香港还有很多外来品牌，尤其是一些世界性的著名品牌。香港的地理环境因素决定了它的产业结构，它是一个贸易港、金融港，西方的工业革命并没有在这里生根发芽。香港寸土寸金，土地的珍贵使香港人很少考虑开办工厂，即便开办工厂，也是一些小型的加工场。

2. 香港商业模式因素

香港的商业模式显得比较简单，各个产业分布并不是很复杂。除了金融、旅游、房地产及服务业，其他大多以商贸为主，另一种经营模式就是子承父业，经营着老一辈延续下来的产业。所以，20多年来，在珠三角的港资企业中，均以来料加工为主，在香港接单、大陆生产，没有明确的产权关系。港资企业对产业的升级和转型不太热衷，得过且过。当人民币持续升值、出口退税下降、加工贸易政策调整、劳动成本加速上升，欧美市场订单锐减时，一些企业的"前店后厂"商业模式因缺乏自主创新和自有品牌，就很难转型升级。加之企业本身没有营销部门和研发部门，就更加难以转型开拓中国大陆市场。

3. 香港商业文化因素

香港是一个东西方文化交汇之地，既保留了中国文化的传统，又与西方文化进行了长期的融合，形成了香港独有的中西文化荟萃的特色。"三句粤语半句英文"就是典型的香港文化。产业布局和地理位置也形成了其独有的商业文化。在香港众多企业里，对运作品牌都不太内行，他们也很少见到有成功运作品牌的典范，加之贸易文化的烙印，形成了一个宁做只赚一毛钱一只玩具的外销贸易，也不愿意做能赚一块钱一只玩具独自操作品牌产品的习惯。香港业内有一句话：100家企业做加工厂，可能100家都成功，但100家企业做品牌和分销，成功的只有一家，他们都担忧和害怕做品牌和分销。事实上，商业文化、商业习惯往往决定商业模式，决定商业行为。在一个很少见到有成功模式的地方里，你是很难独自开拓出一条路子来的。当然，在港资企业里，也有一些操作品牌的成功个案，如"金利来"、"佐丹奴"、"王老吉"。但这些老板又大多是20世纪六七十年代从大陆过去的，他们接受的是中国大陆文化。在香港受传统香港商业文化或者接受西方文化熏陶长大的香港人就很难理解要创建品牌和开拓大陆市场。

4. 大陆营销环境因素

中国疆域辽阔，民族众多，各地都有一些不同的地域文化。中国实际上至少有 3 个不同市场：一个是沿海发达地区市场，一个是中部正在崛起的市场，另一个是已经形成的西部市场。加上各地消费者消费习惯不一样，市场显得较为复杂，中国的通路也显得与香港有很多不同。在中国市场里，有众多的批发市场和经销商，他们是连通着厂家与零售终端的桥梁。在香港，除了两大连锁超市——惠康和百佳——各占领着约 300 家终端零售店和 5 000 多家中西药房外，其他都较难形成竞争优势。就是世界第二大零售商家乐福也是进驻香港不久就宣布退出。反之，大陆的渠道就显得尤为复杂，有国际性大卖场、连锁超市，也有中国内地的地方超市；有便利店也有小店；有批发也有直营店。这些分销系统高度的分散性，造成分销上的难以控制。香港人觉得大陆市场不够公平，存在着很多"潜规则"和"政府行为"。就是因为营销上的许多差异和很多香港人对大陆市场的不理解和不了解，导致香港企业不愿意在大陆创建品牌和做大陆市场。

其实，他们真正要下定决心做内地市场，还是很有优势的，尤其是他们对生产管理、产品质量、诚信重诺以及资本运作具有明显的优势。只要香港企业把自己的优势发挥出来，我们很快就会在大陆发现一批在市场上占有一席之位的港资企业。

第一节　营销活动与营销环境

一、营销活动

市场营销观念下的营销活动，不仅包括人们常说的 4P（即产品、价格、促销、渠道），同时也包括了市场调查、新产品开发、销售和售后服务等许多方面。企业开展营销活动，可以帮助企业在消费者心目中树立良好的企业形象，使消费者对该企业的产品产生好感。合适的营销活动可以帮助企业促销产品，实现更多赢利，同时建立产品的品牌，增加产品附加价值。开展营销活动不仅是为了更好地满足人们不断增长的物质和文化生活需要，同时也是为了使企业获得最大的经济效益和社会效益。要实现上述目标，企业必须进行营销环境分析。只有深入细致地对企业市场营销环境进行调查研究和分析，才能准确而及时地把握消费者需求，才能认清本企业所处环境中的优势和劣势，扬长避短。实践证明，营销环境分析是企业营销活动的立足点和根本前提，成功的企业都十分重视营销环境的分析。

二、营销环境

市场营销环境是指一切影响、制约企业营销活动的因素，这些因素可分为宏观环境（包括人口环境、经济环境、政治法律环境、社会文化环境、科学技术环境和自然环境）和微观环境（可细分为企业内部环境、供应商、营销中介、目标顾客、竞争者、社会公众）。

营销活动和营销环境密切相关：首先，营销活动都是在一定的营销环境下进行的，只有在正确地分析、了解了营销环境以后，才能为营销活动提供决策依据；其次，营销环境制约着营销活动的进行。比如，营销间接环境中的经济环境就制约着企业对产品的定价，当经济危机来临，经济形势不好时，企业有时不得不采取低价策略。营销直接环境中的企业内部环境包括企业的自主研发能力和企业人力资源，这两方面会影响企业的研发活动和产品渠道设计。营销环境为营销活动带来环境威胁的同时也给企业带来了市场机会，一个国家整体技术水平的提高，也会给企业的产品研发带来动力。

第二节　直接营销环境

直接营销环境直接影响和制约企业的营销活动，与企业具有或多或少的经济联系，有时也称为微观营销环境，包括企业内部营销部门以外的企业因素、供应商、营销渠道企业、目标顾客、竞争者和公众。

一、企业内部环境

一般来说，企业除了市场营销管理部门外，还包括采购部门、研发部门、财务部门、人力资源部门、生产部门等。这些部门与市场营销部门共同在组织的领导下，为实现企业的目标而努力。市场营销部门在制订营销计划和决策时，既要考虑企业外部环境因素的影响，又要考虑与企业内部其他力量进行协作。企业内部的人力、物力、财力以及管理能力的协调都影响着市场营销活动的成败。

二、供应商

供应商是指向生产企业和其竞争对手提供原材料、零部件、能源、劳动力等资源的上游企业和个人。供应商对企业的经营活动有重大影响，其提供资源的价格直接影响了企业的生产成本，进而影响到了企业的市场竞争力。同时，供应商来源的可靠性、产品质量及交货期的准确性都可能影响产品的生产及交货。这不仅影响了企业的短期销售，也影响了企业的长期信誉和顾客忠诚度。企业为了避免过分依赖于某一家供应商，经常会选择多家供应商，按不同比例分别从他们那里进货，迫使供应商之间展开竞争。因此，供应商是企业营销环境中的重要因素。

【案例 2 - 1】家乐福与供应商

2008 年，由于金融危机影响，沃尔玛、TESCO 等先后宣布放缓拓展计划，削减资本开支。但家乐福全球 CEO 罗盛中则表示，在中国市场，家乐福不仅不会减少资本，还将加大投资力度。未来 5 年，家乐福在中国将保持每年 20～25 家的发展速度。同时，罗盛中也非常重视家乐福与中国供应商的关系。他认为家乐福的终极目标是要成为顾客最喜欢的品牌，这不仅需要合作伙伴配合，还需要供应商配合。罗盛中又携手德意志银行，首次在中国推出"扶持中小企业融资计划"。只要和家乐福合作的中小企业供应商，拿着和家乐福供货的发票，可到德意志银行贷款，年利息 9.82%，但企业可按天、月结息。这意味着如果供应商在家乐福 60 天结算周期内出现资金周转困难的问题，可通过这一计划解决融资问题。家乐福融资扶持计划将率先在江苏进行试点，之后全国推广。这一做法可以缓解未来中国零供关系的紧张格局，也有利于家乐福在中国市场的扩张。

三、营销中介

营销中介是指协助企业推广、促销以及配送产品等活动的企业和个人，主要包括中间商、物流机构、营销服务机构和金融机构等。中间商是指帮助企业寻找顾客或销售产品的公司，主要分为批发商和零售商两种。物流机构也叫实体运配机构，是帮助企业储存、运输产品的专业组织，分为仓储机构和运输机构两种。营销服务机构是指帮助企业更有效率地执行其他营销活动的机构，如市场调研公司、广告公司、营销咨询公司等。金融机构是为企业营销活动提供融资或保险服务的机构，如银行、信贷公司、保险公司等。

四、目标顾客

目标顾客是企业产品的直接购买者或使用者。满足顾客的需求是企业市场营销活动的出发点和归宿点，是企业生存的根本。现代市场营销学根据购买者和购买目的的不同把顾客分成消费者市场、生产者市场、中间商市场、政府市场和国际市场 5 种。每种市场类型的消费特点和消费方式都存在巨大的差别，企业要想满足目标顾客的需求，必须分别了解不同类型目标市场的需求特点和购买行为。

【案例 2 - 2】广东服装创意园

2009 年，原广东纺织机械厂的厂区将被改造成服装创意园，建成华南地区规模最大、投入最多、档次最高的 T 台。创意园内将配套建设中国最大的服装发布展厅、华南地区最高档的 T 台、顶级奢侈品一条街等，有望在今后吸引更多国际知名品牌进驻经营。根据设计，园内自南向北有两条主干道：靠近东侧的一条为机动车道，连接两旁的公寓、酒店、会所、展示厅等；位于西侧的是一条名店街，主要经营世界顶级奢侈品，定位的目标顾客是名模和明星们。

五、竞争者

竞争者是指市场上那些与本企业提供相似的产品或服务的其他企业。企业要想在市场竞争中获得成功，就必须比竞争对手更能满足目标顾客的需求。竞争者往往和企业竞争同样的顾客，因此，企业除了要迎合消费者的需求外，还要关注自己的竞争对手，及时对竞争者的行为做出有效的反应。从竞争者竞争的层次看，竞争者一般可分为以下 4 种类型：愿望竞争者、本质竞争者、形式竞争者和品牌竞争者。

1. 愿望竞争者

愿望竞争者是指提供不同的产品以满足不同需求的竞争者。由于每个人的收入都是有限的，而欲望是无限的，例如消费者要选择一种 5 000 元的消费品，他所面临的选择就可能有电脑、电视机、摄像机等，这时生产电脑、电视机和摄像机的企业之间就存在着竞争关系，就成为愿望竞争者。

2. 类别竞争者

类别竞争者指提供不同的产品以满足相同需求的竞争者。如代步工具可以选择自行车、摩托车、面包车、小轿车等，在满足交通需求方面是相似的，他们的提供者之间就构成了类别竞争者。

3. 形式竞争者

产品形式竞争者是指满足同一需要的产品类别的不同形式的竞争者。如自行车中的山地车与城市车，男式车与女式车，就构成了产品形式竞争者；糖果中的巧克力糖、奶糖、水果糖也构成了形式竞争者。

4. 品牌竞争者

品牌竞争者是指满足消费者同一需要的同种产品的不同品牌的竞争者。以生产电视机为例，索尼、三星、长虹、海信等众多产品之间就互为品牌竞争者。

六、公众

公众是指对企业的市场营销目标有着实际的或潜在的影响力的群体。一般来说，企业的主要公众包括以下几种类型：

1. 金融公众

金融公众是指关心并有可能影响企业获得资金能力的团体，如银行、投资公司、证券交易所和保险公司等。

2. 媒体公众

媒体公众是指报纸、杂志社、广播电视台和网络媒体等大众媒体。企业必须与媒体建立友好的合作关系，以争取更多的有利于本企业的新闻报道。

3. 政府公众

政府公众是指影响企业经营的有关政府部门。营销人员在制订营销计划时必须充分考虑政府的发展政策，关注有关产品安全卫生、广告真实性、商人权力等方面的问题，以便和有关政府部门搞好关系。

4. 群众团体

群众团体是指消费者组织、环境保护组织和其他群众团体。

5. 社区公众

社区公众是指企业所在地临近的居民和社区组织。企业必须重视与当地公众的良好关系，积极支持社区的重大活动，争取社区公众的理解和支持。

6. 一般公众

一般公众是指除上述各种关系之外的社会公众。

第三节 间接营销环境

间接营销环境是指影响微观环境的一系列巨大的社会力量，主要包括人口、经济、政治法律、社会文化、科学技术以及自然生态等因素，又称为宏观营销环境。企业要密切关注其间接环境，准确判断其发展趋势，努力适应间接环境的变化。

一、人口环境

人口环境是目标市场上人口方面的各种状况。目标市场上人口的多少决定了市场的规模。企业对人口环境的研究主要包括以下几个方面：

1. 人口总量

目前，世界人口总数已超过 65 亿，而我国有 13 亿多的人口。全球人口仍在持续增长，市场潜力巨大。

2. 人口年龄结构

人口年龄结构是指人口总数中各年龄层次的比例构成。因为不同年龄层次的收入、购买力的投向以及商品价值观念的差异都会影响到企业的市场营销活动。随着老龄人口的增加，很多国家进入了老龄化社会。人口老龄化的具体标准是 60 岁以上的人口占总人口比例达到 10%，或 65 岁以上人口占总人口的比重达到 7%。目前，全世界 60 岁以上老年人口总数已达 6 亿，有 60 多个国家的老年人口达到或超过人口总数的 10%。人口老龄化的迅速发展，必将带动老年人用品行业的发展。老年人的医疗、保健、助听器、健身用品的市场需求必将增加。而出生率的下降会对儿童食品、儿童用品等行业形成威胁，进而导致青少年用品需求减少。

3. 家庭结构

家庭是社会的基本单位。有些商品以家庭为单位进行采购，如住房、家用电器、家具、炊具等。目前，许多国家的家庭趋于小型化，家庭平均人员减少，家庭户数增多，这在一定程度上增加了家庭的消费需求。

4. 人口地理分布

人口的地理分布是指人口在居住地区上的疏密状况。人口处在不同的地区，因其地理环境、气候条件、自然资源、风俗习惯的差异，消费需求也会千差万别。同时，城乡居民由于生活环境的差异对商品的需求也不同，针对同一商品，对其档次、品种和功能的要求也会有所差异。

5. 人口流动

随着经济的发展和社会的进步，人口的流动性加强。人口从农村流向城市、从城市流向郊区，而人口的流动对市场营销会产生重要影响，企业应采取相应的对策。

6. 其他因素

人口的其他因素，包括人口出生率、职业、性别、籍贯、民族等，都会对企业的市场营销活动产生影响。

二、经济环境

经济环境是指影响企业市场营销方式与规模的经济因素，如消费者收入水平、消费结构的变化以及消费者储蓄的变化。

1. 消费者收入水平

消费者收入是指消费者个人从各种来源中所取得的全部收入。消费者收入水平的高低影响着购买力的大小，从而决定了市场容量和消费者的支出规模。企业营销人员在分析消费者收入时，还应注意社会各阶层收入的差异性，以及不同地区、不同年龄、不同职业的收入水平，从而更好地确定企业的市场营销目标。

2. 消费结构的变化

消费结构是指消费者的各种消费支出占总支出的比例。随着消费者收入水平的上升，消费者的支出模式也在不断发生变化。其中，比较有代表性的衡量指标是 19 世纪中叶德国统计学家恩斯特·恩格尔提出的恩格尔系数。恩格尔系数表示食品支出占家庭总支出的比重。恩格尔系数是国际上通用的衡量居民生活水平高低的一项重要指标，一般随居民家庭收入水平的上升和生活质量的提高而下降。一个国家或家庭食物支出的比重越大，生活越贫困，恩格尔系数就越大；反之，恩格尔系数就越小。2008 年，我国城镇居民家庭食品消费支出占家庭消费总支出的比重为 37.9%，而农村居民家庭为 43.7%。

随着经济的发展，消费结构在不断发生变化，具体表现为：在各种消费支出中，食品比重逐步下降，衣着比重逐步上升；在食品的支出比重中，主食品的比重下降，副食品的比重上升；在穿着的消费支出中，中档、高档消费品的支出比重上升，低档品比重下降等。

3. 消费者储蓄的变化

居民的收入通常一部分用于消费，一部分用于储蓄。当收入一定时，储蓄越多，消费量就越小，但潜在的消费就越大；反之，储蓄越少，消费越多，潜在的消费就越小。消费者的收入水平、通货膨胀因素以及对未来消费的预期都会影响居民的储蓄。市场营销人员必须研究消费者储蓄的目的及其差异，只有明确消费者的储蓄动机，才能准确地把握消费的发展趋势和发展水平，更好地促进企业营销。

三、政治法律环境

政治法律环境是指对企业经营活动具有现存的、潜在的或影响的政治力量及对企业经营活动加以限制和要求的法律和法规等。一个企业总是在一定的政治法律环境下进行市场营销活动的，政治法律环境的变化会对企业的经营活动产生重大的影响。

1. 政治环境

在进行国际市场营销时，各国政局的差异会导致一系列经济政策的变化，从而影响营销活动。在西方发达国家，政治权力的争夺有时夹杂着激烈的经济竞争，而稳定的政治局面有利于经济的发展和人民收入水平的提高。政治权力会影响市场营销，表现为政府机构通过各种措施约束外来企业，如进口限制、劳工限制、绿色壁垒等。同时，突发的政治冲突也会影响企业的市场营销，如"9.11"事件、美伊战争等。

2. 法律环境

法律环境是指国家或地方政府颁布的各项法律、法规和条例等。各国政府都根据本国国情颁布了相应的经济法律，以制约、调节企业的经济活动。近些年来，我国颁布了许多经济法律法规，如《消费者权益保护法》《商标法》《专利法》《广告法》《知识产权保护法》等。企业只有熟悉了解这些法律法规，及时调整自己的营销目标和营销措施，才能在激烈的市场竞争中掌握主动权。

四、社会文化环境

社会文化是人类在创造物质财富过程中的精神财富的总和，体现了一个国家或地区的文明程度。社会文化环境能影响消费者的思想和意识，从而影响企业的营销活动。市场营销对社会文化的研究包括以下几个方面：教育状况、价值观念、宗教信仰、风俗习惯等。

1. 教育状况

教育是指教育者根据一定的社会要求，有目的、有计划、有组织地对受教育者的身心施加影响，期望受教育者发生预期变化的活动。处于不同教育水平的国家或地区的消费者，对商品包装、商品的附加价值的认识存在很大差异。教育水平的高低也会影响企业的促销方式，因为不同文化层次的消费者接近媒体的习惯不一样。对教育水平比较低的地区，企业的产品宣传要更多地采用电视机、收音机和展销会等形式；而对于教育水平相对较高的地区，可采用报纸、杂志、网络做广告。

2．价值观念

价值观念是人们对社会生活中各种事物的态度、评价和看法。随着人们时间观念的加强，速溶咖啡、方便食品受到越来越多人士的欢迎。我国人民更注重勤俭节约，而西方国家的人更注重及时行乐。而 2008 年的全球金融危机在很大程度上与西方人超前性、享受性的消费模式有关。

3．宗教信仰

宗教是文化的重要方面，不同的宗教信仰有不同的文化倾向和禁忌，从而影响人们的价值观念和行为准则。企业应充分了解不同地区、不同民族的宗教信仰，提倡适合其消费的产品，制订相应的营销策略。否则，会触犯宗教禁忌，造成经济损失，甚至造成政治影响。

4．风俗习惯

风俗习惯是人们在一定的社会条件下长期形成的一种风尚，在饮食、服饰、婚丧、信仰、节日等方面都形成独特的行为方式和生活习惯。十里不同风，百里不同俗。企业营销者应了解不同国家和不同民族的习惯和爱好，做到入乡随俗。

五、科学技术环境

科学技术是第一生产力，科技大大改变了社会生活的方方面面。科学技术的发展为市场提供了许多新型产品，如远程教育、遗传工程、转基因食品等。同时，科学技术的发展为市场营销管理者提供了先进的物质技术基础，例如办公自动化提高了信息接收、分析、处理和存储的能力，有助于企业营销决策；科学技术的发展为消费者提供了大量的新产品，同时使现有产品在功能、性能、结构上更趋于合理和完善，满足了人们更高的需求。科学技术的发展也影响到企业营销策略的制定。新技术使产品的生命周期缩短，企业需要不断研发新产品，同时先进的通信技术使广告更具有影响力。科学技术还能提高人们对资源的开发和利用能力，减少浪费，太阳能、地热能和核能的合理利用弥补了稀有能源的不足。

六、自然环境

自然环境是指影响企业生产和经营的物质因素，包括企业生产需要的物质资料和企业生产过程中对自然环境的影响等。企业在市场营销活动中主要分析两个方面：一是自然资源的拥有状况及开发利用；二是环境污染及生态平衡。地球上的自然资源正面临着过度开发的威胁，企业应科学开采、综合利用、减少浪费，同时也应注重开发新的替代资源，如太阳能、核能等。企业的生产总是处于一定的环境之中，难免对环境造成威胁。由于生态环境被破坏，国家提出了"保护大自然"的口号，营销界也提出了"绿色营销"的观念。企业在进行市场营销活动时，应充分考虑生态平衡要求，确定合适的营销策略。

第四节　环境分析与企业对策

企业面对的市场营销环境是复杂多变的，人口、文化和自然因素变化相对较慢，但经济、法律、科技变化相对较快。企业必须认真审视自身面对的营销环境，分析其市场机会和环境威胁，并采取相应的措施。

一、环境威胁中的企业对策

环境威胁是指环境中各因素的变化可能给企业市场营销活动造成的损失。面对环境威胁，企业可采取的对策主要有以下 3 个方面：①采取有效措施去限制或扭转不利环境因素的影响。例如，在本国市场趋于饱和状态下，企业可以采取国际化战略或促使政府推行贸易保护主义，限制外国商品进口。②企业通过改变营销战略，主动适应环境变化，以减轻环境威胁的程度。例如，我国政府提高原材料价格以应对原材料不足的状况，许多企业主动改进工艺，采取节约能源措施，降低了原材料的消耗。③采取转移策略将投资转向其他行业，例如规模小、成本高、科技含量低的家电公司，可以联合起来进行高科技产品的研发工作，从行业转移中获得新生。

【案例 2-3】节能环保

在我国，大部分产业的整体能源使用效率并不高。2009 年，我国的总体能源利用效率为 33% 左右，比发达国家低约 10 个百分点。而我国能耗总量居世界第二位，能源消耗及浪费十分惊人。由于 2008 年金融危机的影响，人们消费需求更趋于理性。在日常消费、选择能源消耗型产品时，消费者会更加考虑性价比、能耗等因素，同时，节能环保已成为社会可持续发展的重要要求。如何在生产过程中减少污染、在使用过程中提高产品的能源效率，对于家电生产厂商来说，具有重要的意义。

2009 年康佳大规模地整合推广节能高清液晶产品，为了区别于目前市场上部分品牌对背光源进行单一技术改进的节能液晶，康佳新产品整合了最先进的 AGT 节能屏、OPC 节能芯、PMS 电源管理系统等三项核心节能技术，可以使整机能耗降低 52%，上市后将成为市面上最节能的平板产品。与市场上其他节能液晶电视相比，它具有功耗低、散热快、运行更稳定、超低温使用寿命更长久、响应时间更快、超高对比度、超环保等优势，汞含量平均降低了 30%。我们倡导"节能环保"，我们主张研发生产节能的液晶电视，这是社会环境的需要、是消费者的需要，也是液晶发展的必然趋势。

可以算一笔账：按照截至 2009 年底全国 32 寸以上液晶电视保有量将达 2 000 万台进行预估，如果所有电视都能采用康佳的系统节能技术，每天观看电视时间超过 4 小时，全国每天可实现节电 1 000 万度。预计每年将节电 36.5 亿度，每年将为国家节约资金高达 21.9 亿多元。液晶节能的经济效益显而易见，社会意义影响深远，节能液晶的普及会节约巨大的能源与资源。

二、市场机会中的企业对策

市场机会是指环境中各因素的变化给企业市场营销可能带来的有利条件和时机。企业捕捉市场机会可以是抓决策时机、抓输入时机、抓输出时机。在决策时，企业可以利用环境提供的有利机会，选准投资方向，例如在 20 世纪 60 年代，新加坡政府制定了扩大城市建设规模的战略，陈家和闻知此讯，便贷款投资到玻璃行业，多年后，陈家和成了世界知名的"玻璃大王"。企业在做购进决策时，利用人们对资源价值认识的差异，获取比较利益，例如美国成功研发了晶体管，而日本索尼抓住机会，重金购买此项专利，开发了晶体管收音机，使索尼最终成为日本的经济巨人。

【案例 2-4】红色经典

在建国 60 周年大庆之前，"红色经典"题材的艺术品展览也日见增多。拍卖场上各家拍卖行也有意识地征集相关拍品，甚至安排一些专题单元，突出"红色经典"的含义，吸引买家的注意，取得了不错的成果。对"红色经典"美术作品的市场再开发，也是一个千载难逢的好机会。"红色经典"宣传画具有一定的代表性，能勾起许多共和国同龄人的青春记忆。同时，这些宣传画不仅体现了国家意志，也涉及当年政治、经济、文化的方方面面，成为了不可多得的历史记录，具有重要的收藏价值。更为重要的是，这些"红色经典"中所蕴含的图像资源及其精神力量，仍然有着强大的生命力。因此，从大众文化的重建角度看，对这些宣传画从流行时尚的角度再次开发，是更重要的环节，也是全新的课题。从 2009 年年初开始，各地美术馆都纷纷推出"红色美术"的主题展览，建国前后各个时期的许多"红色经典"被隆重推出，各种相关的话题也持续发酵，吸引了市民的眼球。上海人民美术出版社与上海城市规划馆联手，趁机推出"珍藏的记忆——新中国 60 年经典宣传画展"，就取得了很好的效果。

本章小结

1. 市场营销环境是指一切影响、制约企业营销活动的因素。企业的营销活动和营销环境密切相关，相互影响，相互制约。

2. 企业的直接营销环境又称为微观营销环境，可细分为企业内部环境、供应商、营销中介、目标顾客、竞争者和社会公众。

3. 企业的间接营销环境又称为宏观营销环境，包括人口环境、经济环境、政治法律环境、社会文化环境、科学技术环境和自然环境等。

4. 企业的营销环境是动态的，企业必须认真审视自身面对的营销环境，分析其市场机会和环境威胁，并采取相应的应对措施。

习　题　二

1. 市场营销活动与市场营销环境的关系是怎样的？
2. 企业直接营销环境包括哪些内容？
3. 企业间接营销环境包括哪些内容？
4. 面对环境威胁，企业的营销对策有哪些？
5. 企业应该如何寻找市场机会，并利用市场机会？

案例分析

火烧"温州鞋"

2004 年 9 月 17 日，"欧洲鞋都"——西班牙东部小城埃尔切——的中国鞋城，约 400 名不明身份的西班牙人聚集街头，烧毁了一辆载有温州鞋集装箱的卡车和一个温州鞋商的仓库，造成约 800 万元人民币的经济损失。这是西班牙有史以来第一起严重侵犯华商权益的暴力事件。

仅仅 6 天后的 9 月 23 日，当地又爆发了一次针对中国商人的示威游行，示威者扬言以后将每周举行一次抗议示威，以抵抗中国商人的廉价产品给西班牙本地商人带来的不公平竞争。连续发生的暴力和示威事件让在当地经营的温州鞋商感觉到不可思议，也引起了国际多方人士的关注。

　　事实上，有资料显示，从 2001 年开始，温州鞋海外遭抵制事件年年都有发生，且有上升趋势：

　　2001 年 8 月至 2002 年 1 月，俄罗斯曾发生过一次查扣事件，温州鞋卷入其中。那次查扣货物历时之长，使整个浙商损失大约 3 亿元人民币，个别企业损失达千万元以上；2003 年冬，20 多家温州鞋企的鞋类产品在意大利罗马被焚烧，具体损失不详；2004 年 1 月 8 日，尼日利亚政府发布"禁止进口商品名单"，温州鞋名列其中；2004 年 2 月 12 日，俄罗斯内务部出动大量警力查抄莫斯科"艾米拉"大市场华商货物，包括温州鞋商在内的中国商人此次损失约 3 000 万美元……

　　相关数据和背景资料显示，温州外销鞋产量早在 2001 年就猛增了 40%，接近总产量的 30%，仅从温州海关出关的皮鞋价值就 4.6 亿美元。温州排名前 10 位的鞋厂里好几家都是以生产外销鞋为主，如"东艺"、"泰马"等，包括"泰马"在内的几家温州鞋厂也和沃尔玛签订了生产协议，为这个全球零售业霸主大量生产供超市出售的廉价皮鞋。

　　我国是世界上最大的鞋类生产和出口国，目前有各类制鞋企业两万多家，出口企业超过 5 000 家。2003 年全国制鞋总产量近 70 亿双，占世界总产量的 53%，鞋类出口占世界出口总量的 60% 以上，并处于主导地位，在资源、劳动力、价格等方面有比较大的优势。"中国鞋"出口的主要市场是美国和欧盟，其中美国市场占出口的 50% 以上。

　　从产品层次看，目前我国鞋业出口绝大部分仍是中低档产品，价格较低，一般在 10~30 美元之间，很多甚至低于 10 美元。此次发生在西班牙的"焚鞋"事件中被烧掉的鞋平均单价只有 5 欧元。出口鞋中高档及自有品牌所占比例很小，出口产品多以贴牌生产（OEM）方式进行。例如，我国生产的鞋类产品大都在美国的低档鞋店销售，虽然在美国的中、高档鞋店中也可觅到"中国鞋"的影子，但价位明显低于意大利、西班牙、巴西等国的产品，而且所有中国制造的皮鞋都没有自己的品牌，均使用国外商标和品牌。一些同档次鞋的价格在国外市场都要低于原产国产品，有些甚至低于越南、泰国等国的出口产品。从出口企业看，民营企业占绝大部分；从出口地域看，主要分布在浙江温州、福建晋江、泉州以及广东、山东、四川等地区，并已建立起多个鞋业制造基地；从出口规模看，目前出口金额在 10 万美元以下的企业超过 2 200 家，占出口企业总数的近一半。

　　在传统东方文化"财不外露"思想的影响下,华商在国外一般本着"多一事不如少一事"的态度,只管埋头赚钱而极少"参政"。这种低调的姿态刚开始还是可行的,但随着当地华商数量越来越多、生意越做越大,必然会引起一系列的问题。"海外华商必须学会组织起来,用团体力量去影响当地的政治生态,如有意识地去游说当地政府,从而确保自身权益得到有效保护。"商务部研究员梅新育进一步指出,"如果海外华商能从这次事件中有所警醒,不再是一盘散沙,坏事也许可以由此变成好事。"事实上,为了使温州鞋更好地参与国际竞争,温州鞋革协会早在 2003 年就开始筹办"鞋类出口委员会",筹备组由东艺、泰马、吉尔达等外销鞋大户组成。2003 年 3月,鞋类出口筹备委员会在柏林进行了第一次大动作,"组织 13 家企业联手在柏林开了一个新市场,统一了价格、装修和竞争策略,这样我们就以集体的形式参与竞争,会更强一些。"温州鞋革协会秘书长朱峰表示,以后肯定要推广这一模式,"西班牙事件加速了我们的筹备进程。"

　　"西班牙事件中,我们更需要思考的是品牌。我们还没有世界知名品牌,这是中国鞋在国际竞争中的最大困难。"康奈常务副总经理周津淼接受记者采访时说。温州轻工业进出口公司外贸员陈伟似乎比任何人都清楚中国鞋在国际市场的品牌困境。"欧洲著名的连锁超市 BATA,有很多来自世界各地的鞋,但我从来没有发现过有超过 100 欧元的中国鞋。中国鞋在世界上根本没有品牌,只能以低档鞋参与竞争。西班牙烧鞋正是低端竞争的结果。"

　　目前我国鞋业生产能力过剩,出口企业数量过多,相当一部分制鞋企业,特别是一些规模不大的企业普遍存在着短视行为。一方面,企业不注重科研、开发、设计,多以来样加工或相互模仿、抄袭为主,很少投入必要的资金研究、开发产品,很少投入时间和精力去搞系列的市场调查、分析等。这种状况导致企业在国际市场上信息不灵通、产品设计式样滞后、花色品种单一、舒适性差等问题,致使出口档次提不高,价格卖不上去,总在中低档市场徘徊。而中低档市场也已面临越南等新兴鞋类生产国的竞争,鞋类出口已经受到严重威胁。对此,一些出口企业不练内功,反而采取降价手段应对。一些新的出口企业为挤入国际市场,多以低价策略为先导。另外,"外商招标"压价成风也使得鞋价无法提高。在广交会上,中国企业自相残杀、恶性竞争,使外商从中渔利的现象并不少见。另一方面,由于企业规模小,不注重产品的开发和质量,最终使中国鞋在国际市场上长期摆脱不了低价路线。如今，中国的迅速崛起正给世界利益格局、市场格局和资源格局带来深刻的变化，在这一形势下，也许这个问题更具价值、更值得探讨和反思。因为在很长一段时间里，"我们左右不了国际环境，能够改变的只有自己。"

从 2005 年 1 月 1 日起，欧盟将取消从中国进口部分鞋类产品的配额，这意味着温州鞋将在欧洲获得更为广阔的市场空间。究竟是进还是退，是摆在每一个温州鞋商面前的生死抉择。

思考题

1. 试分析国际环境对中国企业国际化营销的影响。

2. "我们左右不了市场环境，能够改变的只有自己。"根据这句话，请谈谈你的看法。

第三章　市场购买行为分析

学习目标

通过本章的学习，了解市场的分类及各自特点，了解消费者市场的购买行为特点，理解影响消费者购买行为的主要因素，掌握消费者的购买决策过程；了解组织市场的特点；了解组织市场的购买对象；理解组织市场的用户购买行为和购买决策过程。

知识要点

消费者市场的特点，影响消费者购买行为的因素，消费者购买决策，组织市场的特点，组织市场购买决策过程。

案例导入

善于倾听顾客心声的三井高利

三井高利是一位日本东京的布商，可是很长时间生意都没什么起色。正当他想关门回老家的时候，一天，他在澡堂里听到几个手艺人高声谈论，说准备穿一条新丁字裤（兜裆布）去参加庙会却凑不齐人数合伙去买，为此烦恼不已。

原来，按照当时的商业习惯，布料只以匹为单位出售，所以需要集合很多人一起才可以去买，但很多时候人数都不那么容易凑齐。

三井高利想到，在临近庙会的这段日子里，有相同需求的人一定非常多。于是第二天，三井高利在店门口贴上了这样一张纸条："布匹不论多少都可以剪下来卖。"

很多人看了这张纸条进来了："买够做一条丁字裤的漂白布。"还有许多的女孩子和附近的太太们都涌到店里来买零头布。三井高利的店门口开始变得热闹非凡。

三井高利领悟到做生意倾听顾客心声的好处，简直乐不可支，他把吃饭的时间都节省下来站在店门口接待顾客，由此又获得很多启示。

布店主要的顾客是女性，但女性买东西最多的时候是女儿出嫁前。可是出嫁时所需要准备的东西，不仅是衣服，还有放衣服的衣橱、包、绸缎及梳子、簪子、鞋箱、餐具等等。由此，新娘和她的母亲必须东一家西一家地去选购。如果那些东西可以在一个地方一次性买齐，对顾客来说该是多方便呀。于是三井高利在获知此信息后马上将其付诸实施，这就诞生了日本的第一家百货公司——"三越"。

第一节　消费者市场购买行为分析

根据谁在市场上购买的原则，市场可以分为消费者市场和组织市场。这两类市场由不同的购买者组成，有不同的购买目的，在需求及购买行为方面也存在很大差异。

一、消费者市场含义

消费者市场又称为最终消费者市场、消费品市场或生活资料市场，是指个人或家庭为满足生活需要而购买或租用商品的市场。

消费者市场庞大而分散，成功的市场营销者是那些能够有效地开发和生产对消费者有价值的产品，并运用富有吸引力和说服力的方法将之有效地呈现给消费者的企业或个人。消费者市场是市场营销研究的主要对象，对消费者市场的研究是对整个市场进行研究的基础。研究影响消费者市场购买行为的主要因素及其购买决策过程，对于开展有效的市场营销活动至关重要。

消费者市场不是中间市场而是最终市场。消费者购买商品是为了获得某种使用价值、满足自身的生活消费的需要，而不是为了赢利去转手销售，所以在消费者市场销售和被购买的商品通常直接进入消费领域，一般不会再回流到流通领域，这些商品会对消费者个人及其家庭的基本生活、身心健康等方面产生直接的影响，因而各国政府一般都制定较为严格的法律对消费者权益进行保护。

二、消费者市场购买行为及其特点

消费者市场的购买行为，即消费者的购买行为，指消费者为满足其个人或家庭生活而发生的购买过程中所进行的一系列有意识的活动。这一购买过程从需要开始，包括形成购买动机、评价选择、决定购买到购买后的行为评价等一系列过程。消费者市场上的购买行为主要有以下特点：

（一）购买者多而分散、购买量小而频次高

消费者市场广阔，可以说，每一个居民都可以成为一个消费者。由于消费者所处的地理位置各不相同、闲暇时间不一致，造成消费者市场上购买行为在时间和地点上的分散性。同时，以个人或家庭为单位的消费，一般批量较小、批次较多，特别是对日常生活消费品的购买比较频繁、随机性较大。因此在消费者市场上，绝大部分商品都是通过中间商销售，以方便消费者购买。

（二）需求差异大且多变

消费者受年龄、性别、职业、收入、文化程度、民族、宗教等多种因素影响而使其出现各不相同的各类消费需求，所需商品差异性大，并且这种需求差异还会随着时间和其他因素的变化而变化，出现千差万别的趋势。这也使消费者市场上的商品花色多样，品种复杂，产品的生命周期整体较短。

（三）消费者需求多缺乏专业性

消费者市场的购买者大都缺乏专门的产品知识和市场知识，尤其是对某些技术性较强、操作比较复杂的商品，更显得知识缺乏，因此消费者市场的购买行为多属非专业性购买，具有自发性、冲动性、随机性等特点。易受广告宣传、情感因素等影响，这也使消费者市场的购买行为具有很大程度的可诱导性，生产者和销售者可以通过适当的广告宣传等营销方式有效地引导消费者的购买行为。

三、消费者市场购买对象

消费者市场购买的商品品种是多种多样的。按消费者的购买行为差异和不同商品的购销特点，消费者市场的购买对象一般可分为日用品、选购品、特殊品3类。

1. 日用品

日用品有时也称便利品或易耗品，是指消费者日常生活所需、重复购买的商品，诸如食品、饮料、肥皂、洗衣粉、牙膏等。这类商品属于生活中消耗较多的商品，价格相对低廉，消费者在购买这类商品时一般不愿花很多的时间进行比较，较易接受其他替代品，因此日用品的生产者，不但要注意分

销的广泛性和经销网点的合理分布，以便消费者能及时就近购买，更要注意通过各种营销手段提高和强化消费者对本企业产品的认知度和忠诚度。

2. 选购品

选购品指比日用品更经久耐用、购买频率较低，消费者在购买时要经过充分挑选和比较后才决定购买的商品，如服装、家电、家具等耐用消费品。消费者在购买前，对这类商品了解不多，加之此类商品价格一般较高，所以决定购买前消费者总是要对商品的价格、款式、质量等多个方面进行比较之后才作出最终的购买决策。

由于消费者对不同类型选购品的了解程度不同，从而使其在购买过程中也会出现一定的行为差异。有的选购品如家具等，容易根据外观来判断质量，这样价格因素就成为消费者购买时的主要考虑因素；有的选购品难以通过感官判断其质量，消费者对其比较则可能偏重于品牌的选择，在家电行业这一点比较突出；此外如手表、领带等可以提升消费者形象的选购品，商品自身品牌形象则成为消费者选购时考虑的主要因素。

3. 特殊品

特殊品指消费者对其有特殊偏好的商品。消费者在购买前对这些商品有一定的认识，认为它们能为自己提供特殊的利益，所以消费者对价格和购买便利程度并不在乎，愿意花较多的时间和更高的价格去购买自己喜欢的商品而不愿接受替代品。比较常见的特殊品有汽车、高档乐器、住房和化妆品等。

特殊品的关键并不在于价格，因为有些平价商品也因消费者的认可而成为特殊品，所以特殊品的本质在于消费者是否认可该商品对自己具有特殊意义。还有一些商品由于资源有限也成为消费者心目中的特殊品，如九寨沟等旅游胜地、稀有的宝石、文物古董等。因此，特殊品的经营者应注意企业知名度和美誉度的提高。

四、消费者购买行为决策模式

消费者购买行为所涉及的是消费者在购买产品或服务的整个过程中的活动。要分析消费者购买行为，不但要分析购买活动本身，还要分析支配和影响这些活动的各种要素。目前在消费者购买行为分析中，通常关注 7 个主要方面，即所谓"7O's"：

购买者—Occupants 谁构成市场？ —Who

购买对象—Objects 购买何物？ —What

购买目的—Objectives	为何购买？	—Why
购买组织—Organizations	谁参与购买？	—Who
购买方式—Operations	如何购买？	—How
购买时间—Occasions	何时购买？	—When
购买地点—Outlets	何地购买？	—Where

　　上述 7 个问题是消费者外显的实际购买行为，企业可以通过观察、访问和查询客户数据库等途径了解。事实上，对于经营者而言，他们能够很直观地观察消费者的购买行为，但他们却并不知道消费者决定购买的过程是怎样的，即消费者"为何购买"的问题，消费者到底是怎么想的，以及如何进行购买决策等。

　　为了更好地研究消费者购买行为，不同的学者对消费者购买决策模式进行了大量的研究，并且提出一些具有代表性的典型模式。其中，最具有一般性并能更好地解释消费者购买决策行为过程的是"刺激-反应"模式，通过这种模式分析说明外界营销环境刺激与消费者反应之间的关系，如图 3.1 所示。

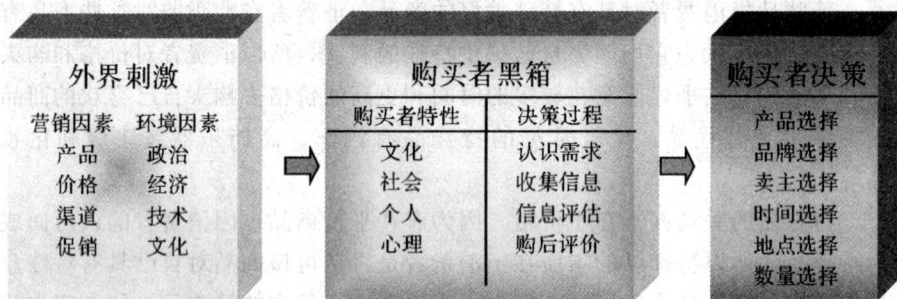

图 3.1　外界刺激与消费者反应模式

　　在"刺激-反应"模式中，消费者被视为一个"黑箱"。左边的外界刺激因素包括宏观环境因素和市场营销因素，这些刺激进入"购买者黑箱"，产生购买者反应，即购买决策，包括产品选择、品牌选择、卖主选择、时间选择、地点选择、数量选择等。"购买者黑箱"由两部分组成：一是购买者特性；二是购买者的决策过程。购买者本身特性决定和影响购买者对外界刺激的认识和反应，而购买决策过程会直接影响购买者的最终决定。

　　在"刺激-反应"模式中，同样的外界刺激，会产生不同的反应，原因在于在"购买者黑箱"中，不同的购买者特性使其产生不同的购买决策过程。要了解"黑箱"里面的内容，就要具体了解影响消费者购买决策的各种因素及其购买决策的整个过程。

【案例 3－1】速溶咖啡不受欢迎的真正原因

20 世纪 40 年代，当速溶咖啡这个新产品刚刚投放市场时，厂家自信它会很快取代传统的豆制咖啡而获得成功。因为它的味道和营养成分与豆制咖啡相同且饮用方便，使消费者不必再花长时间去煮，也不要再为刷洗煮咖啡的器具而费很大的力气。厂家为了推销速溶咖啡，就在广告上着力宣传它的这些优点。出乎意料的是，购买者寥寥无几。心理学家们对消费者进行了问卷调查，请被调查者回答不喜欢速溶咖啡的原因和理由。很多人一致的回答是因为不喜欢它的味道，这显然不是真正的原因。为了深入了解消费者拒绝使用速溶咖啡的潜在动机，心理学家们改用了间接的方法对消费者真实的动机进行了调查和研究。他们编制了两张购物单，这两张购物单上的项目，除一张上写的是速溶咖啡，另一张上写的是新鲜咖啡这一项不同之外，其他各项均相同。把两种购物单分别发给两组妇女，请她们描写按购物单买东西的家庭主妇是什么样的妇女。结果表明，两组妇女所描写的想象中的两个家庭主妇的形象是截然不同的。看速溶咖啡购货单的那组妇女几乎有一半人说，按这张购货单购物的家庭主妇是个懒惰的、邋遢的、生活没有计划的女人；有 12％的人把她说成是个挥霍浪费的女人；还有 10％的人说她不是一位好妻子。另一组妇女则把按新鲜咖啡购货的妇女描写成勤俭的、讲究生活的、有经验的和喜欢烹调的主妇。这说明，当时的美国妇女有一种带有偏见的自我意识：作为家庭主妇，担负繁重的家务劳动乃是一种天职，而逃避这种劳动则是偷懒的、值得谴责的行为。速溶咖啡广告强调其省时、省力的特点，反而被理解为它帮助了懒人。由此可见，速溶咖啡开始时被人们拒绝，并不是由于它的本身，而是由于人们的动机，即都希望做一名勤劳的、称职的家庭主妇，而不愿做被人和自己所谴责的懒惰、失职的主妇。这就是当时人们的一种潜在的购买动机，这也正是速溶咖啡被拒绝的真正原因。谜底揭开之后，厂家对产品的包装做了相应的修改，除去了使人产生消极心理的因素。广告不再宣传又快又方便的特点，而是宣传它具有新鲜咖啡所具有的美味、芳香和质地醇厚等特点；在包装上，使产品密封十分牢固，开启时十分费力，这就在一定程度上打消顾客因用新产品省力而造成的心理压力。结果，速溶咖啡的销路大增，很快成为西方世界最受欢迎的咖啡。

五、影响消费者购买行为的因素

消费者的购买行为深受其不同社会、文化、个人和心理因素等的影响。

(一) 社会文化因素

社会文化因素主要包括文化和亚文化群、社会阶层、相关群体和家庭等，这些因素对消费者购买行为有非常广泛而深远的影响。

1. 文化和亚文化群

文化是指人类在社会发展过程中创造的一切物质产品和精神产品的总和，是根植于一定物质、社会、历史传统基础上形成的特定价值观念、信仰、思维方式、宗教、习俗的综合体。文化是消费者的欲望和行为的最基本决定因素。每一位消费者行为的背后都隐含着许多文化因素的影响。如亚洲国家的消费者在春节期间喜欢购买代表喜庆类的商品就是一例。

【案例3-2】宝洁香皂的文化冲突

宝洁的佳美香皂在日本的广告节目中出现男人直接恭维女人外表的场景，这个广告与日本文化中男人并不采用这种方式表达自己的文化相冲突，结果导致这种香皂在日本滞销，广告活动也因此终止。

在每一种文化中都存在一些由较小的群体所形成的亚文化。所谓亚文化，是指某一文化群体所属次级群体的成员共有的独特信念、价值观和生活习惯等的综合。亚文化提供给消费者更特定的认同对象和更直接的影响。亚文化通常包括民族、宗教、种族、地理、年龄、职业等。如中国人尤其是南方地区居民相对于其他地区的人而言，对"风水"更加偏好，很多香港、马来西亚和新加坡的企业都依靠"风水"选择办公地点和居住地点。

2. 社会阶层

社会阶层是指在一个具有阶层秩序的社会中按照其社会准则将其成员所划分的若干较同质且具有持久性的群体。

在不同社会中，社会阶层划分的依据是不同的。现在多根据人们的职业、收入、财富、教育等综合因素并将人们归入不同的社会阶层。一般同一阶层中的人有相似的社会经济地位、生活方式、价值观和受教育背景，所以其兴趣爱好、消费水平、消费内容、兴趣和行为也会存在较大的相似性，因而多表现为相似的购买习惯和行为；不同社会阶层消费者则在购买行为的各个方面存在一定差异。

【案例 3 - 3】中国的社会阶层

2001 年，中国社科院完成并出版了《当代中国社会阶层研究报告》，对当代中国阶层变动状况进行了分析，依据各个阶层对组织资源（政治资源）、经济资源、文化资源的占有情况分为 10 个社会阶层：国家与社会管理者阶层、经理人员阶层、私营企业主阶层、专业技术人员阶层、办事人员阶层、个体工商户阶层、商业服务人员阶层、产业工人阶层、农业劳动者阶层和城乡无业失业半失业者阶层；它们分属 5 种社会地位等级：上层、中上、中中、中下、底层等。

3. 相关群体

相关群体指能直接或间接影响个人态度、意见和价值观的所有群体。相关群体有两种基本类型：成员群体，即个人具有成员资格并因而受到直接影响的群体，如同事、同学等；非所属群体，即消费者并非其成员，但仍对消费者购买行为有影响作用的群体，它又包括期望群体和游离群体两种。期望群体也叫理想群体或崇拜性群体，即个人虽不具有成员资格但期望成为其成员的群体；游离群体则是消费者拒绝或努力抵制与之分清界限的群体。

在大多数情况下，消费者个人的活动总是与所属群体倾向一致，这是群体压力与消费者作为群体成员对群体的信任感综合作用的结果：一方面通过群体的价值观念和规范对成员产生一种无形的压力；同时，相关群体会使消费者产生服从心理、迫于群体压力而采取与自己信任的群体相一致的购买行为。这是消费活动中从众行为产生的重要原因。

【案例 3 - 4】"超级女声"引领市场细分

2005 年 8 月 26 日晚，对"玉米"们（李宇春粉丝的昵称）来说，注定是一个狂欢之夜，这一晚，李宇春毫无悬念地以短信第一的票数登上超级女声总决选的冠军宝座，而同时，神舟电脑董事长吴海军也安排手下，让其与天娱洽淡李宇春代言的有关事宜。很快，双方对外宣布：李宇春代言神舟电脑，为期 2 年。2005 年底，夏新手机也宣布签约李宇春为其代信"直帅"直板手机。

超女明星李宇春代言，无疑商家看中的是超女的粉丝群体——80 后的年轻一代，庞大无比的"玉米"阵营，让这个符号化的青春偶像充满号召力，同时，"玉米""凉粉"（张靓颖的粉丝的昵称）等群体的出现，也使与超女话题的关联性成为将消费群体进行重新划分的一种市场细分标准。

4. 家庭

家庭由居住在一起、彼此有血缘、婚姻或抚养关系的人群组成，是消费者最重要最基本的相关群体。家庭作为一个特殊的社会群体，从一个人年幼时就开始给其以种种倾向性的影响，所以对消费者购买行为也带来极其深远的影响，在家庭观念浓厚的国家和地区尤其如此。我国受长期以来的传统家庭观念影响，家庭对消费者购买行为具有非常重要的影响。

家庭除了对消费者购买行为产生影响外，家庭本身也是一个消费单位和购买决策单位。一般来说，家庭中夫妻参与购买决策的程度会因家庭和购买产品不同而存在差异。传统家庭中食物、日常服装及各类日用品常多由主妇亲自承担，但在现代家庭中由于职业女性的出现而使丈夫也开始分担更多家务并参与许多家用品的日常购买。在购买耐用品等价值较高商品时，夫妻双方甚至其他家庭成员共同参与决策的现象也较为常见。

【案例 3 - 5】家庭购买决策的经典模式

丈夫支配型：人寿保险、汽车、电视机

妻子支配型：洗衣机、儿童服装、家具、厨房用品

共同支配型：度假、住宅、子女就学

(二) 个人因素

消费者的个人因素包括年龄和家庭生命周期、性别、职业和受教育程度、经济状况、生活方式及个性、自我认知等因素，这些也会影响到消费者的购买行为。

1. 年龄

不同年龄消费者的爱好、兴趣、欲望等均存在较大差异，从而使不同年龄消费者出现不同的消费心理和行为，他们购买或消费的商品、购买方式等方面也会存在很大差异。

2. 家庭生命周期

家庭生命周期是指消费者从年轻时离开父母组建家庭到年老家庭解体的全过程。根据消费者的年龄、婚姻和子女等状况，可以把家庭生命周期分为单身期、新婚期、满巢期、空巢期和鳏寡期等几个阶段，不同阶段的购买欲望和购买行为均存在一定差异，见表 3.1。

表 3.1　家庭生命周期及其行为特征

阶　段	特　征	购买行为
单身期	刚刚离开父母独立生活的单身青年	追求流行时尚、娱乐休闲支出较多
新婚期	没有孩子的年轻夫妇	耐用品支出较多，有较多旅游开支
满巢期	有 6 岁以下婴儿的年轻夫妇	需购买婴儿食品、服装、玩具等
	孩子大于 6 岁，已入学	食品、清洁用品、教育和娱乐支出较多，购买行为趋于理性化
	长大的子女未独立，仍和父母同住	收入稳定、子女教育支出多，更新耐用品
空巢期	与孩子分居的年纪较大的夫妇	保健用品和医疗服务需求较强烈，旅游费用支出较大
鳏寡期	单身老人	保健产品和医疗服务需求更强烈

　　3. 性别、职业和受教育程度

　　由于生理和心理上的差异，不同性别、职业和受教育程度的消费者在购买习惯、消费构成和购买行为也存在不同。一般来说，男性消费者在购买时比较果断和迅速，而女性消费者往往仔细和挑剔。受教育程度高的消费者对书籍、报刊等文化消费品需求较大，购买商品更理智，更善于利用各种来源的信息，决策过程更全面。

　　4. 经济条件

　　消费者的经济条件是指其可支配收入水平、储蓄和资产、借贷能力以及其对开支和储蓄的态度等，这决定了其购买能力并制约其购买行为。消费者一般都在可支配收入范围内以最合理方式安排支出从而更有效地满足自己的需要。一般收入较低、经济条件差的消费者往往更关心价格的高低。

　　5. 生活方式

　　生活方式是人们根据自己的价值观念等安排生活的模式，并通过其活动、兴趣和意见等表现出来。生活方式是影响个人行为的心理、社会、文化、经济等各种因素的综合反映，人们在消费中也会力图保持和改善这种方式，从而体现出各自不同的购买行为，如体现在购买中的节约或者浪费、突出个性还是趋于保守等，都是生活方式在购买行为中的体现。

　　6. 个性和自我形象

　　个性是一个人较为固定的心理特征，如自信或自卑、冒险或谨慎、倔强或顺从、独立或依赖、合群或孤僻、主动或被动、急躁或冷静、勇敢或怯懦等等。个性使人对环境作出比较一致和持续的反应，可以直接或间接地影响消费者的购买行为。例如，自信的人一般购买决策过程较短，而谨慎或怯懦的人一般购买决策过程较长。马自达公司的首席设计师曾说过：顾客期望自己购买的产品能反映出自己的个性。因此，营销中要注意消费者的不同个性，针对消费者不同的个性特点进行广告宣传和促销。

自我形象是与个性相关的一种观念，即人们对自身的看法。但自我形象又是一个复杂的组成，即包括人们实际的自我形象，同时也包括人们理想的自我形象（即希望自己成为的形象），还包括社会的自我形象，即认为别人会如何看待自己。一般来说，消费者都倾向于选择符合或能改善自我形象的商品或服务，通过购买行为来保持或增强自我形象。

（三）心理因素

消费者的购买行为也会受到心理因素的影响和支配。影响消费者购买行为的心理因素主要包括需要和动机、感觉和知觉、学习、信念和态度等心理过程。

1. 需要和动机

需要是消费者购买行为的基础。人类的一切消费行为，总是以需要为中心的，需要是一种内在的心理状态，它提供了消费者活动的条件和前提。

美国著名的心理学家马斯洛在 1951 年提出了需要层次理论，自下而上，将人的需要分为 5 个层次，如图 3.2 所示。

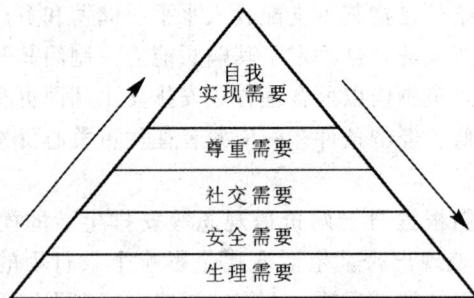

图 3.2　马斯洛消费需求层次图

（其中，左边箭头表示消费需要的向上延伸，右边箭头则表示消费需要的抑制和减少）

生理需要，是指个体为维持生命如进食、饮水、睡眠等产生的基本生存需要。生理需要是人类最原始、最基本的需要，在经济不发达的情况下，人们的需求多表现为这一层次的需要，即所谓"温饱型"的需要。

安全需要，即为避免在生理及心理方面遭受伤害，获得保护、照顾和安全感的需要，如要求人身的健康，安全、有序的环境，稳定的职业和有保障的生活等。安全需要如果得不到满足，会对人的情绪造成负面影响，也会使人寝食不安，难以维持正常生活。平常生活中人的安全需要基本上是满足的，但从很多消费行为中也可看出对安全需要的诉求，如购买保险、绿色食品、保健品等。

归属和爱的需要，也叫社交需要，即希望给予或接受他人的友谊、关怀和爱护，得到某些群体的承认、接纳和重视，如结识朋友，交流情感，表达和接受爱情，融入某些社会团体等等。这一需要是人类社会形成的基础。现在流行的 QQ、MSN 等网络聊天工具以及网站创办的"网上社区"、"同城约会"等栏目多是以迎合消费者的社交需要来吸引更多的消费者。

尊重需要包括自尊、自重和为他人所敬重，主要体现为对能力和名誉或威望的需要，在消费行为中其最典型的表现则是对名牌高档产品的热衷以及炫耀性的购买行为等。此外，尊重需要还表现在人们进行消费时希望得到尊重和礼遇上，现在企业强调服务质量、改进服务方式，也是出于更好地满足消费者尊重需要的原因。实践证明，对消费者尊重需要的满足可以提高消费者对企业的满意度，有利于建立顾客对该企业的忠诚，因此，对现代企业来说十分重要。

自我实现的需要。即希望充分发挥自己的潜能，实现自己的理想和抱负的需要。自我实现是人类最高级的需要，它涉及求知、审美、创造、成就等内容。

按照马斯洛的理论，人的需要就这样相对排列成阶梯状由低到高逐层上升，一般只有满足了低层次的需要才能产生高一层次的需要，但每一层次的需要并非截然分开，在实际的消费生活中，各种需要往往交织在一起。如当某一居民选择住房时，不但要求居住条件能满足他的基本生活需要，还要求所在小区的物业治安管理能够有安全保障，与朋友亲戚距离不能太远以满足社交需要，社区有一定档次（尊重需要），位于高校聚集区，便于接受教育等（自我实现需要）。

需要是人们产生各种购买行为的根本原因，但仅有需要并不能产生购买行为。当需要产生后，周围环境出现了能满足需要的对象，使需要获得激励和引导活动的机能，成为推动机体活动的力，即形成了动机。动机是消费者购买行为的直接原因,它为消费行为提供内在动力,驱使消费者寻找或选择目标,进行满足自己消费需要的消费活动。

人们的购买行为、购买动机与需要的关系如图 3.3 所示。

```
消费需要 ──▶ 购买动机 ──▶ 购买行为 ──▶ 需要满足 ──▶ 新的需要产生
```

图 3.3 需要、动机与购买行为的关系

消费者购买动机可分为两类:

(1) 生理性购买动机。生理性购买动机指人们因生理需要而产生的购买动机,如饥思食、渴思饮、寒思衣,又称本能动机。

生理动机具有经常性、习惯性和稳定性的特点。

(2) 心理性购买动机。心理性购买动机是指人们由于心理需要而产生的购买动机。根据对人们心理活动的认识,以及对情感、意志等心理活动过程的研究,可将心理动机归纳为以下 3 类:

1) 感情动机。指由于个人的情绪和情感心理方面的因素而引起的购买动机。根据感情不同的侧重点,可以将其分为 3 种消费心理倾向:求新、求美、求荣等。

2) 理智动机。指建立在对商品的客观认识的基础上,经过充分的分析比较后产生的购买动机。理智动机具有客观性、周密性的特点。在购买中表现为求实、求廉、求安全的心理。

3) 惠顾动机。指对特定的商品或商店产生特殊的信任和偏好而形成的习惯重复光顾的购买动机。这种动机具有经常性和习惯性的特点,表现为嗜好心理。

此外还有消费者购买中的模仿从众动机、求便动机等。

人们的购买动机不同,购买行为必然是多样的、多变的,这就要求企业营销深入细致地分析消费者的各种需求和动机,针对不同的需求层次和购买动机设计不同的产品和服务,制定有效的营销策略,获得营销成功。

2. 感觉和知觉

消费者在购买动机产生后,如何采取行动,还要受到消费者对外界刺激物或情境的反映过程的影响,即受到消费者认知过程的影响。

消费者的认知过程由感性和理性两个认知阶段组成。感觉和知觉属于感性认识,指消费者的感官直接接触外界的刺激物或情境所获得的直观的、形象的反映。刺激物或情境的信息如商品的大小、形状、颜色、气味等刺激了人的视觉、听觉、味觉等器官，使消费者感受到它的个别特性，即为感觉。随着感觉的深入，各种感觉到的信息在头脑中被联系起来进行初步的分析综合，形成对刺激物或情境的整体反映，就是知觉。

知觉对消费者的购买决策、购买行为影响较大。在刺激物或情境相同的情况下，由于每个消费者有不同的知觉，他们的购买决策、购买行为就截然不同。因为消费者知觉是一个有选择性的心理过程。知觉的选择性体现在 3 个方面：有选择的注意；有选择的曲解；有选择的记忆。

感觉和知觉对消费者购买行为的这些影响，要求企业营销掌握这一规律，充分利用企业营销策略，引起消费者的注意，加深消费者的记忆，正确理解广告，影响其购买行为。

3. 学习

人类有些行为是天生的，但大多数行为是从后天经验中获得的，这种通过时间由后天经验引起的行为变化的过程就是学习。

学习是通过驱策力、刺激物、提示物、反应和强化的相互影响、相互作用而进行的。驱策力是诱发人们行动的内在刺激力量。例如，消费者具有通过服饰来显示身份地位的尊重需要，这种需要就是驱策力。而当这一驱策力被引向某种"刺激物"（如某高档名表）时，驱策力就变为动机。在动机支配下，消费者将作出购买名表的反应。但购买行为的地点和方式等，发生往往取决于周围一些较小或次要的"提示物"的刺激，如看到某偶像佩带、媒体广告宣传、朋友推荐、促销人员介绍等，都有可能促成消费者购买行为的实施。购买后如果感到满意，消费者就会强化对它的反应，以后若遇到同样情况，会作出相同反应，即采取购买行为，甚至会在相似刺激物上推广这种反应：购买同一品牌的其他系列产品。如反应被反复强化，久而久之，就形成了购买习惯；反之，若初次购买行为使他失望，消费者以后就可能不会作出同样的购买反应。这就是消费者的学习过程。

4. 信念和态度

消费者在购买和使用商品过程中形成了信念和态度，这些信念和态度又反过来影响人们的购买行为。

信念是指人们对某种事物持有的认为是确定和真实的看法。如消费者相信某品牌手机更经久耐用、质量更可靠。消费者的这种信念会形成对该商品或该品牌的形象并影响消费者的购买选择。

态度通常指人们长期保持的关于某种事物或观念的是非观、好恶观。态度决定着消费者喜欢或厌恶某一商品并进而影响消费者的购买行为。因此，在营销中应通过改进产品设计等方式，使产品和服务尽可能符合和满足消费者的意向，并充分利用营销策略，让消费者了解形成对本企业产品的正确信念，使其态度向着有利于企业的方向转变。

【案例 3－6】根据"原产国"判断产品

购买者因品牌的"原产国"的不同作出的评价有显著的差异。产品的"原产国"对潜在的购买者有着正面、中性或负面的影响。例如世界上大多数消费者都喜欢标有"意大利制造"的服装。他们也认为日本制造的汽车与家电质量好并且性能可靠。相反的例子是，波兰制造的汽车与音响给人们的印象很差。处于两个极端之间的是那些原产国对其形象影响不大的产品，通常是原材料与自然资源，如尼日利亚的石油或加拿大的木材。

消费者是基于其个人背景、经历及对不同国家的产品质量、可靠性与服务的印象形成自己的喜好。因此购买者会断定德国制造的新型印刷机的质量要比保加利亚制造的好。一些关于"原产国"的研究得出以下结论：

（1）原产国的影响因产品而异。消费者需要了解汽车的出产国，但并不会想到制造润滑油的产地。

（2）工业发达国家的消费者一般对国产货评价较高，而发展中国家的消费者更喜欢进口货。

（3）如果消费者认为国产货不如进口货的话，提倡购买国产货的宣传活动很少会成功。

（4）某些国家在特定的产品上享有盛誉：日本的汽车与家电很出名；美国的高技术产品、软饮料、玩具、卷烟和牛仔裤比较有名；法国的葡萄酒、香水和奢侈品的名气很大。

（5）某个国家的形象越受欢迎，越应该突出"某国制造"的标志，以促销产品。

（6）对"原产国"的态度会随时间发生变化。如日本现在与第二次世界大战前相比，其质量形象改善很大。

六、消费者购买决策

（一）消费者参与购买的角色

消费者虽然常以家庭为单位进行消费，但参与购买决策的通常并非家庭全体成员，许多时候是由一个或几个家庭成员组成的购买决策层，各自扮演的角色也有所不同。具体来说，消费者在一项购买决策过程中可能充当的角色有以下几种：

(1) 发起者：最先想到或提议购买某种产品或劳务的人。

(2) 影响者：对最终决策具有直接或间接影响的人。

(3) 决定者：作出全部或部分最后购买决定的人。

(4) 购买者：实施购买行为的人。

(5) 使用者：直接消费或使用所购商品或劳务的人。

不同的购买情况下，以上 5 种角色可能由多人分别担任，也可能由 1 人担任。研究消费者在购买决策中扮演的角色，并针对其角色地位与特性，采取有针对性的营销策略，就能较好地实现营销目标。

【案例 3 - 7】男性服装的"市场"

近几十年来，男性服装的生产商一直把他们的营销策略定位在男性身上。但是，一项由 Haggar 服装公司组织的调查显示，在所有百货公司售出的服装中，89％的男性服饰要么是由女性直接购买的，要么是在女性的影响下购买的。这项发现表明，男性服装的"市场"并不是男性，而是女性。

(二) 购买行为类型

在购买不同商品时，消费者决策过程的复杂程度会存在很大差异。根据购买者在购买过程中参与者的介入程度和不同品牌商品的差异程度，将消费者的购买行为分为 4 种类型，见表 3.2。

表 3.2　消费者购买行为的四种类型

商品差异程度＼介入程度	高	低
大	复杂	多样化
小	和谐	习惯

1. 复杂型购买行为

当消费者初次选购价格昂贵、品牌差别大的耐用消费品时，由于对这些产品的性能缺乏了解，他们往往需要广泛地收集有关信息，并经过学习产生对这一产品的信念，形成对品牌的态度，并慎重地作出购买决策。

对这种类型的购买行为，企业应在营销中设法帮助消费者了解本企业产品的相关知识，并设法让他们知道并确信自己产品的性能特征及优势，使消费者树立对企业产品的信任感。

2. 和谐型购买行为

当某项商品消费者卷入程度高但品牌差异程度不大时,如对家电产品的采购,由于品牌差异不大,消费者虽对购买持谨慎态度,但注意力更多地集中在价格是否优惠、购买是否便利等方面,而不是花很多精力去收集不同品牌间的信息并进行比较,这样从产生购买动机到决定购买之间的时间较短,因而这种购买行为容易产生购后的不协调感:即购买后因发现产品缺陷或得到了其他产品更好的信息从而产生后悔心理或不平衡心理。为了消除心理的失调感,很多消费者广泛收集各种对已购产品的有利信息,以证明自己购买决定的正确性。为此,企业应通过调整价格和售货网点的选择,并向消费者提供有利的信息,帮助消费者消除不平衡心理,坚定其对所购产品的信心。

3. 习惯性购买行为

消费者有时购买某一商品,并不是因为特别偏爱某一品牌,而是出于习惯。如调味品等价格低廉、品牌差异不大的商品,消费者购买时大多不关心品牌,而是靠习惯购买。

针对这种购买行为,企业的广告要加强重复性、反复性,以加深消费者对产品的熟悉程度,给消费者留下深刻印象,以鲜明的视觉标志、巧妙的形象构思赢得消费者对本企业产品的青睐。

4. 多变型购买行为

如果商品品牌间差异很大,且可供选择的品牌很多时,消费者并不花太多的时间选择品牌,也并不专注于某一产品,而是经常变换品种。比如购买饼干,上次买的是巧克力夹心,而这次可能就会买奶油夹心。这种品种的更换并非是对上次购买饼干的不满意,而只是想换换口味。面对这种购买行为,当企业处于市场优势地位时,应以充足的货源占据货架的有利位置,并通过提醒性的广告促成消费者建立习惯性购买行为;而当企业处于非市场优势地位时,则可以通过降价、免费试用、新产品推广等方式,鼓励消费者选择试用。

(三) 购买决策过程的几个阶段

消费者购买决策过程由一系列相互关联的活动构成,包括了从实际购买发生前到购买后的整个阶段。消费者购买决策过程一般可分为以下 5 个阶段:

1. 确认需要

确认需要是消费者购买决策过程的起点。当消费者感到了一种需要并准备购买某种商品去满足需要时，对这种商品的购买决策过程就开始了。来自内部和外部的刺激都可能引起需要和诱发购买动机。

市场营销中应注意了解消费者需要的产生及其诱因，然后通过营销活动的安排来刺激和引发消费者的需要并诱发其购买动机。

2. 收集信息

消费者形成购买动机后，在多数情况下，还需要寻求和了解有关产品质量、功能、价格、牌号、已经购买者的评价等商品信息。消费者的信息来源通常有以下 4 个方面：①个人来源，即从家庭、朋友、邻居和其他熟人那里得到消息；②商业来源，即从广告、营销人员介绍、商品展览与陈列、商品包装等得到消息；③大众来源，即从报纸、电视等大众宣传媒介的客观报道和消费者团体的评论中得到消息；④经验来源，即通过使用、试验商品得到消息。通过信息的收集，消费者逐步缩小对将购买商品选择的范围，并进一步进行购前的方案评价。

3. 选择评价

消费者进行比较评价的目的是根据收集到的资料对商品属性作出价值判断，识别哪一种品牌、类型的商品最适合自己的需要，进而作出购买决定。消费者在评价过程中主要从以下几方面进行：

（1）分析产品属性。产品属性即产品能够满足消费者需要的特性。消费者一般将某一种产品看成是一系列属性的集合，如牙膏的属性主要有洁齿、防治牙病、香型；手表的属性主要有准确性、式样、耐用性等。

（2）对属性进行评价，即对产品有关属性给予不同的重要性权数。消费者对商品属性的评价因人因时因地而异，有的评价注重价格，有的注重质量，有的注重牌号或式样等。

（3）确定品牌信念。消费者会根据各品牌的属性及各属性的参数，建立起对各个品牌的不同信念，比如确认哪种品牌在哪一属性上占优势，哪一属性相对较差等。

（4）建立评价函数。消费者从购买商品中获得的满足因商品属性的不同而各异。消费者满足程度和商品属性的关系可用效用函数来描述。效用函数，即描述消费者所期望的产品满足感随产品属性的不同而变化的函数关系。每个消费者对不同产品属性的满足程度不同，从而形成各自不同的效用函数，并成为消费者对产品选购方案进行评价的一个重要内容。比如，某一消费者欲购买一部手机的满足，会随着功能、通话效果、外型美观等得以实现，但也会因价格的上涨而使满足感减少。

（5）作出最后评价。消费者从众多可供选择的品牌中，通过建立效用函数等评价方法进行评价之后，则会作出最后的优劣判断，对每种品牌的偏好程度得出最后的结论。

4．决定购买

通过对可供选择品牌的评价并作出选择后，就形成了购买意向。而在将购买意向转化为行动时还要受到他人态度和意外情况的影响。

（1）他人态度。消费者购买意向会因他人态度而增强或减弱。一般说来，这种来自他人态度的影响力与消费者关系的密切程度成正比。例如丈夫想购买越野车的意向极有可能因妻子的强烈反对而改变或放弃，但来自邻居或亲戚的不同意见对其购买决策的影响就没有这么明显。

（2）意外事件。消费者购买意向的形成，总是与预期收入、预期价格和期望从产品中得到的好处等因素密切相关。当购买意向产生后，也可能因为消费者突然失业、产品涨价等意外情况使其改变或放弃原有的购买意图。

【案例 3-8】"三鹿"事件对消费者购买国产奶粉的影响

2008 年的三鹿奶粉事件给中国乳业市场造成巨大损失，也严重影响了消费者对国产奶粉的购买信心，很多消费者转而购买国外奶粉。据《经济参考报》报道："受三鹿奶粉事件影响，不少国内消费者纷纷通过亲友、网络商户代购等途径购买境外原装奶粉。从 9 月下旬开始，通过普通邮递渠道、邮政特快专递渠道进境的原装奶粉呈现大幅增长趋势。10 月 1 日至 15 日，苏州海关驻邮局办事处就监管个人邮递进口奶粉业务 65 票，累计超过进口奶粉 700 千克，同比增长 6 倍。"

5．购后行为

消费者购买商品后，还会通过自己的使用和他人的评价，对已购买的商品进行购后评价。消费者根据对产品期望和实际使用后的感觉进行比较，如果对产品满意，则在下一次购买时可能继续采购该产品，并向其他人宣传该产品的优点。而如果感到不满意，则会影响他们的下次购买，同时他们有可能退货、劝阻他人购买这种产品。企业营销须对消费者的购后行为给予充分地重视，因为它关系到产品今后的市场和企业的信誉，所以市场营销人员应采取有效措施尽量减少购买者买后不满意的程度，并通过加强售后服务、保持与顾客联系、提供充分信息使他们从积极方面认识产品的特性等，以增加消费者的购后满意感。

第二节　组织市场购买行为分析

一、组织市场及其特点

组织市场由所有非个人消费者的团体组织构成，是指工商企业为从事生产、销售等业务活动以及政府部门和其他非营利组织为履行职责而购买产品和服务所构成的市场。简而言之，即指以某种组织为购买单位的购买者所构成的市场，其购买目的是为了生产、销售或履行组织职能。

组织市场的需求和购买行为与消费者市场存在显著不同。具体而言，组织市场具有以下特点：

1. 购买者数量少而购买规模大

相对每个人都可能是购买者的消费者市场而言，组织市场的购买者数量很少，但在组织市场中的购买规模则相对较大，尤其在一些集中度较高的产业市场，往往前几名企业就可以占整个行业大半的购买量，有时候，一个购买者就可能有很强的购买力。

【案例 3 - 9】长虹的"彩管采购战略"

20 世纪末，我国彩电行业的竞争激烈，长虹凭借其雄厚的资金和良好的信誉作后台，从 1998 年下半年开始大量吸纳彩色显像管。据有关人士介绍，全国市场销量最大的 21 英寸彩管，长虹拿到了从 1998—1999 年 1 月间全国彩管产量约 70% 的订单，其他众多厂家只能瓜分剩余的 30% 的份额。

2. 购买者地理位置较集中

许多行业，如石油、橡胶、钢铁等显示出了相当较强的地理区域集中性。购买者的这种地理区域集中有助于降低产品的销售成本。

3. 派生需求

组织市场是非用户市场，即这个市场上很多需求都是从消费者对最终产品和服务的需求中派生出来的。

4. 需求缺乏弹性

由于组织市场需求的派生性，同时由于组织市场上的采购规模一般较大，计划性强，对产品质量性能等属性要求更多，很难短期内调整采购计划等原因，使得组织市场上很多产品和服务的需求尤其短期需求受价格变化的影响较小，需求缺乏弹性。

5. 购买多属于专业性采购

组织市场的采购多是由受过专门训练的采购代理商来执行的，它们必须遵守组织的采购政策、结构和要求。

6. 供购双方关系密切，多属直接采购

购买者常直接从生产厂商那里购买产品，而非经过中间商环节，尤其是那些技术复杂和重大的项目更是如此（例如大型计算机或飞机的制造），供购双方关系一般较为密切。因此，为了保持买卖双方的长期紧密关系，供应商的营销人员必须深入了解客户需求，并且让客户感觉他们之间的关系是有价值的，即通过关系营销维持双方的联系。

二、组织市场的构成

按照购买者的不同，组织市场一般可分为产业市场、中间商市场和非营利组织市场（主要是政府市场）。

1. 产业市场

产业市场也叫生产者市场，它主要由各种营利性的制造业、建筑业、运输业、房地产业、金融业、农业及服务业购买者组成。产业市场是组织市场中最重要的部分。

2. 中间商市场

中间商市场又称转卖者市场，由各种批发商和零售商组成，他们购买商品的目的是要再次销售并从中获利。中间商购买行为同产业购买者行为有相似之处，其采购计划包括 3 个主要决策：经营范围和商品搭配，选择什么样的供应者，以什么样的价格和条件来采购。

3. 非营利组织市场（主要是政府市场）

非营利组织包括各级政府及所属机构、事业团体（医院、学校）以及各种非营利性的社团、组织等。他们购买的商品品种繁多，从军用物资、文具办公用品到制服、各类公共设施、通信交通工具及能源、保险等各类商品和服务均有涉及。在非营利组织市场中，政府市场占据主要部分，即国家的各级政府部门的购买者所构成的政府机构市场，其采购目的是为了执行政府机构的职能。

在以上 3 种市场中，产业市场是组织市场最重要的组成部分，因此，以下将主要以产业市场为代表来研究和分析购买者在组织市场上的购买行为。

三、组织市场的购买对象

组织市场尤其产业市场购买的对象一般可分为生产装备、附属设备、零部件、原材料、半成品、消耗品和其他服务等几类。

1. 生产装备

生产装备是指包括重型机械、设备、厂房建筑等在内的保证企业顺利进行某项生产的基本设备。生产装备直接影响到企业的生产效率及产品质量，且大多价格昂贵、体积庞大、结构复杂、技术要求高，因此，对生产装备的购买往往属于企业重大决策，在产品技术性能、服务等方面均有较高要求。

2. 附属设备

附属设备是指包括机械工具、办公设备等在内的、相对生产重要性略低的一些企业进行日常生产和管理所需的相关设备。这些设备一般标准化程度高且供应商较多，通常购买决策不需要太多人员参与即可实现，在购买中价格因素相对比较重要。

3. 原材料

原材料是指生产某种产品的基本原料，如用于工业生产过程中的农产品、矿产品、海产品和林业产品等。

4. 半成品

半成品是指经过初步加工，可以供生产者生产新产品的产品，但又不同于原材料和零部件，如钢材、皮革、纱线等。一般产业市场上对这类商品品牌等方面没有明确要求，而在规格、质量、交货时间等方面则有明确标准，产品供应者较多，所以服务和价格竞争因素比较重要。

5. 零部件

零部件是指已经完工，并构成企业最终产品的组成部分的产品，如螺丝钉等紧固件、集成电路板、仪器仪表等。零部件品种繁多，部分零部件专用性很强，是构成最终产品不可或缺的部分，因此，按时按质按量交货是产业市场上零部件购买中较为关键的要求。

6. 消耗品

消耗品是为保证和维持企业日常运营所消耗的各类维护、修理和管理用具，如燃料、清洁用品、办公用品、润滑油等。这类产品多为标准产品，替代性强，价格较低，购买频率较高，因此在购买过程中，价格的优惠和购买的便利性影响较为明显。

7. 其他服务

服务是产业市场上进行交易的各类无形产品的总称，既包括和实际商品一同出售的各类服务，也包括如设计、金融服务、法律服务、培训和教育、市场调研、管理和营销咨询等专业服务项目。服务属于无形商品，这就使其购买和销售不同于产业市场上的其他购买对象，服务质量很难量化，从而使其在购买中变数较大。

四、组织市场购买过程的参与者

组织市场的购买活动大多数都属于集体采购，其购买决策由来自不同岗位和不同职责的人员完成，这就形成了组织市场购买决策参与者的两个特点：参与人数多，专业性较强。组织市场购买过程的参与者一般包括技术人员、管理人员、采购人员、财务主管等，这些参与者对所需购买产品的各项技术细节包括性能要求、价格范围等都有比较充分的了解。

针对不同单位及不同采购对象，参与购买过程的人数会有一定差别。一般大企业购买活动参与者人数较多，在购买生产装备等涉及技术和较大投资的情况下，也会有较多的参与者，小企业的一般购买行为或购买的是普通消耗品，则只需个别人员参与到购买活动中来。

在组织市场购买过程中，所有参与者具有同一购买目标，并共同分担决策风险，但各自担任角色仍存在一定差异，一般可将组织市场的购买参与者归纳为以下几种：

1. 使用者

使用者即实际使用将要购买的某种商品的人员，一般也是最先提出购买计划的人，对欲购买商品的品种、规格的建议和决定产生重要作用。

【案例 3 - 10】受重视的使用者

克拉克设备公司（Clark Equipment Company）是一家专门生产叉式升降装卸车的公司，他们发现产品的使用者在采购决定中起着非常重要的作用。使用者每天都花大量时间使用设备，而且相当看中设备的性能。这说明装卸车的舒适感和优良性能（最小限度的检修期）决定了他们是否购买该产品。针对这一点，克拉克公司对产品进行了改良。

2. 影响者

即从购买组织内、外部对购买决策产生直接或间接影响的人。如上面提到的实际使用者就是一个组织内部的影响者，此外，组织内部的技术人员、外部的相关咨询机构等都可能是购买决策的影响者。

3. 决策者

决策者即组织中最终决定购买产品和选择供应商的人员。一般情况下，决策者和采购者是统一的，但是在大型的复杂采购中，决策者通常是组织管理者。

4. 采购者

采购者即组织中具体执行采购决定的人员。一般组织中，采购者都获得专门的授权或职位以履行采购职能，其工作职责主要包括选择供应商并与之达成交易。

5. 控制者

控制者虽然不是组织中购买决策的直接参与者，却能够阻止供应商和组织购买人员的接触，控制有关购买活动的相关外部信息流入，如组织的采购代理、技术人员、秘书等。

五、组织市场购买决策过程

组织市场购买决策过程与消费者市场购买过程有很多相似之处，但也存在很多差异。组织市场购买决策过程通常包括以下几个阶段：

1. 提出购买需要

当组织在运营过程中发现某个问题，有人提出可以通过购买某些产品和服务来解决时，购买的过程便开始了。引发这一需要提出的因素可以来自组织内部，如新项目的实施需要购买新的器材和设备等，但也可以来自组织外部，例如供应商可以通过广告或其他方式提示和证明自己的产品能使组织的状况变得更好而使组织提出购买需要。

2. 确定购买需求

对需要购买产品的数量及各种特性，如价格、耐用程度和其他必要属性进行确定并按其重要程度加以排序，这些意见会影响最终的购买决定。

3. 说明购买需求

确定需求后，对所需购买产品的品种、性能、特征、数量和服务等作出更详细、更精确的描述，作为采购人员的采购依据。

4. 寻找供应商

采购人员根据产品采购要求寻找最佳供应商。寻找的途径可以是通过商业目录、网络等渠道查询可能的供应商，也可通过其他企业介绍等方式获得。作为卖方营销人员则应积极成为购买方备选的供应商。

5. 比较供应商

购买者邀请合格的供应商提交供应产品说明书、价目表等有关资料以便进行比较选择。

6. 选定供应商

组织中参与购买的人员可将各供应商提供的报价材料逐一评价,比较分析不同供应商的产品质量、性能、产量、技术、价格、信誉、服务、交货能力等,以便确定供应商。

7. 正式订货

选定供应商后,购买者根据所购买产品的说明书、需要量、交货时间、退货政策、担保条件等内容与供应商签订正式订单,订立买卖合同。

8. 购后评价

产品实际购进使用后,采购部门需与使用部门保持联系,了解该产品使用情况和满意程度,考察比较各个供应商履约情况,并籍此对各供应商加以购后评价,以决定延续、修正或中止供货关系。

组织市场购买决策过程的这几个阶段并非一成不变。如果购买者是第一次进行购买活动,通常会经过全部 8 个阶段;但如果是修正重购或直接重购,则可能会跳过一些阶段。

六、 组织市场购买决策类型

在组织市场中,购买者的购买决策通常有 3 种主要的类型:

1. 新购

即购买以前从未买过的商品或服务。此时购买者往往需要有关购买的大量信息,而且购买成本越高,制定购买决策的参与人数和所需时间也越长。这种购买为营销人员提供了最好的机会,营销人员应尽最大努力抓住机会为组织购买者提供相关信息和帮助,成为组织的供应商。

2. 直接重购

在直接重购中,购买者按过去的订货目录重复订货,不做任何变动,这通常是采购部门的日常工作,其决策是常规化的。在这种购买决策形式下,一般都是购买者对供应商熟悉且满意所以决定持续购买。在这种情况下,作为原有供应商不必重复推销而是努力保持产品和服务的质量,保持彼此良好关系的稳定。至于竞争者则应设法先获得少量订单再逐渐扩大销量。

3. 修正重购

即购买方在重复购买时变更产品规格、价格、数量或交货条件等其他条款，这需要调整或修订采购方案，或者调整决策人数。提出新的要求或重新选择供应商。若遇这种情况，原有供应商应采取有力行动维持彼此关系保住客户，而竞争者则可抓住机遇争取入围。

七、影响组织市场购买的因素

影响组织市场购买活动的因素很多，并且和消费者市场存在很大不同。一般来说，影响组织市场购买活动的因素可分为 4 个主要方面，如表 3.3 所示。

表 3.3　影响组织市场购买的主要因素

环境因素	组织因素	人际因素	个人因素
需求水平	目标	职权	年龄
经济前景	政策	地位	收入
资金成本	程序	态度	教育
技术发展	组织结构	说服力	工作职位
政治与法律制度	制度		个性
竞争态势			风险态度

1. 环境因素

环境因素是制约组织市场购买行为的不可控因素。首先，组织市场购买要受基本需求水平的影响，同时还会受经济形势预期的影响。如预期某种原材料将会短缺，采购单位就有可能备有一定的存货，或同销售方签订长期的订货合同。竞争者的采购对采购单位也有一定的影响。实际上同行业之间在原材料采购上有互相攀比或模仿的倾向。除此之外，科技变革、政治变化对组织市场的购买也有影响。

2. 组织因素

组织因素是指一个单位的战略目标、组织结构、采购制度、程序等对购买行为的影响。组织因素在影响产业市场购买决策的诸因素中具有特殊地位。如长虹集团集中采购彩色显像管，长虹之所以这样做，就是为了实现超越竞争对手的战略目标。

3. 人际因素

人际因素指组织中的采购者与上级主管之间、相关部门之间及与其他有关人员的实际相互关系对购买行为的影响。如企业中采购部门职权范围大小不同，参与购买决策程度不同，上层主管对采购决策过程的管理态度不同，都会对组织的购买行为产生很大影响。

4. 个人因素

在组织购买中，购买者的个人特点同样也会对购买过程产生一定影响。实际上，组织的购买虽然更多的是一种集体的理性采购行为，但是仍旧是由个人作决定和采取行动的。因此，参与决策的每个人的动机、态度和偏好，以及采购者的年龄、教育水平、收入、职位以及对待风险的态度等，都会对购买决策产生一定影响。事实上，营销工作的对象是具体的决策参与者，所以对其个人因素也应认真对待。

本章小结

1. 根据谁在市场上购买可将市场分为两大基本类型：消费者市场和组织市场。

2. 消费者市场是指个人或家庭为满足生活需要而购买或租用商品的市场。消费者购买行为具有购买者多而分散、购买量小而频次高、需求差异大且多变、需求多缺乏专业性等特点。消费者市场的购买对象一般可分为日用品、选购品和特殊品 3 类。

3. 消费者行为受到文化、社会阶层、相关群体、家庭等社会文化因素，年龄、性别、职业和受教育程度、经济状况、生活方式、个性和自我形象等个人特性因素，动机、感觉和知觉、学习、信念和态度等心理因素的支配和影响，是这些复杂因素相互作用的结果。

4. 根据消费者卷入购买的程度和商品品牌的差异程度，可以把消费者的购买行为分为复杂型、和谐型、习惯型和多变型四种类型。消费者购买决策的典型过程由确认需要、收集信息、选择评价、决定购买、购后行为 5 个前后相继的阶段所组成。

5. 组织市场一般可分为 3 类：产业市场、中间商市场和以政府市场为主的非营利组织市场。产业市场是其中最重要的部分。组织市场上的购买对象包括生产装备、附属设备、原材料、半成品、零部件、消耗品和其他服务等 7 类。

6. 组织市场购买过程的参与者包括使用者、影响者、决策者、控制者和采购者 5 种，而其决策过程则由提出购买需要、确定购买需求、说明购买需求、寻找供应商、比较供应商、选定供应商、正式订货和购后评价 8 个阶段构成，新购买一般需经过全部 8 个阶段，而修正重购或直接重购则可能会跳过一些阶段。组织市场的购买行为活动要受到环境、组织、人际、个人等因素的影响。

习 题 三

1. 影响消费者购买行为的主要因素有哪些？
2. 作为营销人员应如何影响消费者的购买决策？
3. 组织市场购买有哪几种类型？
4. 组织市场的购买对象可以分为哪几类？
5. 组织购买决策有哪些过程？

案例分析

波音公司的跨国营销

在与他国政府的关系维系中，波音公司不用狭隘的或者民族主义等方式来为品牌定位，而是根植于航空业的企业社会责任活动，将波音在他国塑造为负责任的雇主、行业合作伙伴及专注的投资者，如专门设计培训项目，免费培养大量航空人才等，在发展中国家市场中树立了良好的企业形象。

1. 良好的政府关系建设

波音公司十分重视与政府建立良好的关系，积极促动政府高层对公司的访问，增进政府对公司的了。波音公司一直以来与美国政府、国会及政府部门保持高层接触，以企业的身份支持美国政府与各国政府关系的发展。波音公司能够从国际关系层面上关注和巩固与发展中国家政府的关系。1979 年时任国家副总理的邓小平访问美国的时候，受邀参观了波音公司的飞机生产线，1993 年，国家主席江泽民也参观了波音公司。早在上个世纪 90 年代波音公司就在中国塑立了维护中美关系使者的形象。在过去的十几年中，波音公司一直为促进中美贸易关系正常化和中国加入 WTO 而努力，波音公司的一系列努力，在加强美中两国关系的同时，对其获得中国政府的大量飞机订单也起了重要作用。

2. 成为行业合作伙伴

如果跨国公司能够和发展中国家行业里的企业开展合作，帮助本土企业成长和行业发展，这将是获得政府认同的最有效的战略。

在携手合作宗旨的指引下，波音公司一直致力于与我国企业建立互利互惠的长远合作伙伴关系。从 1981 年起，西安飞机公司和沈阳飞机公司相继与波音公司签订了合同，为波音公司生产飞机零部件。随后，波音与中国的航空制造业开展了广泛的转包生产合作，成立了一些新的合作企业从事复合材料生产及飞机维修和改装业务。2004 年，波音公司主动加大与我国航空制造企业的合作力度，在我国发展更多的零配件供应商与业务伙伴。这一方面可以降低生产成本；另一方面可以为我国航空公司提供更加快捷的售后服务，坚定我国航空公司购买波音客机的信心，进而赢得更广泛的中国市场。波音公司称，世界范围内有 3 400 架现役波音飞机的重要部件和组件是中国制造的，占全球波音机队总数的 1/3。

　　3. 提供优质培训业务

　　在中国，波音公司不间断地为民航总局提供免费的教材和培训机会，并投资几百万元人民币开展国内民航高层管理人员的培训工作，将其作为"五年计划"长期贯彻下去。还广泛开展针对飞行、维修、管理等方面的培训，为波音飞机的运营提供保障，并在全国范围建立驻场服务代表、后勤和技术支持系统，帮助中国民航提高空中交通管理和航空安全水平。

　　波音公司在中国市场上立体化的营销努力获得了可观的市场效应。到目前为止，中国现在运营的 1 000 多架飞机中，大约有 600 多架是波音飞机。

思考题

　　1. 波音公司是如何影响消费者的购买决策的？

　　2. 面对激烈的市场竞争，我国企业在跨国营销中又该采取怎样的措施？

第四章 目标市场的选择

学习目标

通过本章的学习，理解市场细分、目标市场选择与目标市场定位三者之间的联系，了解市场细分的含义和作用，掌握市场细分的依据和方法，了解目标市场的选择模式，掌握目标市场进入的策略和目标市场定位的步骤及应用。

知识要点

市场细分的标准，目标市场的选择模式，目标市场定位的策略及步骤。

案例导入

红罐王老吉品牌定位战略

凉茶是广东、广西地区的一种由中草药熬制，具有清热祛湿等功效的"药茶"。在众多老字号凉茶中，又以加多宝公司经营的王老吉罐装凉茶最为著名。

2002 年以前，红色罐装王老吉（以下简称"红罐王老吉"），在广东、浙南地区销量稳定，赢利状况良好，有比较固定的消费群，销售业绩连续几年维持在 1 亿多元。发展到这个规模后，加多宝的管理层发现，要把企业做大，要走向全国，就必须克服一连串的问题和困扰，其中最核心的问题是企业不得不面临的一个现实难题——是把红罐王老吉当"凉茶"卖，还是当"饮料"卖？在王老吉知名度最高的广东，消费者觉得"它好像是凉茶，又好像是饮料"，认知混乱；在另一个主要销售区域浙南，消费者则将"红罐王老吉"与康师傅茶、旺仔牛奶等饮料相提并论，没有形成对红罐王老吉的独特；而在两广以外，人们并没有凉茶的概念，使红罐王老吉无法走出广东、浙南。因此，在推广中也出现推广概念模糊的问题，不能够体现红罐王老吉的独特价值。

2002 年年底，加多宝公司委托成美先对红罐王老吉进行品牌定位。根据成美公司人调查发现，消费者对红罐王老吉并无"治疗"要求，而是作为一个功能饮料购买，购买红罐王老吉的真实动机是用于"预防上火"，红罐王老吉的直接竞争对手，如菊花茶、清凉茶等，仅仅是低价渗透市场，并未占据"预防上火的饮料"的定位。而可乐、茶饮料、果汁饮料、水等明显不具备"预防上火"的功能，在研究了一个多月后，成美向加多宝提交了品牌定位研究报告，首先明确红罐王老吉是在"饮料"行业中竞争，竞争对手应是其他饮料；其品牌定位——"预防上火的饮料"，独特的价值在于——喝红罐王老吉能预防上火，让消费者无忧地尽情享受生活。

凭借在饮料市场丰富经验和敏锐的市场直觉，加多宝决定立即根据品牌定位对红罐王老吉展开全面推广。通过电视、户外广告和人员促销等多种方式，"怕上火，喝王老吉"的广告直击消费者需求，及时迅速地拉动了销售；同时，随着品牌推广的进行和消费者的认知不断加强，红罐王老吉逐渐为品牌建立起独特而长期的定位，真正建立起品牌。2008 年销量突破 100 亿元大关。

第一节　寻找和评价市场机会

企业进行目标市场选择，首先需要用系统的方法分析企业业务和寻找市场机会，把市场机会变成有利可图的商业机会，这样才能更好地发挥企业资源和竞争优势。

一、市场机会的含义与分类

所谓市场机会，指市场上所有存在的尚未满足或尚未完全满足的欲望和需求。消费者的需求是不断变化的，因此，不断会有未满足的需求和市场机会出现。企业在经营中要善于发现新的市场机会，在国内外开辟新的市场。

市场机会可以分为以下几种类型：

1. 环境机会与企业机会（也叫公司机会）

环境机会是指在环境变化中客观形成的各种未满足的需求。对不同的企业来说，环境机会并不一定都是最佳机会，只有环境机会中那些符合企业目标与能力，能发挥企业优势的市场机会，才是企业机会。因此，企业在市场营销过程中就要通过分析和评价环境机会来选择合适的企业机会，并采取有效的对策加以利用。

2. 表面的市场机会与潜在的市场机会

在市场上，明显未被满足的现实需求就是表面的市场机会；现有的产品种类未能满足的或尚未被人们意识到的潜在需求，就是潜在的市场机会。

表面的市场机会容易被企业发现和识别，能利用机会的企业也多，一旦超过了市场容量，这一机会就不能为企业创造机会效益（即先于其他企业进入市场所取得的竞争优势和超额利润）。潜在的市场机会识别与寻找的难度较大，但如果抓住了这种机会，机会效益就会比较高。

3. 行业市场机会与边缘市场机会

行业市场机会是指出现在本企业经营领域的市场机会；边缘市场机会是指在不同行业之间的交叉与结合部分出现的市场机会。

由于自身生产经营条件的限制，企业一般都较为重视行业性市场机会并将其作为寻找和利用的重点，但常会因同行业间的激烈竞争而失去或减弱机会利益；而企业利用行业外出现的市场机会，通常又会遇到较大的困难或障碍；边缘性市场机会，可以发挥企业的部分优势，且常被大多数企业忽略，所以利用这种机会的企业易于取得机会效益。

4. 目前市场机会与未来市场机会

在目前的环境变化中，市场上出现的未被满足的需求，称为目前市场机会；在目前的市场上仅仅表现为一部分人的消费意向或少数人的需求，但随着环境的变化和时间的转移，在未来的市场上将发展成为大多数人的消费倾向和大量的需求，称为未来市场机会。

目前市场机会与未来市场机会两者之间并没有严格的界限，区别只在于时间的先后和从可能转变为现实的客观条件是否具备。因此企业需在取得大量数据资料基础上分析预测，随时注意观察环境变化的趋势，经常修改不合实际的预测，提高未来市场机会转化为现实市场机会的概率。

二、寻找市场机会

市场需求处于不断发展变化之中，所有产品又都有自己的生命周期，这就使企业不能永远只依靠经营原有产品谋求发展，同时，也给企业开拓新业务提供了可能。因此，企业需要不断地寻找和发现新的市场机会。

首先，企业必须经常搜集市场信息，通过建立完善的市场营销信息系统等方式，对消费者的需求、竞争者的产品等市场信息开展经常性的调查研究工作。对市场资讯的收集、分析和整理，可以使企业了解和掌握市场营销环境、消费者与组织市场的行为，并通过营销信息系统与营销调研寻找、发现并识别未满足的需求和市场机会。

其次，在市场信息收集和分析的基础上，企业可以借助多种分析方法，如产品-市场矩阵方法、SWOT 分析法等，结合实际寻找和发现产品或业务增长与发展的机会。产品-市场矩阵方法如图 4.1 所示。

	现有产品	新产品
现有市场	市场渗透	产品开发
新市场	市场开发	多角化

图 4.1　产品-市场矩阵

从该矩阵可以看到，企业可以从了解的产品和熟悉的市场上寻找未来的发展机会，也可以从新的产品和新的市场寻求新的市场机会。通过这种矩阵分析的方式，企业可以通过市场渗透、市场开发、产品开发、多角化等不同增长战略，找到额外的机会。

此外，由于市场上购买者的差异性和多样性，通过细分市场可以帮助企业找到最佳的市场机会，迅速取得市场并塑造企业良好形象。这一内容我们将在本章后面具体展开，在此不再赘述。

三、市场机会的评价

通过以上工作，企业往往可以寻找到许多市场机会。但是，并非每一种市场机会都能够成为企业可以利用的机会，因此必须对其进行客观的分析与评价，进而选择对企业更有利可图的机会进行发展。这项工作相当重要，正确地分析、评价、选择和利用市场机会，可以使一个企业走向繁荣，反之则会使企业坐失良机，甚至导致企业营销的失败。

企业对市场机会的评价主要应从以下几方面着手：

1. 看其是否与企业的任务、目标及发展战略相一致

当两者一致时可初步判定该机会是可以利用的，而出现不一致的时候则可以决定放弃。如果这一市场机会的潜在吸引力很大也可以考虑利用，但需要对企业战略计划及有关方面进行调整。

2. 分析和评价企业自身优势

某种市场机会能否成为一个企业的企业机会，还要看企业是否具备利用这一机会、经营这项事业的条件，以及企业是否在利用这一机会、经营这项事业上比潜在的竞争者具有更大的优势。企业应选择那些与自己的资源能力

相一致，可以获得比潜在竞争者更多竞争优势和发展前景的市场机会作为自己的企业机会。

3. 分析和评价销售潜量

经过上述工作后，企业的市场营销人员还要对拟加以利用的市场机会进行销售潜量方面的分析和评价，并从中选择那些对本企业产品具有一定销售潜量的市场机会作为自己的企业机会。分析和评价销售潜量，不但要了解销售对象的情况，包括消费对象范围及其分布情况、购买预算、对分销渠道的要求、竞争者情况等，还应具体分析每一种市场机会的市场规模、市场容量以及销售增长率，并针对本企业产品可能的销售量、市场占有率等作出预测。

4. 进行财务可行性分析

在对市场机会进行分析和评价时，还应对其进行财务可行性分析，即估算利用某一市场机会的成本、利润等，以便对其作出最后的评价和选择。

这样，企业通过调查研究、收集信息等方式发现新的市场机会后，还应结合自身条件，从环境机会中选择出适合本企业发展的市场机会。而在这一过程中，市场细分是企业常用的一种发现和利用市场机会的有效方法。

第二节　市场细分的依据和方法

一、市场细分的含义和作用

市场细分是指从区别消费者的不同需求出发，根据消费者购买行为的差异，把整个市场分为若干个具有类似需求的消费者群的市场分类过程。每一个消费者群就是一个细分市场，也叫子市场或亚市场。

市场细分这一概念在 20 世纪 50 年代由美国市场学家温德尔·史密斯提出来后，很快就受到众多企业的重视，并成为市场营销理论的重要组成部分，是企业选择目标市场的基本方法和必要步骤。

市场需求的差异性是市场细分的内在依据和客观基础。通过市场细分，企业把目光转向消费者，结合自身优势，选择最具吸引力和最能有效为之提供产品和服务的市场，并设计相应的营销组合，这对于企业营销具有重要意义。具体而言，市场细分的作用主要体现在以下几个方面：

1. 有利于企业发掘市场机会

通过市场细分，企业可以对每一个子市场的购买潜力、满足程度、竞争情况等进行分析对比，探索出尚未满足的消费需求，使之成为有利于本企业的市场机会，通过调整生产计划或研发新产品等方式开发新产品，开拓新市场，更好地适应市场的需要。

2. 有利于企业选择目标市场

细分后的子市场比较具体，比较容易了解消费者的需求，企业可以根据自己的经营思想、方针及生产技术和营销力量，确定自己的服务对象，即目标市场。针对较小的目标市场，便于制定特殊的营销策略。同时，在细分的市场上，信息容易了解和反馈，一旦消费者的需求发生变化，企业可迅速改变营销策略，制定相应的对策，以适应市场需求的变化，提高企业的应变能力和竞争力。

3. 有利于企业更好地发挥竞争优势

市场细分能帮助企业集中人、财、物等资源，在营销中发现市场空隙和机会，更好地针对和满足目标消费者的需求，提高消费者忠诚度，争取局部市场上的优势，进而取得最大的竞争优势。

4. 有利于提高企业的经济效益

企业通过市场细分后，针对目标市场特点，扬长避短，有的放矢地进行营销活动，可避免浪费和分散力量，可以发挥和全面提高企业的经济效益。

【案例 4 - 1】宝洁对洗衣粉市场的细分

宝洁公司设计了 9 种品牌的洗衣粉，汰渍（Tide）、奇尔（Cheer）、格尼（Gain）、达诗（Dash）、波德（Bold）、卓夫特（Dreft）、象牙雪（Iory Snow）、奥克多（Oxydol）和时代（Era）。宝洁的这些品牌在相同的超级市场里相互竞争。但是，为什么宝洁公司要在同一品种上推出好几种品牌，而不集中资源推出单一领先品牌呢？答案是不同的顾客希望从产品中获得不同的利益组合。以洗衣粉为例，有些人认为洗涤和漂洗能力最重要；有些人认为使织物柔软最重要；还有人希望洗衣粉具有气味芬芳、碱性温和的特征。

宝洁公司至少发现了洗衣粉的 9 个细分市场。为了满足不同的细分市场的特定需求，公司设计了 9 种不同的品牌。就 9 种品牌分别针对如下 9 个细分市场：

（1）汰渍。洗涤能力强，去污彻底。它能满足洗衣量大的工作要求，是一种用途齐全的家用洗衣粉，"汰渍一用，污垢全无"。

（2）奇尔。具有"杰出的洗涤和护色能力，能使家庭服装显得更干净、更明亮、更鲜艳"。

（3）奥可多。含有漂白剂。它"可使白色衣服更洁白，花色衣服更鲜艳。所以无须漂白剂，只须奥可多"。

（4）格尼。最初是宝洁公司的加酶洗衣粉，后重新定位为令衣服清新，"如同太阳一样让人振奋"的洗衣粉。

（5）波德。其中加入了织物柔软剂，它能"清洁衣服，柔软织物，并能控制静电"。波德洗涤液还可增加"织物柔软剂的新鲜香味"。

（6）象牙雪。"纯度达到99.44％"，这种肥皂碱性温和，适合洗涤婴儿尿布和衣服。

（7）卓夫特。也用于洗涤婴儿尿布和衣服，它含有"天然清洁剂"——硼石，"令人相信它的清洁能力"。

（8）达诗。是宝洁公司的价值产品，能有效去除污垢，价格也相当低。

（9）时代。是天生的去污剂，能清洗难洗的污点，在整个洗涤过程中效果良好。

可见，洗衣粉可以从功能上和心理上加以区别，并赋予不同的品牌个性。通过多品牌策略，宝洁已经占领了美国更多的洗涤剂市场，目前市场份额已达到55％，这是单个品牌所无法达到的。

二、市场细分的依据

市场可以细分，是由于消费者或用户的需求存在差异性。引起消费者需求差异的变量很多，实际中企业一般是组合运用有关变量来细分市场，而不是单一采用某一变量。概括起来细分消费者市场的变量主要有4类，即人口变量、地理变量、心理变量、行为变量。

(一) 消费者市场的细分依据

1. 人口

消费者是企业市场营销活动的最终对象，消费者需求、偏好与人口统计变量有着很密切的关系，而人口统计变量比较容易衡量，有关数据相对容易获取，因此企业经常以人口统计变量作为市场细分依据。

（1）年龄。不同年龄的消费者有不同的需求特点，形成不同的消费者群体。在市场营销中可按照年龄结构把消费者市场分为儿童市场、青年市场、中年市场、老年市场等。如青年人与老年人在服饰需求上存在较大差异，青年人需要鲜艳、时髦的服装，老年人则需要端庄素雅的服饰。中国移动"动感地带"品牌也是在对移动通信的消费者市场根据年龄细分后而将目标市场定位于15～25岁这个特殊的年轻人群体。

（2）性别。由于生理上的差别，男性与女性在产品需求与偏好上有很大不同，如在服饰、发型、生活必需品等方面均有差别。而且从世界范围来看，随着职业女性的更多出现和妇女地位的提高，女性消费者的需求受到更多重视。像美国的一些汽车制造商，过去一直是迎合男性要求设计汽车，现在，随着越来越多的女性参加工作和拥有自己的汽车，这些汽车制造商已开始研究市场机会，设计具有吸引女性消费者特点的汽车。

【案例 4 - 2】"清扬"洗发水的细分市场策略

去屑洗发水市场是一个拥有 100 多亿元市场规模的细分市场，在这个市场中，竞争也十分激烈。原有的市场格局是联合利华的老对手宝洁公司旗下品牌"海飞丝"一枝独秀，要想顺利进入这个市场，并且迅速抢占竞争对手的市场份额，需要找到一个合适的切入点。长期以来，洗发水品牌的去屑功能都大同小异。因此，想占领市场，仅仅只是去屑功能强大是不够的。于是"清扬"品牌将去屑市场进一步细分，首次提出了性别区分概念，提供男士专用去屑产品，并且向消费者灌输"洗发水男女混用、重冲洗轻滋养、头发营养失衡、洗发护发习惯不良"4 个洗发误区，这对于生活品质越来越高的消费者来说，是乐于接受和易于接受的。因此，清扬产品的上市成为 2007 年一个最具代表性的营销案例和品牌佳话。

（3）收入。收入是引起需求差别的一个直接而重要的因素，在诸如服装、化妆品、旅游服务等领域根据收入细分市场相当普遍。高收入消费者与低收入消费者在产品选择、休闲时间的安排、社会交际与交往等方面都会有所不同。比如，同是外出旅游，在交通工具以及食宿地点的选择上，高收入者与低收入者会有很大的不同。

（4）职业与教育。指按消费者职业、所受教育的不同以及由此引起的需求差别细分市场。

除了上述方面，经常用于市场细分的人口变数还有家庭规模、国籍、种族、宗教等。实际上，大多数公司通常是采用两个或两个以上人口统计变量来细分市场。

2. 地理

按照消费者所处的地理位置、自然环境来细分市场，比如，根据国家、地区、城市规模、气候、人口密度、地形地貌等方面的差异将整体市场分为不同的小市场。一般处在不同地理环境下的消费者对于同一类产品往往有不同的需求与偏好，对企业采取的营销策略与措施会有不同的反应。

地理变量易于识别，它是细分市场的一个重要变量，但事实上处于同一地理位置的消费者需求仍会有很大差异。比如，在我国的一些大城市如北京、上海等，流动人口逾百万，这些流动人口构成的市场肯定有许多不同于常住人口市场的需求特点。所以，简单地以某一地理特征区分市场，不一定能真实地反映消费者的需求共性与差异，企业在选择目标市场时，还需结合其他细分变量予以综合考虑。

3. 心理

根据购买者所处的社会阶层、生活方式、个性特点等心理因素细分市场就叫心理细分。

不同社会阶层和不同生活方式的消费者具有不同的心理特点，这些都可以作为市场细分的重要依据。

【案例 4 - 3】雕牌进入洗衣皂市场

虽然洗衣机的使用日渐普及，但手洗衣服的方式在我国农村和城市里仍有很广泛的群众基础。洗衣皂的去污能力很强，是手洗衣服过程中不可缺少的，因此，洗衣皂市场是一个有广阔市场空间和购买力的市场。然而，这却是一个未开发的目标市场，没有全国性品牌，消费者对洗衣皂毫无品牌意识。因此日化厂出身的纳爱斯企业瞄准了这个市场，将突破点锁定在去污能力强的洗衣皂上，相继推出了超能皂和透明皂，由于市场广阔，又没有像样的竞争对手，雕牌洗衣皂迅速占领了这个市场。

个性指一个人比较稳定的心理倾向与心理特征，它会导致一个人对其所处环境作出相对一致和持续不断的反应。通常，个性会通过自信、自主、支配、顺从、保守、适应等性格特征表现出来。因此，个性可以按这些性格特征进行分类，从而为企业细分市场提供依据。

4. 行为

根据购买者对产品的了解程度、态度、使用情况及反应等将他们划分成不同的群体——行为细分。许多人认为，行为变量能更直接地反映消费者的需求差异。按行为变量细分市场主要包括以下几个方面：

（1）购买时间。根据消费者提出需要、购买和使用产品的不同时间，可将其划分成不同的群体。例如，很多服务型企业如 KTV、影院等对不同时段的同一服务制定不同的价格，就是基于对购买时间细分而形成的营销策略。

（2）功效偏好。同一商品的功能往往并不是单一的，而是多方面的。而消费者对不同功能的偏好也存在差异。以购买手表为例，有的人追求经济实惠，有的人追求耐用可靠，有的则偏向于显示出社会地位等。更常见的一种按照消费者功效偏好的分类则体现在日化市场上，如商场所销售的不同功效的洗发水等。

【案例 4 - 4】耐克鞋的细分

耐克发展的历程也是其产品品种不断丰富的过程，是其市场不断细化的过程。长期以来，就普通人而言，鞋的功能就是保护脚，顺带着也要求它比较美观。耐克公司的成功主要来自不断地把隐藏着的市场发掘出来。当 20世纪 70 年代美国及世界风行跑步之前，耐克就研制出了黄色的轻便跑鞋；随后当人们寻求缓慢的健身活动时，耐克公司又推出了轻便舒适的散步鞋，这样当风行跑步、散步之时，人们穿的就几乎全是耐克的鞋。随着体育运动和健身运动的迅速发展，耐克公司经营从高性能的跑鞋、散步鞋，扩展到足球、篮球、网球鞋等。通过不断地市场细分，鞋的基本款式从 60 多种增至500 多种，耐克公司成功地扩大了运动鞋的使用者范围。

(3) 使用程度和使用数量。使用程度即指根据顾客对商品的使用情况来细分市场，一般可分为：经常购买者、首次购买者、潜在购买者、非购买者。使用数量则是根据消费者使用某一产品的数量大小细分市场。通常可分为大量使用者、中度使用者和轻度使用者。一个常见的说法是二八原则，即20％的客户能为企业带来 80％的收入和 80％的利润。很显然，根据不同消费者的使用程度、使用数量等信息，企业可以大大改进其在定价、广告传播等方面的策略。

(4) 品牌忠诚程度。企业还可根据消费者对产品的忠诚程度细分市场。有些消费者经常变换品牌，另外一些消费者则在较长时期内专注于某一或少数几个品牌。通过了解消费者品牌忠诚情况，不仅可为企业细分市场提供基础，也可帮助企业更好地认识自己和竞争对手彼此间的优势和不足。

(5) 态度。不同消费者对同一产品的态度可能有很大差异，如有的很喜欢持肯定态度，有的持否定态度，还有的则处于既不肯定也不否定的无所谓态度。这也可以成为企业细分市场的依据。

(二) 组织市场的细分依据

许多用来细分消费者市场的标准，如地理、追求的利益和使用情况等，同样可用于细分组织市场。不过，组织市场与消费者市场的区别也体现在一些更具针对性的细分标准上。

1. 用户规模

在组织市场中，有的用户购买量很大，而另外一些用户购买量很小。根据用户或客户的规模来细分市场，进而可制定不同的营销组合。比如，对于大客户，可以直接联系供应，并在价格、信用等方面给予更多优惠；而对众多的小客户，则宜于使产品进入商业渠道，由批发商或零售商去组织供应。

2. 产品的最终用途

产品的最终用途也是组织市场细分标准之一。如工业品用户购买产品，一般都是供再加工之用，对所购产品通常都有特定的要求。企业可根据用户要求，将要求大体相同的用户集合成群，并据此设计出不同的营销策略组合。

3. 用户的购买行为

根据组织市场购买行为来细分市场。组织市场购买的主要方式如前所述包括新购买、直接重购及修正重购。由于不同的购买方式的采购程度、决策过程等不相同，因此，也可将整体市场细分为不同的小市场群。

三、有效市场细分的条件

市场细分可以采用多个变量来进行，但是并非所有细分方式都能行之有效。例如，洗面奶的购买者可分为直发和卷发的，但是头发的情况与购买洗面奶毫不相关。要想使市场细分充分发挥作用，必须满足如下几个特点：

1. 可衡量性

可衡量性指细分后的子市场是可以识别和可衡量的，即子市场范围清晰，其需求程度和购买力水平是可以被衡量的。否则，细分对于企业而言则因无法针对子市场特定需求开展经营而失去细分的意义。

2. 可进入性

可进入性指细分出来的市场应是企业能够将其营销活动和产品及服务提供给顾客的市场。即一方面，有关产品的信息能够通过一定媒体顺利传递给该市场的大多数消费者；另一方面，企业在一定时期内有可能将产品通过一定的分销渠道运送到该市场。否则，该细分市场的价值就不大。

3. 效益性

效益性指细分市场拥有足够的潜在需求，能使企业有利可图。细分市场应是值得专门制订营销计划去追求的最大同类顾客群体。

四、市场细分的方法

企业在进行市场细分时，可采用一项标准，即单一变量因素细分，也可采用多个变量因素组合或系列变量因素进行市场细分：

1. 单一变量因素法

根据影响消费者需求的某一个重要因素进行市场细分。如服装市场按地理因素细分，可分为城市市场、农村市场；按性别细分可分为男装市场、女装市场等。

2. 多个变量因素组合法

根据影响消费者需求的两种或两种以上的因素进行市场细分。同样是服装市场，可以按照地理和行为两个变量细分为城市男装市场、城市女装市场、农村男装市场和农村女装市场等。

3. 系列变量因素法

根据企业经营的特点并按照影响消费者需求的诸因素，由粗到细地逐级进行市场细分。这种方法可使目标市场更加明确而具体，有利于企业更好地制订相应的市场营销策略。

五、市场细分的程序

美国市场学家麦卡锡提出细分市场的一整套程序，这一程序包括 7 个步骤。

（1）选定产品市场范围，即确定进入什么行业，生产什么产品。

（2）列举选定市场上消费者的基本需求。

（3）了解不同消费者的需求差异。对于列举出来的基本需求，不同顾客强调的侧重点可能会存在差异。通过这种差异比较，不同的顾客群体即可初步被识别出来。

（4）抽掉消费者的共同要求，而以特殊需求作为细分标准。

（5）根据消费者需求差异，将其划分为不同的群体或子市场，并赋予每一子市场一定的名称。

（6）进一步分析每一细分市场需求与购买行为特点，并分析其原因，以便在此基础上决定是否可以对这些细分出来的市场进行合并，或作进一步细分。

（7）估计每一细分市场的规模，即在调查基础上，估计每一细分市场的顾客数量、购买频率、平均每次的购买数量等，并对细分市场上产品竞争状况及发展趋势作出分析。

第三节　目标市场的选择

市场细分的主要目的是为了选择目标市场。所谓目标市场是企业为实现预期目标而准备进入的特定市场，即企业在市场细分的基础上，根据自身资源优势准备为之服务的那部分顾客群体。选择目标市场，企业要从评价细分市场开始，然后根据自己的营销目标和资源特点选择适当的目标市场，并决定相应的目标市场策略。

一、评价细分市场

企业选择目标市场之前，要通过对细分市场的评价来确定哪些市场适合本企业发展。一般来说，对细分市场的评价主要从以下 3 个方面进行：

1. 细分市场的规模和潜力

企业在评价细分市场时首先应考虑的是细分市场的规模和发展前景，以确定其是否能保证企业有充分的发展空间。一般来说，市场的规模和企业规模应保持适度，即要有足够的规模以保证企业利润，同时企业也应有足够的资源进入。

2. 市场结构的吸引力

市场结构的吸引力是指某一细分市场结构对其长期赢利能力的影响。一个具有适度规模和成长潜力的细分市场，其内部必然竞争激烈。而市场内竞争激烈的程度、潜在竞争者的进入、替代产品的出现、购买者和供应商讨价还价的能力等，都会影响其吸引力。

3. 企业目标和资源

企业在评价细分市场时还须结合其目标市场战略目标和资源来进行评价，即看其是否符合企业的长远目标；企业是否具备选择该细分市场所必需的资源条件等。

二、企业涵盖市场的方式

在对细分市场的评价之后，企业面临的问题就是在一个或多个值得进入的细分市场中选择自己的目标市场。而在选择目标市场中企业可采用的市场覆盖模式主要有 5 种：

1. 市场集中化

这是一种最简单的目标市场选择模式。企业选择一个细分市场，集中力量为之服务。采取该策略的企业一般只生产一种标准化产品，只供应某一顾客群，从而可以有针对性地开展营销策略，取得在细分市场内的领先地位和良好声誉，同时企业可以通过生产、销售的专业化分工，提高经济效益。一旦公司在细分市场上处于领导地位，它将获得很高的投资收益。

但市场集中化也存在很大的风险，在一些特定的细分市场中，一旦消费者的偏好发生变化或有竞争对手进入，则会对企业造成很大的威胁。

2. 产品专门化

产品专门化是指企业集中生产一种产品，向所有顾客销售这种产品。产品专门化不重视细分市场之间的区别，而仅推出一种产品或服务来追求整个市场，致力于满足人们的共同偏好，通过生产一种产品和制订一个营销计划来迎合最大多数的购买者，这样，企业可以在某个产品领域内树立起很高的威望和声誉。选择这种模式，一般要求企业的技术水平和专业化程度很高，或者产品具有专门配方等。但一旦出现其他品牌替代品或消费者偏好发生转移的情况，就会对企业产生较大的威胁。

【案例 4-5】大宝的市场营销

大宝长期以来被看做是与外资日化品牌分庭抗礼的一面民族"旗帜"，即使在竞争最为激烈的 20 世纪初，北京大宝化妆品有限公司（下称"大宝"）的产品市场份额仍高达 10%。"大宝明天见，大宝天天见""要想皮肤好，早晚用大宝"等家喻户晓的广告语一度在中央电视台各频道的黄金时段中反复传播。自 1999—2005 年的 7 年间，大宝以每年约 8 亿元的稳定销售额长期居于润肤产品前列，2003 年在护肤品中的市场份额更是达到 17.79%，遥遥领先于其他对手。两年之后的 2005 年，大宝销售额仅为 7.8 亿元，在护肤品的市场份额滑落到 10% 以内，2006 年销售额进一步下滑到 6.76 亿元。尽管大宝拥有多达 13 个类别数十种产品，但是人们能够记住的依然只有"SOD 蜜"，后者销量占据大宝所有产品的 80% 以上。依靠单一产品维系的局面正在使市场日渐势微。

3. 市场专门化

市场专门化是指企业专门服务于某一特定顾客群，尽力满足他们的各种需求。例如某企业专门制作各类儿童服装，以满足儿童顾客群体对于服装的各类需求。这样公司比较容易在其所服务的特定顾客群体中获得良好声誉，但是同样要面临这个顾客群体消费需求突然变化所带来的较大风险。

4. 有选择的专门化

有选择的专门化是指企业有选择地进入几个细分市场，分别为不同的顾客群提供不同性能的同类产品，各细分市场之间很少或没有任何联系，但应都与企业的目标和资源相符。这种策略能分散企业经营风险，即使其中某个细分市场失去了吸引力，企业还能通过其他细分市场赢利。

5. 完全市场覆盖

完全市场覆盖是指企业进入所有细分市场，为所有顾客提供各类产品。一般只有实力雄厚的企业才能采用这种策略。例如可口可乐公司就通过提供包括可乐、果汁、茶饮料、纯净水等各类饮料来满足所有消费者对饮料的需求。

三、 目标市场的营销策略

在企业不同的市场覆盖方式下，也应有不同的营销策略。一般来说可供企业选择的目标市场营销策略主要有 3 种。

1. 集中性营销策略

集中性营销策略是指企业以一个细分市场为目标市场，集中力量在该市场上实行高度专业化的生产和销售的目标市场策略。它的优点主要体现在：目标市场集中，有助于更好地了解顾客需求，提高企业知名度和市场占有率；可以集中资源、节约生产成本和其他费用，提高赢利水平。缺点则体现在：经营风险大，一旦市场发生变化企业就会陷入困境；受市场空间的限制，企业发展有限。因此，集中性营销策略主要适用于资源力量有限的中小企业或初入市场的大企业。

【案例 4 - 6】约翰逊黑人化妆品制造公司

美国著名的约翰逊黑人化妆品制造公司经理约翰逊是以避开众人互相争夺的市场，发掘尚被人们忽视的潜在市场，经营冷门产品而起家的。他十几岁时便到一家公司当推销员，后来，他对美国化妆品市场进行了调查，发现美国黑人化妆品市场几乎是空白，即使有此产品，也是黑人白人通用的，而且美国黑人中懂得化妆品或是有能力使用化妆品的人也是寥寥无几。人们认为这一行业市场太小，没有发展前途。约翰逊通过调查并搜集大量资料研究分析后，进行了市场预测：美国黑人的民权运动必然会高涨，种族歧视将会有所消除或改善，因此，黑人的经济状况不久就会好转，他们的民族意识也会逐渐抬头。凡是白人能够使用和享受的东西，黑人也一样不甘落后，黑人化妆品市场一定会繁荣起来的。所以他认为，如果能抓住未来化妆品市场的潜在机遇，先人一步，开发经营黑人专用的产品，将会有大的发展。于是他决定独立门户，创办一家黑人化妆品公司。约翰逊四处游说，只筹集到了

470 美元，他花了 200 美元买了一部旧的搅拌机，又将剩余资金采购了生产原料。这样，约翰逊这家小公司便开张了。经过几年的努力，约翰逊预料之中的黑人民权运动的高潮果然来了，因此，他的产品极为畅销，他的公司也迅速发展壮大，成为美国最大的黑人化妆品公司。

2. 无差异营销

无差异市场营销策略，就是企业把整个市场作为自己的目标市场，只考虑市场需求的共性，而不考虑细分市场的差异性，提供一种产品，采用单一市场营销组合，吸引尽可能多的消费者。采用无差异营销策略的最大优点在于成本的经济性，而这主要来自于大量生产运输带来的规模经济；统一广告宣传节省的促销费用；统一市场节省的细分市场调研费用、多种产品研发费用，这些使企业可以提供物美价廉的产品来更好地满足所有消费者。采用无差别市场策略，产品在内在质量和外在形体上必须有独特风格，才能得到多数消费者的认可，从而保持相对的稳定性。但采用无差异营销策略也存在一定不足，主要表现在：不能满足消费者的差别需求和爱好；容易导致其他企业进入竞争；当竞争对手采取差异化策略时，企业的市场地位可能被削弱。比如美国可口可乐公司从 1886 年问世以来，一直采用无差别市场策略，生产一种口味、一种配方、一种包装的产品满足全世界所有国家和地区的需要，并凭此发展成为世界软饮料巨头。但即使如此，可口可乐公司现在也开始转变策略而改用差异化策略。

3. 差异化营销策略

差异化营销策略就是把整个市场细分为若干细分市场，从中选择两个以上甚至全部的细分市场作为目标市场，针对每个目标市场的特点，设计不同的产品，采取不同的市场营销组合，满足不同的消费需求。差异化营销成功的关键因素是理解和把握市场需求变化，辨认细分市场和进行准确的市场定位，为不同客户提供差异化的需求满足。这种策略的优点是能满足不同消费者的不同要求，有利于扩大销售、占领市场、提高企业声誉，同时也可以使企业通过在多个子市场的经营而分散单一市场带来的风险。其缺点是由于产品的差异化、促销方式的差异化，增加了管理难度，提高了生产和销售费用，因而容易受到企业资源力量的限制。因此，一般采用这种策略的多为资金力量雄厚的大公司。

【案例4-7】通用汽车公司的差异化营销

相对于福特的"只要是黑色的，我们什么汽车都生产"的单一产品主义，通用以多产品主义为原则，实施多型号、多式样战略，形成了由各种车身、发动机、传动系统、设备、颜色组合而成的庞大的通用家族，做到了"为不同的钱包和目标"生产汽车，如针对高端客户打造的凯迪拉克，为具有浓郁欧洲风情的欧洲设计的极具动感、个性、高科技的凯越HRV，在中国市场上，通用旗下的凯迪拉克、别克两大品牌已集结了6大系列23个车型，产品覆盖豪华、高档、中高档及中档轿车各个区间，并为不同的产品类型、不同的客户群制订了不同的营销计划，运用差异化成功地占领了市场，一举超过了福特等汽车公司成为汽车行业的老大。

四、影响目标市场选择的因素

上述3种目标市场营销策略各有利弊，企业到底应采取哪一种策略，应综合考虑企业、产品和市场等多方面因素。

1.企业实力

当企业生产、技术、营销、财务等方面实力很强时，可以考虑采用差异性或无差异市场营销策略；而当资源有限，实力不强时，采用集中性营销策略效果可能更好。

2.产品同质性

如果企业生产的是同质性产品，如大米、食盐、钢铁等，则适合采用无差异营销策略。而对于服装、化妆品、汽车等异质性产品，由于其选择性强，因而更适合于采用差异性或集中性营销策略。

3.市场同质性

市场同质性是指各细分市场上消费者需求、购买行为等的相似程度。市场同质性高，意味着各细分市场相似程度高，企业可考虑采取无差异营销策略；反之，则宜采用差异性或集中性营销策略。

4.产品生命周期

当产品处于投入期，竞争不激烈，企业可采用无差异营销策略；当产品进入成长期或成熟期，同类产品增多，竞争日益激烈，企业可采用差异性营销策略；当产品步入衰退期，企业为保持市场地位，延长产品生命周期，则可考虑采用集中性营销策略。

5.竞争者的市场营销策略

企业选择目标市场策略时，还要考虑竞争者的经营状况及采用的营销策略。如果竞争对手实力强大，若其采用无差异性营销策略，则企业可采用差异化策略或集中性营销策略；若其采用差异化策略，则企业可进一步细分市场，寻找更有效的差异化营销策略或集中性营销策略。如果竞争对手实力较弱，必要时企业可采用与之相同的策略，凭借实力击败竞争对手。

6. 市场竞争程度

当市场上同类产品的竞争者较少，竞争不激烈时，企业可采用无差异性营销策略。当竞争者较多，竞争激烈时，企业可采用差异性营销策略或集中性营销策略。

第四节 目标市场定位

在经过市场细分并确定目标市场范围后，还面临着如何与竞争者相处，如何接近顾客开展营销活动等一系列问题。企业及其产品能在市场竞争中占据一定优势，能否领先于其他竞争者，科学的市场定位是其中的关键。

一、目标市场定位的含义

所谓市场定位就是企业根据目标市场上同类产品竞争状况，针对消费者对该种产品某些特征或属性的重视程度，为本企业产品塑造强有力的、与众不同的鲜明个性，并通过特定的市场营销组合将其形象准确、生动地传递给消费者，影响消费者对该产品的总体感觉和认同。市场定位的实质是使本企业与其他企业严格区分开来，使消费者明显感觉和认识到这种差别，从而使本企业产品在消费者心目中留下良好印象，使企业取得目标市场上的竞争优势。

市场定位是通过为自己的产品创立鲜明的个性，从而塑造出独特的市场形象来实现的。一项产品是多个因素的综合反映，包括性能、构造、成分、包装、形状、质量、价位等，市场定位就是通过对消费者的需求及竞争者产品特性的分析，强调本企业产品差异和个性，通过配套营销宣传策略来宣传其特色和独特形象，赢得顾客的认同。

【案例4-8】奥妮的目标市场定位

回首20世纪90年代初的中国洗发水市场，宝洁公司一家独大，飘柔、海飞丝和潘婷占据65%以上的市场份额，再加上联合利华、花王、汉高的群雄争霸，应该说，当时的奥妮要想在市场上与外资品牌争得一杯羹，并不容易。

1994 年，奥妮推出了皂角洗发浸膏打出"植物一派"的概念，针对洗发水市场上的概念进行了区分。当时以宝洁旗下三大品牌为代表的产品，均以柔顺、去屑、营养的物理属性进行了市场细分。在此情形下，奥妮提出天然"植物一派"的宣传，在消费者头脑中自然形成了"植物洗发水"的概念，实现了错位竞争。

在大规模电视广告的推动下，奥妮皂角洗发浸膏的推出取得了巨大成功，当年销售额突破 1.5 亿元。1995 年，年销售额达到 3.2 亿元。1996 年，奥妮邀请刘德华做首乌洗发露代言人，"黑头发，中国货"广告语更加深入人心。当年，其品牌价值经权威机构评估为 10.25 亿元。

1997 年的调查显示，奥妮以全国平均 13.8％的市场占有率，成为仅次于宝洁公司飘柔、海飞丝的洗发水第三大品牌，而宝洁旗下的三大品牌的市场占有率一度下滑到 43％。当时，奥妮洗发水被媒体称为是中国日化界在未来能与宝洁洗发水相抗衡的民族品牌而红极一时。

二、市场定位的主要依据

为获得竞争优势而进行的市场定位主要依据：一是要确定企业可以从哪些方面寻求差异化；二是找到企业独特的卖点。

(一) 差异化

1. 产品差异化

产品差异化是指企业以某种方式改变那些基本相同的产品，以使消费者相信这些产品存在差异而产生不同的偏好。产品差异化可分为垂直差异化和水平差异化。垂直差异化是指生产出比竞争对手更好的产品；水平差异化是生产出与竞争对手具有不同特性的产品。

具体来说，产品差异化可表现在以下几个方面：

（1）产品价格定位差异化。通俗讲是高中低档定位不同，服装、化妆品等产品表现得尤为明显。如欧莱雅公司旗下的部分化妆品牌，虽然配方基本相同，但却制定了高低不同的价格来针对不同消费水平的消费者。

（2）技术差异化。如汽车行业，不同企业推出不同技术含量的汽车并加以宣传，使消费者对不同品牌汽车的技术性能实现不同的认可，比如日系汽车以省油经济等著称，而美系汽车因舒适油耗高同样也得到了广泛认可。

（3）功能差异化。是指在不改变基本使用价值的前提下，通过延伸不同的附加功能以提高竞争力的办法。比如现在很多手机都开发了 MP3 功能、照相功能等。

（4）文化差异化。例如北京布鞋也是鞋，但销售对象的文化取向有差异，美式快餐如麦当劳更被认为是进行文化差异化销售的典范。

2. 服务差异化

服务差异化是企业在面对较强的竞争对手时，在服务内容、服务渠道和服务形象等方面采取有别于竞争对手而又突出自己特征的措施，以战胜竞争对手的一种做法。随着买方市场的到来，相同功能、相同质量的产品越来越多，服务的差异化已成为竞争者之间的竞争利器。

【案例4-9】海尔：真诚到永远的服务

海尔树立品牌形象，提升品牌价值的秘诀之一就是"高质量的服务"。海尔的售后服务可以用14个字来概括：带走客户的烦恼，留下海尔的真诚。这一点从海尔服务的4个步骤中就可以看出。

24小时接听电话——消除客户的烦恼

24小时服务到位——控制客户的烦恼

上门服务——解除客户的烦恼

五个一服务工程——带走客户的烦恼，留下海尔的真诚（五个一服务工程是：①一双鞋套；②一块垫布；③一块抹布；④一张账单；⑤一份说明书。）

如此细致入微的服务使消费者感到舒心、惬意，不仅使海尔这个品牌迅速传播开，而且提升了海尔的知名度，打造明星服务形象。自2003年以来，海尔已经连续五年位居"中国耐用消费品用户满意度指数"各项指标的榜首。五连冠再次证明了全国消费者对海尔产品品质及服务的高度信赖。

3. 渠道差异化

通过设计分销渠道的覆盖面、建立分销渠道和提高效率，企业可以取得差异化优势。如在终端竞争日趋激烈、终端门槛越来越高的情况下，有些企业为了进一步寻求竞争优势，跨越终端直接做社区销售，成为当前营销的一大亮点。

4. 人员差异化

人员差异化一般通过人员的综合素质体现出来，包括人员的言谈举止、礼节礼貌、文化程度、服务技能、沟通技巧、精神风貌等方面体现出的差异。在企业营销的产品中，无形服务占的比重越大，顾客对产品和服务质量评估越困难，人员差异化就越重要。培养训练有素的人员是一些企业，尤其是服务性行业中的企业取得强大竞争优势的关键。

5. 形象差异化

形象差异化是指通过塑造与竞争对手不同的产品、企业和品牌形象来取得竞争优势。塑造形象的工具有名称、颜色、标识、标语、环境、活动等。如百事可乐的蓝色、可口可乐的红色、麦当劳的金色"M"标志等都能够让消费者将其轻易地识别开来。在实施形象差异化时，企业一定要针对竞争对手的形象策略以及消费者的心理而采取不同的策略。企业巧妙地实施形象差异化策略就会收到意想不到的效果。例如，为了突出自己纯天然的形象，农夫山泉在红色的瓶标上除了商品名之外，又印了一张千岛湖的风景照片，无形中彰显了其来自千岛湖的纯净特色。

（二）寻求"卖点"

有效的差异化应能为企业创造一个独特的"卖点"，即给消费者一个鲜明的购买理由。有效的差异化应遵循和满足重要性、独特性、优越性、可传播性、排他性、可承担性、赢利性等原则。

一般企业在定位时必须避免以下几种常见的定位错误：

1. 定位不足

定位不足是指公司缺乏真正明确的定位。具体表现为公司发现消费者对其印象模糊或不觉得具有特殊之处。

2. 定位过分

定位过分是指企业将自己的产品定位过于狭窄，不能使消费者全面地认识自己的产品。定位过分限制了消费者对企业及其产品的了解，同样不利于企业实现其营销目标。

3. 定位模糊

定位模糊是指企业设计和宣传的主题太多，或定位变换太频繁，致使消费者对产品的印象模糊不清。这样会使产品无法在消费者心目中确立鲜明的、稳定的位置，难以实现企业预期的营销目标并获得更多发展。

三、市场定位步骤

企业市场定位的过程受到多方面因素的影响，一般来说，企业在进行目标市场定位时可遵循以下程序：

（1）了解目标市场顾客群的需求，包括现实需求的满足程度和潜在需求等；

（2）分析目标市场上竞争对手的竞争优势及产品定位；

（3）分析企业自身优势，准确地选择相对竞争优势；

（4）综合分析消费需求、竞争对手和自身竞争优势，确定市场定位；

（5）制定配套的市场营销组合，向目标顾客显示和传播企业独特的竞争优势。

四、市场定位策略

市场定位是一种竞争性定位，它反映了市场竞争各方的关系，是为企业有效参与市场竞争服务的。主要的市场定位策略有以下几种：

（一）避强定位

这是一种避开强有力的竞争对手来进行市场定位的策略。企业不与对手直接对抗，而将自己置定于某个市场"空隙"，发展目前市场上没有的特色产品，拓展新的市场领域。这种定位能使企业迅速在市场上站稳脚跟，并在消费者心目中尽快树立一定形象，市场风险较小，成功率较高。

【案例4－10】雕牌洗衣粉的市场定位策略

我国洗衣粉市场中外资品牌优势和资金优势都非常明显，城市市场和高档市场被宝洁和联合利华牢牢占据，要想进入这个市场困难很大。相比之下，农村市场和城市中档市场的竞争相对薄弱。农村市场容量很大，虽然有国内品牌奇强，但奇强的品牌知名度和营销能力都与宝洁和联合利华有差距。而城市市场中档价位的洗衣粉虽然被宝洁和联合利华所占据，但是外资洗衣粉的价格仍然超出了大多数消费者的接受水平，这些都为雕牌的见缝插针提供了机会。在农村市场和城市中档市场，消费者最看重的是价格和效用的比例，就是最看重洗衣粉是否实惠。因此雕牌洗衣粉将产品定位于物美价廉的经济型洗衣粉，经典广告语"只选对的，不选贵的"准确地表明了雕牌洗衣粉的市场定位。事实证明，雕牌洗衣粉的市场定位非常准确，物美价廉的雕牌洗衣粉迅速占据农村市场和城市中档市场，成为知名品牌。

（二）迎头定位

这是一种与在市场上最强的竞争对手"对着干"的定位策略，即企业选择与竞争对手重合的市场位置，在产品、价格、分销、促销等方面与竞争对手没什么差别，争取同样的目标顾客群。

不少企业认为迎头定位策略更能激发企业奋发向上，且能给企业带来轰动效应，有助于树立企业良好形象，一旦成功就能取得巨大的市场份额，所以尽管风险很大，但仍有很多企业采用这种定位策略。如 AMD 公司（美国超微设备公司）在进军中国市场时所提出的"我们要成为市场的领导者"，以挑战在全球 CPU（中央处理器）市场占据 85％以上市场份额的英特尔公司的绝对领先地位。实行迎头定位，企业必须做到知己知彼，尤其要清醒估计自己的资源和实力，不宜盲目采用。

（三）重新定位

重新定位是指企业变动产品特色，并使目标顾客对其产品形象重新认识的过程。一般来讲，重新定位可以使销路少、市场反应差的企业摆脱困境，使其重新获得增长点和活力，此外，重新定位也可作为一种战术策略，用于产品市场范围的调整。

本章小结

1. 消费者的需求是不断变化的，因此，不断会有未满足的需求和市场机会出现，通过细分市场可以帮企业找到最佳的市场机会。

2. 市场细分是指从区别消费者的不同需求出发，根据消费者购买行为的差异，把整个市场分为若干个具有类似需求的消费者群的市场分类过程。市场细分有利于企业发掘市场机会、选择目标市场、提高经济效益、更好地发挥竞争优势。

3. 消费者市场的细分变量主要有地理、人口、心理、行为等方面；组织市场的细分变量则主要包括用户规模、产品的最终用途及用户的购买行为等。

4. 市场细分的主要目的是为了选择目标市场。所谓目标市场是企业为实现预期目标而准备进入的特定市场，通常企业可采用的目标市场覆盖模式主要有市场集中化、产品专门化、市场专门化、有选择的专门化、完全市场覆盖等 5 种，在不同的目标覆盖市场模式下，应综合考虑企业、产品和市场等多方面因素，选择集中性营销策略、无差异营销策略或差异化营销策略。

5. 市场定位就是企业根据目标市场上同类产品竞争状况，针对消费者对该种产品某些特征或属性的重视程度，为本企业产品塑造强有力的、与众不同的鲜明个性，并通过特定的市场营销组合将其形象准确、生动地传递给消费者，影响消费者对该产品的总体感觉和认同。其实质是使本企业与其他企业严格区分开来，从而使本企业产品在消费者心目中留下良好印象，使企业取得目标市场上的竞争优势。市场定位策略主要有 3 种：迎头定位，避强定位，重新定位。

习 题 四

1. 什么是市场细分？为什么要进行市场细分？
2. 消费者市场的市场细分变量都有哪些？
3. 作为一家新进入的企业，应如何选择目标市场？
4. 简述目标市场策略。
5. 什么是市场定位？市场定位的策略有哪些？

案例分析

屈臣氏的成功

1. 锁定目标客户群

在 1989—1997 年这段时期屈臣氏的发展不尽如人意。经过多年的敏锐观察和分析市场的动向，完善内部的管理，调整发展的战略，蓄势待发的屈臣氏最终发现在日益同质化竞争的零售行业，如何锁定目标客户群是至关重要的。屈臣氏在调研中发现，亚洲女性会用更多的时间进行逛街购物，她们愿意投入大量时间去寻找更便宜或是更好的产品。这与西方国家的消费习惯明显不同。中国大陆的女性平均在每个店里逗留的时间是 20 分钟，而在欧洲只有 5 分钟左右。这种差异，让屈臣氏最终将中国大陆的主要目标市场锁定在 18～40 岁的女性，特别是 18～35 岁的时尚女性。屈臣氏认为这个年龄段的女性消费者是最富有挑战精神的。她们喜欢用最好的产品，寻求新奇体验，追求时尚，愿意在朋友面前展示自我。她们更愿意用金钱为自己带来一大的变革，愿意进行各种新的尝试。而之所以更关注 40 岁以下的消费者，是因为年龄更长一些的女性大多早已经有了自己固定的品牌和生活方式。

据某记者采访手记介绍，屈臣氏中国区个人护理商店常务董事艾华顿曾说："随着中国经济的增长，人们的收入会大大增加，而在这一阶段的女性是收入增长最快的一个群体。当然，这个年龄段的女性还分很多类别，而我们瞄准的目标群体是月收入在 2 500 元人民币以上的女性。"屈臣氏集团董事兼中国区总经理谭丽娴也强调说："我们的目标客户群是 18～35 岁的女性。"谭认为："这类目标比较注重个性，有较强的消费能力，但时间紧张，不太喜欢去大卖场或大超市购物，追求的是舒适的购物环境。这与我们的定位非常吻合。"

在北京屈臣氏的消费者更多的是年轻的时尚白领，更奇怪的是一些洗面奶及个人护理用品价格很便宜，可一些白领进屈臣氏店消费并不认为身份掉价，但到别的商业网点就有可能不这么看，同样年龄大的进店人数并不多。这点充分地说明屈臣氏目标顾客群定位的准确。

2. 商圈及品牌经营结构

为了让 18～40 岁的这群"上帝们"更享受，在选址方面屈臣氏也颇为讲究。最繁华的商圈是屈臣氏的首选，例如有大量客流的街道或是大商场、机场、车站或是白领集中的写字楼等地方也是考虑对象。如北京王府井新东方广场地下一层设的屈臣氏就是选址成功的案例。

除了选址，屈臣氏的店内经营更有讲究，为了更方便顾客，以女性为目标客户的屈臣氏将货架的高度从 1.65 米降低到 1.4 米，并且主销产品在货架的陈列高度一般在 1.3～1.5 米，同时货架设计的足够人性化。每家屈臣氏个人护理店均清楚地划分为不同的售货区，商品分门别类，摆放整齐，便于顾客挑选。在商品的陈列方面，屈臣氏注重其内在的联系和逻辑性，按化妆品—护肤品—美容用品—护发用品—时尚用品—药品—饰品化妆工具—女性日用品的分类顺序摆放。并且在不同的分类区域会推出不同的新产品和促销商品，让顾客在店内不时有新发现，从而激发顾客的兴趣。"在屈臣氏销售的产品中，药品约占 15％，化妆品及护肤用品约占 35％，个人护理品约占 30％，剩余的 20％是食品、美容产品以及饰品等。精准的目标消费群定位及成功的品牌经营结构两类组合的营销魔杖是屈臣氏企业成功魔方的第三成功密码。

思考题

1. 屈臣氏的成功表现在哪些方面？
2. 我国的相关企业又该如何借鉴屈臣氏的成功经验？

第五章　战略计划过程

学习目标

通过本章的学习，了解企业任务的含义及其与企业营销目标的含义和关系；掌握企业战略计划的制订过程；掌握波士顿咨询公司模型及通用电气公司模型等业务投资组合分析方法；掌握企业新业务发展战略的主要内容。

知识要点

战略计划，企业任务，波士顿咨询公司模型，通用电气公司模型，密集型发展战略，一体化发展战略，多元化发展战略。

案例导入

"巨人"沉浮

1989 年 8 月成立的巨人集团至 1993 年 12 月已经发展到 290 人，在全国各地成立了 38 家全资子公司，推出中文手写电脑、中文笔记本电脑、巨人传真卡、巨人中文电子收款机、巨人钻石财务软件、巨人防病毒卡、巨人加密卡等产品，实现年销售额 300 亿元，年利税 4 600 万元，成为中国极具实力的计算机企业。

1994 年 2 月，巨人大厦动土，计划 3 年完工，董事长史玉柱当选中国十大改革风云人物。

1994 年 8 月，史玉柱突然召开员工大会，提出了"巨人集团第二次创业的总体构想"，总目标是：跳出电脑产业，走向产业多元化的扩张之路，以发展寻求解决矛盾的出路。

1995 年，巨人集团在全国以集中轰炸的方式，一次性推出电脑、保健品、药品三大系列 30 个产品，投放广告 1 个亿，子公司从 38 个发展到 228 个，人员也从 290 人发展到 2000 人。

由于扩张过快巨人的发展形势急转直下，出现财务危机，步入低潮。

1996 年初，史玉柱为挽回局面，将公司重点转向减肥食品"巨不肥"。3 月，"巨不肥"营销计划顺利展开，销售大幅上升，公司情况有所好转，但公司旧的制度弊端、管理缺陷并没有得到解决。相反，"巨不肥"带来的利润还被一些人私分了。

同时，集团公司内各种违规违纪、挪用贪污事件层出不穷；其下属全资子公司康元公司财务管理混乱，集团公司也未派出财务总监对其进行监督，导致公司浪费严重，债台高筑。至 1996 年底，康元公司累计债务已达 1 亿元，公司资产流失严重。

这时，巨人大厦资金告急，史玉柱决定将保健品方面的全部资金调往巨人大厦，保健品业务因资金"抽血"过量，再加上管理不善，迅速盛极而衰，巨人集团危机四伏。

按原合同，巨人大厦施工 3 年盖到 20 层，1996 年底完工，当 1996 年底大楼一期工程未能完成时，国内购楼花者天天上门要求退款。媒体"地毯式"报道巨人财务危机。1997 年初，只建至地面三层的巨人大厦停工。巨人集团终因财务状况不良而陷入了破产危机之中。

第一节 企业任务与营销目标

企业战略的核心，是要使企业目标与市场的发展相匹配。因此，制订企业战略计划，首先要明确企业任务与营销目标。

一、企业任务

企业任务就是作为一个企业"要做什么，为什么这么做"，这是企业战略计划中最重要的要素。只有始终着眼于企业的终极任务，企业的管理层才能集中精力做出理性的决策，才能合理分配资源，才能创造长期的利润来源。它表明了企业在较长的一段时期内将从事何种活动，为哪些用户和市场服务。

按照市场营销观念，企业在规定自己任务时，不应仅从产品角度或技术角度出发，而应以市场为导向，将企业的业务活动看做是一个满足顾客需要的过程而不仅是一个制造产品的过程，以市场需求为中心来规定自己的任务，并应使之具有一定激励作用，能起到调动全体员工积极性和创造性的作用，使员工共同为完成企业的任务而努力。

当企业的管理部门发现或认识到企业正在盲目前进时，就必须重新进行目标的调整。我们的任务是什么？谁是我们的顾客？本企业能为顾客提供什么价值？我们的业务将是什么？我们的业务应该是什么？这些听上去很简单的问题正是企业必须时时予以明确的重大难题。一个成功的企业应该能够始终不断地审慎而正确地回答这些问题并明确企业的任务。

企业任务通常由企业高层决定，通常情况下，确定企业任务要考虑5个因素：①企业的历史和传统。每个企业都有自己的历史和传统，包括企业的目标和成就等多个方面，因此在重新调整目标时，必须尊重并慎重考虑企业的历史和传统，完全抛弃企业历史和传统的目标调整往往会使企业陷入更深的无目标状态。②股东及管理者的意图和偏好。③环境因素。④企业资源。⑤企业的竞争优势。

企业任务一般采用富有激励性、能鼓舞人心的话语进行表述。一个成功的企业任务表述会使企业员工对公司宗旨、发展方向等形成一种共识，并使企业管理者、员工以及顾客和其他公众能产生一种共同的使命感。如四川长虹集团将"长虹，以产业报国、民族昌盛为己任"，就使消费者和公众都对长虹集团形成共同的使命感，从而对企业也形成了良好的认知。

企业任务应包括以下内容：

（1）明确指出本企业的主要竞争领域，包括企业涉足的行业范围、产品范围、竞争范围、市场细分范围以及地区范围等。

行业范围：有些企业的经营范围只涉及一种行业；有些则只限于一些相关的行业；有些企业什么行业都涉及。如美国福特公司主要经营汽车的生产与销售，而宝洁公司则将业务集中在日化及食品等行业。

产品范围：指企业要从事的产品和应用范围。如一家钢铁制造厂可能把它的产品限制在建筑行业使用的钢材生产方面。

竞争范围：指公司将要掌握和利用的技术和其他核心竞争力。

市场细分范围：指公司确定的将为之服务的市场或消费者类型。有些公司只为高端市场服务，而有些公司则将服务对象定位于普通大众。如德国奔驰公司和宝马公司主要为高端市场提供优质汽车，而大众公司则主要迎合中低收入消费者对汽车的各类需求。

地理范围：指企业希望开拓业务的区域。如宝洁、联合利华、丰田这样的跨国公司，它们业务的地理范围几乎遍布全球，而一些小的企业则可能只着眼于为特定城市甚至其中的特定消费者群服务，如开设在某社区内的干洗店等。

（2）强调公司想要实施的主要政策。这里所说的政策是指员工如何对待顾客、供应商、竞争者以及其他重要群体。

（3）远景规划。任务书中应能提出公司在未来10年或20年的远景和发展方向，切合企业自身特点的远景规划是企业最好的任务。如索尼公司前任总裁盛田昭夫想要使每个人都实现"个人可携带声音"，结果他的公司开发了随身听。

【案例5-1】可口可乐公司的任务

我们的存在是为了给股东创造长期价值……作为世界上最大的饮料生产商，我们使这个世界更具活力。为实现这个理想，我们不断开发更高级的软饮料，既有碳酸型的，也有无碳酸型的，同时，我们也生产能赚钱的非酒精饮料，我们所做的一切，都是为了使我们自己、我们的饮料瓶供应伙伴，我们的客户、我们的股东和我们生意所遍及的社区得到利益。

在创造价值方面，我们或许成功，或许失败，这两种结果的决定因素在于，我们是否有能力像一个称职的好管家那样运营我们所拥有的资产，可口可乐具有：①全球知名度和影响力的品牌和其他高价值的商标资产；②世界上效率最高的分销体系；③满意度极高的客户群——是他们通过销售我们的产品而获得可观的收益；④我们的员工——是他们全体的高度责任感和荣誉感缔造了这个企业；⑤我们所获得的丰富的资源，我们必须运用智慧，有效地分配这些资源；⑥我们在某个特定行业，甚至在全球的生意领域所树立的领导地位。

二、企业营销目标

在公司战略规划程序中，市场营销举足轻重。企业任务确定后，就应将其具体化为企业的营销目标，对企业未来一段时期内的发展方向和要达到的业务发展的各项指标进行详细说明。企业的营销目标是指企业在一定时期内营销活动所要达到的目的。一般将1～2年内要达到的目标称为短期目标，而将3年或3年以上甚至十几年才能达到的目标称为长期目标。

企业所有的市场营销计划都应该建立在营销目标的基础之上。企业主要的营销目标包括销售额、利润、市场占有率、销售增长率和企业形象等几个方面。每一个企业的营销目标都应具备层次化、定量化、现实性和协调性等条件。

企业制定目标应具有层次性。如一家亚洲电话公司，确定的企业任务是要向顾客提供良好的服务，在确定这一任务后，制定的企业营销目标是要提供投资收益率。这一主要目标分解为降低投资基准和提高收益率两个方面，并进一步将提高收益率分解为降低成本、增加业务量两个具体的营销目标，并在此基础上细化为销售多余设备、增加租赁使用、努力提高使用率、减少使用风险、销售多余基本设备、销售多余辅助设备、延长所在地服务寿命等一整套不同层次的新目标。这样，企业的营销目标就被转化为所有员工的特定目标。

企业营销目标还应进行定量阐述。如"增加营业量"这一目标，可定量描述为"每年营业量增加 20％以上"的量值和时间上更具体的目标，则更有利于促进对企业规划、执行和控制的管理。

企业营销目标还应具有现实性。企业的营销目标应该建立在对市场机会和自身竞争优势分析的基础上，符合企业自身实际条件并具有现实可操作性，而不应该是管理层的主观臆想。

企业营销目标各个方面还应做到协调一致，不能制定诸如"既要最大程度地降低成本，同时又要在最短时间内开发出最佳产品并取得最大销售量"这样可能引起混乱的目标体系，因为在实践中，每一个指标要实现最佳，就需要配套有不同的营销战略。因此，很难在同一时期内，实现多个方面"最佳"的营销目标。企业需要按照轻重缓急、主次从属关系等区分多种目标的地位而不是简单地并列使其产生冲突。

确定的营销目标体系可以用来指导企业各个层次的营销工作并作为测定企业及员工行为的标准，各级营销人员都要有自己明确的目标并对目标的实现完全负责，实现目标管理。

第二节　制订业务投资组合计划

由于企业的资源是有限的，企业在确定企业任务和目标的基础上，必须着手制订企业业务投资组合计划。也就是说，必须对企业各项产品业务进行分析、评价和规划，确认该发展、淘汰、缩减、维持哪些业务，并确定相应的投资安排，从而能够使企业优势得以发挥，实现资金的合理使用和对市场机会的最有效利用，确保投资收益。在制订业务投资组合计划时，要经过以下几个步骤：

一、划分战略业务单位

为了优化产品投资组合，企业高层管理人员应首先将企业所有的产品业务分成若干个"战略业务单位"（SBU，Strategic Business Unit），每个"战略业务单位"通常都是单独的业务或一组相关的业务单位，能独立计划、考核其营销活动效益和发展潜力。

一个理想的战略业务单位应该具备以下特征：是一项业务或几项相关业务的集合；有一个明确的任务；有自己的竞争对手；有一位专门负责的经理；由一个或更多的计划单位和职能单位组成；能够从战略计划中获得利益；能够独立于其他业务单位，自主制订计划。

二、对战略业务单位进行分析评价

管理部门在制订业务投资组合计划时，须评估企业各个战略业务单位的经营效果，以便做出资源配置决策，通过安排企业的业务组合，把企业有限的资金用于经营效益最高的业务组合。

企业在对各"战略业务单位"进行分析评价时可以借助一些特定的方法进行。目前市场营销中常用的企业战略业务单位分类评析方法主要有波士顿咨询公司模型和通用电气公司模型两种。

（一）波士顿咨询公司模型

波士顿咨询公司模型（BCG，Boston Consulting Group），又称四象限分析法或市场增长率/市场占有率矩阵，是由美国波士顿咨询公司首创的一种规划企业产品组合的方法，该模型主要用相对市场占有率和销售增长率两个指标来分析企业各个战略业务单位的差别。

相对市场占有率为企业的某个产品的销售额与该产业最大竞争对手的销售额之比。其以 1.0 为分界线，1.0 以上为高相对占有率，1.0 以下为低相对占有率。

市场增长率以销售额增长百分比表示，以 10% 为分界线，10% 以上为高增长率，10% 以下为低增长率，如图 5.1 所示。

通过相对市场占有率和销售增长率将矩阵分为四格，根据每格不同的市场增长率—市场占有率水平来评估企业的战略业务单位：

1. 问题类

问题类是指市场增长率高而相对市场占有率低的业务类型。这类业务市场增长速度较快,不过市场中有更强大的竞争对手,财务特点是利润率较低,资金不足,负债率较高,因此这类业务单位前途未卜,有两种可能性:一是发展为明星类;一是下降为瘦狗类。对这类单位可通过大量追加投资使之转为明星类业务,也可精简合并甚至淘汰,管理者均应慎重考虑并及时作出决策。企业可以对该类型中那些经过改进可能会成为明星类的产品或业务进行重点投资,提高市场占有率,使之转变为明星产品;对其他将来有希望成为明星的产品则在一定时期内采取扶持的对策。事实上,大多数业务都是从问题类开始发展的,因此对问题类业务单位的改进与扶持方案一般均列入企业长期战略计划中。

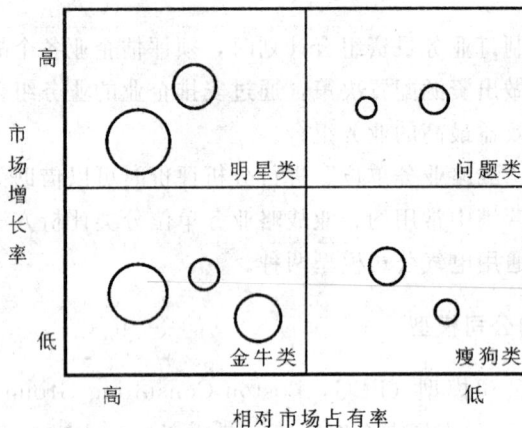

图 5.1　波士顿咨询集团业务矩阵

2. 明星类

明星类是指处于高市场增长率和高市场占有率的业务类型。这类业务很可能会发展为金牛类业务,因此企业需要加大投资以支持其迅速发展,一般对其采取的发展战略是:积极扩大经济规模,捕捉市场机会,以长远利益为目标,提高市场占有率,加强竞争地位。待其市场增长趋于稳定时,这类业务单位就由"现金使用者"变为"现金提供者",即"金牛类"。

3. 金牛类

金牛类是指处于低市场增长率、高市场占有率类的业务类型。这类业务单位已进入成熟期,销售量大而无须大量投资,可享有规模经济和较高利润，能为企业带来大量现金收益，支持其他业务。这类业务单位愈多，则企业的实力愈强。

4. 瘦狗类

瘦狗类也称衰退类，属于市场增长率和市场占有率都低的业务类型。这类业务一般利润很低，处于保本甚至亏损状态，负债比率高，无法为企业带来收益。对这类业务，除非预计市场占有率会回升而重新成为市场领先者，否则应对其采取撤退战略，逐步收缩或淘汰，将剩余资源向其他业务类转移。

一般来说一个战略业务单位的生命周期是问题类—明星类—金牛类—瘦狗类。

当战略业务单位在模型中基本定位后，企业要从静态和动态两个方面对当前的业务组合进行分析评价。从静态观点上看，如果一个业务组合中瘦狗类或问题类业务数量较多，而明星类和金牛类业务较少，则该业务组合处于失衡状态，应尽快予以调整；从动态观点来看，一个战略业务单位的生命周期过程为问题类—明星类—金牛类—瘦狗类。企业要把当前矩阵图和过去的相比较，同时还要对未来的矩阵图进行预计，综合评价业务组合的状况。例如，若某项业务之前长期处于明星类，当前却降为问题类业务，则说明投资存在失误，应及时查找原因并进行调整。

(二) 通用电气公司模型

通用电气公司模型也叫多因素业务组合矩阵法或 GE 矩阵法，是美国通用电气公司设计的一种投资组合分析方法。这种方法是对波士顿矩阵法的改进，使分析因素从两个变量延伸为多个，从而使分析更加全面，结论更为可靠。

GE 矩阵法主要是根据市场吸引力和企业竞争力两个变量来对每项业务进行评价，而每个变量又都是由多种因素综合评价得出的。其中，市场吸引力包括的主要要素有市场增长率、利润率、竞争程度、环境影响等，企业竞争力包括的要素主要有市场占有率、产品质量、销售渠道、促销能力等。市场吸引力和企业竞争力是企业战略业务单位实际情况更具体更综合的反映。

通用电气公司矩阵图最终分为 9 个方格和 3 个区域，如图 5.2 所示。

竞争能力 市场吸引力	高	中	低
高	**保持优势** ・以最快可行的速度 投资发展 ・集中保持力量	**巩固投资** ・向市场先驱挑战 ・选择性的加强实力 ・强化薄弱地区	**有选择发展** ・集中有限力量 ・努力克服缺陷 ・如无明显增长就 放弃
中	**选择发展** ・在最有吸引力细分 市场重点投资 ・加强竞争力 ・提高生产力,加强 获利能力	选择或管理现有收入 ・保护现有计划 ・在获利能力强、风 险相对低的部门集中 投资	有限发展或缩减 ・寻找风险小的发展 方法,否则尽量减少 投资,合理经营
低	**巩固与调整** ・设法保持现有收入 ・集中力量于有吸引 力的部门 ・保存力量	设法保持现有收入 ・在大部分获利细分 市场保持优势 ・产品线升级 ・降低投资	放弃 ・在赚钱机会最大时 出售 ・降低固定成本并避 免投资

图 5.2　通用电气公司矩阵图

在图 5.2 中,左上角三个格子表示的区域为理想区域,其市场吸引力和企业竞争力均处于较高水平;从左下角到右上角对角线上的三个格子表示战略业务单位处于中等状态;而处在对角线右下部的三个格子是失望区域,表示市场吸引力和企业竞争力水平都处于较低水平。

三、确定各个战略业务单位的投资决策

在对企业所有的"战略业务单位"进行综合评价后,就要按照资源有效分类的原则,为每个战略业务单位确定目标,制订恰当的发展、维持、收获和放弃的业务投资组合计划。

(一) 针对应用波士顿咨询公司模型分析结果可采用的投资决策

1. 发展

是指企业通过积极投资来扶持和发展某些有前途的业务。这种战略的目

的是扩大市场占有率以保证企业未来的发展，因此，企业需要进行大量投入，甚至不惜放弃短期利益。这种战略特别适用于明星类业务及有前途的问题类业务。

2. 维持

是指企业以维持、巩固和扩展某些业务的市场地位为目的的发展战略。这种战略的目的是保持市场占有率。这种战略主要适用于金牛类业务。因此，尽管这类业务是企业当前的主要利润来源，但由于整体市场已经饱和，在生产能力方面不宜再扩大，企业应致力于延长该业务的市场寿命、巩固企业的市场地位，采取维持型战略，以少量的现金投入获得长期较丰厚的收益。

3. 收获

这种战略的目的在于尽可能地追求短期利润，主要适用于处境不佳的金牛类业务以及即将被淘汰的问题类和瘦狗类业务。

4. 放弃

指企业逐渐减少对某项业务的投资，并适时退出市场的战略。这种战略的目的是清理某些业务，尽可能收回资源以用于效益较高的其他领域。这种战略主要适用于瘦狗类和需淘汰的问题类业务。

通过以上 4 种战略措施，企业可将从金牛类业务获得的富余资金提供给明星类业务和一部分有发展前途的问题类业务，从而提高问题类业务的市场占有率，促使问题类业务向明星类业务发展、明星类业务在保持和扩大其市场占有率的基础上向金牛类业务发展。通过这样的战略投资决策调整，使企业现有业务结构趋向合理化，即拥有较多的金牛类业务和明星类业务，有一部分问题类业务和少量的瘦狗类业务。

(二) 针对应用通用电气公司模型分析结构可采用的投资决策

1. 理想区域

投资/扩展策略，保持优势、巩固并增加投资，提高市场占有率。

2. 中等状态区域

选择/赢利策略，在维持现有的良好状态的基础上，有选择地投资，以促进其发展，使其一部分业务能转向竞争能力较强的区域，获取更高利润。

3. 失望区域

收获/放弃策略，如还有赢利可能，则要积极收回，否则应逐步减少投资，甚至采取放弃策略。

第三节　制订新业务计划

　　成功的企业不仅要管理好现有的业务，而且还要考虑通过发展新业务，实现公司长远发展。因此，在制订了业务投资组合计划后，还应通过新业务计划的制订，对未来的业务发展方向作出增长战略规划。

　　在确定新业务计划时，首先可在现有业务范围内寻找进一步发展的机会；然后分析建立和从事某些与目前业务有关的新业务的可能性；最后再考虑开发与目前业务无关、但是有较强吸引力的业务。

一、密集型发展战略

　　密集型发展战略又称集约发展战略，是指企业在原有业务范围内的发展战略。当企业尚未完全开发现有产品的潜在市场或没有充分利用现有市场机会时，可考虑采取密集型发展战略。实行密集型发展战略，企业仍然集中于现有产品的生产，这种专业化的经营方式，有利于实现规模经济，可以使企业在行业或市场上建立起较强的竞争力，但容易使业务过于集中，一旦经营的产品或市场出现变化，企业就会面临较大风险。

　　密集型发展战略又可进一步细分为以下 3 种策略：

　　1. 市场渗透

　　市场渗透指企业通过采取更加积极有效、更富进取精神的市场营销措施，如增加销售网点、短期调低价格、加强广告宣传和促销力度等方式，努力在现有市场上扩大现有产品的销售量，从而实现企业业务的增长。

　　市场渗透策略又包括 3 种不同的具体形式：第一，刺激现有顾客多购买本企业的现有产品，如洗手液生产企业宣传勤洗手及科学的洗手方法，既有利于引导消费者养成良好的卫生习惯，又有利于促使消费者使用更多的洗手液，从而实现顾客对本企业产品的更多购买；第二，将竞争者的顾客吸引过来，使其购买本企业的现有产品；第三，寻找和激发潜在顾客的需求，即把产品卖给从未使用过本企业产品的新顾客。

　　2. 市场开发

　　市场开发指企业采取种种措施，努力开拓新市场来扩大现有产品销量。新市场的开发既包括在原有销售地区内增加新的目标市场，也包括扩大现有产品的销售地区，如将内销产品打入国际市场或用外销商品占领国内市场、将城镇市场的成熟期商品销往农村市场等。如家电企业参与我国目前实施的

"家电下乡"活动，也是一种市场开发的有效举措。实施这种策略的关键是要拓展新的销售渠道，并应大力开展广告营销等促销活动。

3. 产品开发

产品开发指企业通过改进老产品或设计制造新产品，使产品具有新的特征和新的用途，以满足不同顾客需求，从而扩大销售，实现企业业务的增长。实施这种策略的重点是产品设计，同时也应通过广告促销等活动予以配合，向消费者宣传企业产品的新特色。

【案例 5 - 2】TCL 的产品开发战略

20 世纪 90 年代初，中国彩电市场竞争激烈，产品供大于求，1991 年已出现 400 万台的产品积压，市场竞争激烈，内有长虹、海燕、金星、飞跃、凯歌等国产品牌，外有索尼、东芝、日立、松下等外来品牌冲击，彩电市场上由于价格竞争原因使企业利润空间所剩无几，而就在此时，以生产电话机闻名的 TCL 集团却大胆地进军彩电行业，并在 1996 年一跃成为彩电行业的第三名。TCL 成功的因素之一就在于正确的产品选择及开发策略。

在行业总体吸引力不大的前提下，TCL 集团经过广泛、周密地市场调查，找出了一个吸引力较大的区隔市场：大屏幕彩电。结合国外彩电发展趋势，TCL 决定选择 71 cm 彩电为进入彩电业的第一个产品。

在开发新产品过程中，TCL 集团针对中国市场的需求，分析出国内外同类产品优劣势，走出一条独特的设计路线：①相对进口产品而言，减少一些中国市场不需要但费用较高的装置和功能，从而大大降低了成本；②相对国产产品而言，以国内实用的电路设计、外壳款式，多制式和全功能摇控为主攻方向，提高了产品的质量水平。这样，TCL 通过独特的产品开发和营销，终于取得了成功。

二、一体化发展战略

一体化发展战略是指一个企业把自己的经营范围扩展到供、产、销不同环节，以寻求更多的市场机会。在这种战略下，企业所生产或经营的新产品同原有产品属于一个产品领域的不同阶段。一体化战略可以扩张企业规模，提高企业的收益，降低交易费用，但它也增加了企业运营的行业风险，分散了企业的资源。一般当企业在所在行业发展很有前途，且有足够的控制能力能通过一体化实现扩大销售、提高效益时，企业可以考虑采取一体化发展战略。

一体化战略包括以下 3 种情况：

1. 后向一体化

后向一体化是指企业通过收购或兼并等方式，向后控制供应商，实现供产一体化。1992 年，我国首钢集团收购了秘鲁国有铁矿公司，这种收购行为就属于后向一体化。

2. 前向一体化

前向一体化是指企业通过收购或兼并等方式，向前控制下游企业或分销系统（批发商、零售商），通过产销一体化而实现发展的战略。如生产原油的油田开设炼油厂就属于前向一体化。

3. 水平一体化

水平一体化是指企业通过收购或兼并竞争者的同类企业，或与同类企业实行合资经营，或运用自身力量扩大生产经营规模，进而寻求更多发展的战略。如联想收购 IBM 的个人电脑业务，欧莱雅集团收购小护士、羽西等日化企业等就属于水平一体化。运用水平一体化战略，对于大型企业来说，可以使其利用其他企业的场地、设备、人力、资金等资源，扩大自己的业务。如欧莱雅收购小护士，可以借助小护士的国内销售渠道促进欧莱雅旗下的美宝莲等大众产品的销售，并提高企业本土化生产能力；对于中、小型企业，运用水平一体化战略，则可利用其他企业的技术和知名度等，提高本企业的业务素质，提高产品声誉。

三、多元化发展战略

多元化发展战略也叫多样化、多角化发展战略，就是企业尽量增加产品品种和种类，跨行业生产经营多种产品和业务，扩大企业的生产范围和市场范围，使企业的各类资源可以得到充分利用、提高效益的战略。

当企业原来所属的行业缺乏有利的营销机会，而其他的行业又富有吸引力，企业也具备相应的条件时就可以向行业以外发展，扩大业务范围，实行跨行业经营。实施多元化可以拓展企业经营边界，增强企业竞争优势，但同样也面临着企业的资源分散风险。通常是在企业采用密集性发展战略或一体化发展战略受到了限制或障碍时，企业才会打破行业界限，新增与企业现有产品或业务有一定联系或毫无联系的产品或业务，实行跨行业的多元化经营。

具体而言，多元化战略可分为 3 种类型：

1. 同心多元化

同心多元化是指企业利用原有的设备、技术和特长，生产、经营市场上需要的其他产品，以现有产品为圆心向外扩展业务范围。例如牛奶生产企业同时生产酸奶、冰淇淋等产品。同心多元化战略可充分利用企业原有的技术优势、品牌优势，风险较小，易于成功。

2. 水平多元化

水平多元化就是企业针对现有市场的其他需求增加新的物质技术力量，开发新产品，扩大经营范围，寻求新的增长。也就是说，企业向现有产品的顾客提供他们所需要的其他产品。例如浙江纳爱斯公司在生产雕牌肥皂的同时，还生产洗衣粉、洗洁精、沐浴露、牙膏等产品。

企业实施水平多元化时，需要向新行业进行投资，有一定风险，但由于是为原有的顾客服务，易于开拓市场，有利于企业形象的塑造。当企业对市场比较熟悉并享有较高知名度和美誉度时，可以考虑采用这种方式来实现新的增长。

3. 集团多元化

集团多元化就是企业把业务扩展到与原有的技术、市场完全无关的行业中去。具体表现为企业通过收购、兼并其他行业的企业，或者在其他行业投资，开展与现有产品、技术、市场毫无关联的新业务，吸引新顾客，开拓新市场，以寻求新的增长和发展。

集团多元化战略虽然可以分散和抵消单一产品、市场波动带来的影响，但这种方法需要在一个完全陌生的行业进行投资，新投资业务与原有业务毫无关联，投资额较大，因此对企业来说风险较大，并不适合中小企业采用。现实中，采取集团多元化战略的企业一般都是实力雄厚的大企业，如美国的杜邦公司、日本的三菱公司等。

多元化战略可以充分利用企业闲置设备资源及生产能力、原材料供应、生产技术、销售与服务、管理等的协同作用，能降低单一经营的风险，为企业带来新的发展机会，还可以随着企业内部机构数目增加为员工带来更多提升机会，有利于调动员工积极性。但是由于企业缺乏在新领域经营业务的经验，因此，企业可能在多元化经营过程中不能将企业的核心竞争力很好地转移到新的业务上来。没有相应组织结构变革和管理方式的协调与创新，协同作用带来的规模效益也可能只是表面的、暂时的，而且，多元化经营增加的交易成本、控制成本、研究成本、人力的投入等，往往会使经营效益下降，为企业带来更大的经营风险。在我国企业多元化经营中就曾经出现过由于企业过早、过快、盲目多元化经营而使其陷入僵局等状况，如巨人集团在20世纪90年代走向衰落的例子就是典型。因此，多元化经营要求企业必须具备包括资金、设备、技术、人力等良好的基础和企业素质，还要考虑多元化经营的各领域的战略相似性，即是否具有共同的管理特征等。总之，企业在采取多元化战略时必须更为谨慎地考虑多方面因素来做出决定。

本章小结

1. 企业战略计划过程是指企业为了实现企业目标并保持其目标与不断变化的环境之间的战略适应而制定长期发展战略所采取的一系列重要步骤。

2. 企业战略计划步骤主要包括：制定企业的总任务并确定企业目标；确定企业投资业务组合、新产品组合计划；进而再根据这些组合计划来制定营销组合。

3. 企业制订现有业务经营组合计划可采用波士顿咨询公司模型或通用电气公司模型两种方法。

4. 企业制订新业务计划则可采用密集性发展战略、一体化战略和多元化战略等三种方式。

习 题 五

1. 如何制订企业战略计划？

2. 如何利用波士顿咨询公司模型或通用电气公司模型来制订企业的业务组合计划？

3. 企业的新增业务发展战略有哪些？各有哪些具体类型？

案例分析

杜邦公司的多元化

杜邦公司成立于 1802 年，至今已有 200 多年的历史，杜邦公司在 1802—1902 年的 100 年中，只是生产单一的炸药产品，主要供给政府的军事部门。1908 年，是杜邦公司"多元化"经营的"元年"。公司将大量硝化纤维素用于非爆炸品，成为世界企业史上第一次有计划地从技术相关角度开始的多元化经营活动。

杜邦公司的多元化发展可划分为四大阶段：1908—1919 年：以硝化纤维为原料的初期；1920—1930 年：以引进技术为主的发展期；1931—1979 年：以自主开发技术为主的发展期；1980 年至今：大规模并购、合资的发展期。

杜邦公司 20 世纪 20 年代多元化的成功经营，使其成为 1929—1933 年美国经济危机中遭受损失最小的少数美国大企业之一。从 1930 年开始，杜邦公司的多元化发展方式发生了重大变化：从以并购和引进外国技术为主转变为以内部的研究开发、生产新产品为主。例如，1931 年公司开发并生产出氟利昂碳氟化合冷却剂、通用人造橡胶、合成荧光树脂等；1937 年开发出聚酰胺聚合材料，这就是后来闻名于世的"尼龙"；第二次世界大战后，杜邦公司开发出奥纶、涤纶、迈拉等新产品，并进入制药等新行业；1973 年开始还为电子工业生产零部件……

1981 年，杜邦公司以 76 亿美元收购美国大陆石油公司，进入石油行业。在其后，公司又陆续收购了内陆钢铁煤炭公司、西拉煤炭公司、陶氏实验室公司、壳牌农用化学公司的美国作物保护分布、福特汽车公司的北美汽车油漆分布等，从而使杜邦公司的多元化经营领域进一步扩大到石油、煤炭等大行业。

此外，杜邦公司还与一些大企业建立合资企业来继续多元化发展。例如，与日本的 Idenitsu 公司合资生产乙烷，与三菱公司合资生产高温氢合物，又与欧洲的菲利普公司合资生产光盘，与帝国化工公司合资销售汽车产品。

1990 年杜邦公司投资 5.5 亿美元与默克公司合资建立杜邦—默克制药公司，生产杜邦公司研制的止痛剂、心绞痛缓剂及其他药品；1992 年与植物遗传学公司合资研制、生产杀菌剂，同时收购了英国皇家尼龙公司。

1991 年，杜邦公司销售额为 381.51 亿美元，各种产品所占的比例如下：化学品 9%，纤维产品 16%，聚合物产品 14%，石油产品 41%，煤炭 5%，其他多样化产品 15%。

杜邦公司的多元化经营，有着鲜明的特点：

1. 战略指导下的多元化经营

1908 年，杜邦公司开发部成为多元化经营的战略分析和研究中心。根据研究结果，杜邦公司于 1910 年进入人造革行业。

1915 年开始，杜邦公司开发部下达新的任务：研究能够最有效地使用公司现有资源和设备的多元化经营战略。

1916 年开发部向公司提交了 3 份关于多元化经营战略的报告，为以后发展做了充分的准备。

2. 大量的经营资源剩余

杜邦公司作为美国占垄断地位的炸药生产企业，在其生产经营中积累了巨额资金；为满足第一次世界大战政府订单而增加的大量新工厂和新设备；大批具有使用硝化纤维素原料经验的管理人员、化学家和工程师；在硝化纤维生产、开发和应用方面长达 100 多年的经验积累。

3. 技术关联型

杜邦公司初期利用硝化纤维素为原料生产产品，即除了制造炸药外，又为该原料找到新的用途，垂直链多元化，技术相关性最高；20 世纪 20 年代杜邦公司化学工业领域的发展在很大程度上依靠法国、德国等欧洲国家的先进技术；20 世纪 30 年代后，主要依靠自身雄厚的经济实力和研究开发力量从事新产品开发和生产，继续发展技术关联型多元化。

4. 各种方式进入新行业

在合资方式中，杜邦公司在掌握对方技术之后就收购对方在合资企业的全部股份，将合资企业转变为全资企业。这在 20 世纪 20 年代表现得最为明显。

除并购、合资外，杜邦公司还采取自建方式进入新行业，如合成燃料和合成氨等。

5. 为适应多元化经营而进行组织结构变革

杜邦公司也许是第一个自觉地根据多元化发展的需要，进行大规模的组织机构变革的企业。不仅如此，杜邦公司在其变革中所建立的事业部制形式，经杜邦公司控制的通用汽车公司完善和推广，逐渐被世界各国大企业采用至今，这是杜邦公司在世界企业史上不可磨灭的贡献。

思考题

1. 杜邦公司是如何一步步进行多元化扩张的？
2. 结合我国企业的实际情况，谈谈企业多元化的选择问题。

第六章　产品决策

通过本章学习明确产品整体的概念；了解产品组合策略；明确产品生命周期理论，掌握产品生命周期各个阶段的特征以及相应的营销手段；掌握品牌策略；掌握包装策略；了解新产品开发的重要性，理解新产品开发的原则与程序。

知识要点

产品的整体概念，产品组合、产品组合决策，产品生命周期理论，品牌、品牌标志、品牌决策，包装、包装策略，新产品开发的程序。

案例导入

新品突围　独辟蹊径

1. **产品定位："乘虚而入"**

2005 年 7 月，四川小角楼酒开始进入南阳市场，南阳森达酒业总经理张广申经过调查论证决定采用"乘虚而入"的产品定位。在南阳市场，白酒主流消费价位一般为 20～25 元/瓶，绝大多数白酒品牌为了追求上量，都将这个价位区间作为切入点，因此在这一价位上，品牌之间的搏杀也最为惨烈。而 50 元以上/瓶这一价格带基本上处于真空状态，由于这一价位在产品整体市场份额上所占比重较小，因此白酒品牌一般不予重视。于是，在张广申心中，小角楼的产品结构体系已基本成型了。张广申首先把小角楼定位为中高档产品，前期仅仅引进了处于 58～198 元/瓶价格区间的四款产品。张广申的意图在于：①可以避敌锋芒，减少与强势品牌的正面"冲突"；②中高档品牌定位有利于"由高及低"的整体产品体系建设，中高档主导产品一旦热销之后很容易带动中低档产品上量，形成规模效益。但这一定位方案同样存在很大风险。一方面，相比小角楼在四川本土较高的知名度，其在南阳市场缺乏足够的品牌拉力；另一方面，定位为中高档产品必将面对巨额的推广费用，而且实际效果难以把控。张广申心里明白，他要挑战的是一个"人迹罕至"的价格带，机会与风险同在。产品决策迈出了第一步，而真正的考验在于如何将这一产品定位落到实处，落实到消费者心里。

2. 产品入市：差异化突围之路

产品入市贵在先声夺人，也就是要做出"势"来。为此，张广申策划组织了一场颇具规格的小角楼上市新闻发布会，策动了第一波营销传播攻势。新闻发布会主要邀请南阳市委、市政府、市消费者协会、市工商局、市物价局等几十家行政职能机关以及行业重点客户代表参加，同时当地各大主流媒体也参与了产品上市新闻发布会的报道。通过新闻发布会的策划达到了市场预热的目的，对行政传播效应的整合运用为小角楼上市增加了拉力。

在小角楼上市发布会的"声势"拉动下，张广申重点开展了两方面工作：一个是品牌推广，另一个是终端营销策略的调整。

一方面，张广申实施推进了小角楼品牌建设计划。张广申第一步完成了小角楼产品卖点的整合提炼。透过小角楼公司的各项荣誉以及众多产品信息，张广申找到了两个品牌诉求点：一个是"四川省接待用酒"，侧重品牌诉求；另一个是明确了"小角楼酒的名气是喝出来的"这一传播口号，侧重小角楼的产品诉求。第二步，张广申充分调动各种媒体资源，围绕两个诉求点进行集中推广传播，报纸、电视、户外、公交车体、出租车，张广申进行了大力度的广告投放，包括整条街的路牌广告。张广申告诉记者，小角楼在南阳市中心地段投放了一块面积达八百多平米的户外广告牌，是目前南阳市最大的户外形象广告，具有强烈的视觉冲击力，产生了良好的传播效应。张广申大力度的广告投入逐渐建立起了小角楼高档产品的品牌形象，同时，这种"气势"也向酒店终端、流通渠道传递了小角楼打开南阳市场的决心，为市场、渠道树立起了信心。

另一方面，张广申心里自有"一盘棋"。他不急于实现产品全渠道覆盖，而是坚守酒店终端，全力培育客户群体。南阳地区酒店终端自带酒水现象普遍比较严重，自带率高达 70%。鉴于此，张广申前期充分调动和利用烟酒店的营销功能，仅选择了符合产品定位的一批大中型名烟名酒店进行产品展示。同时集中优势资源，重点开展酒店终端公关活动，顺利完成市场初期启动工作。为了适应酒店终端环境的变化，有效实现"终端拦截"，张广申及时调整了自身的终端策略。推销酒水是酒店终端的一个传统职能，为了配合"后备箱"战略，张广申突破了酒店终端单一营销职能的局限，进而细分和衍生出了客户信息搜集功能。每家酒店都有自己相对稳定的客源，促销人员充分利用自身的角色优势，方便地搜集和掌握酒店终端重点客户与核心消费者的相关信息，经过信息汇总整理，张广申调动和利用自身人脉资源，针对目标单位和目标消费者展开拜访、品鉴会、送品尝酒等活动，激活了团购渠道，占据了"后备箱"，成功实现了"终端拦截"。同时，张广申并没有减弱小角楼在酒店终端的推力，有奖促销、现场抽奖等终端活动有声有色。

品牌推广和终端营销上的"别开生面"使小角楼酒在南阳具备了一定的口碑，初步形成了良好的销售氛围。

3. 启动流通：现金铺货有"章"可循

在小角楼中高档产品形象基本确立，忠实消费群不断充实、巩固的基础上，推出流通上量型产品的时机已趋成熟。张广申开始扩充小角楼产品线，逐步完善产品结构，顺势推出了单价分别为 38 元、28 元和 20 元的三款流通型产品。

在新品铺货过程中，张广申通过调查发现，赊销出去的产品对于零售商来说好比"后娘养的孩子"，很多零售商对于赊销产品甚至连产品名称、产品价格都记不准，更不要寄希望于零售商为自己的赊销产品卖力"吆喝"了。张广申说，要想让流通渠道把更多精力投入到小角楼产品身上来，就必须让零售商有"压力"，实现对流通渠道的现金铺货。但南阳地区上百个白酒品牌当中，除极少数成熟品牌具备现金铺货的"实力"之外，零售商已习惯了产品赊销模式，现金铺货推行阻力很大。

基于市场现状，张广申为实现现金铺货研究制定了一整套措施：第一，新产品价格采取市场倒推法，确保各个销售环节享有足够的利润空间；第二，通过大力度促销活动刺激流通渠道现金购买，比如每购买四件小角楼产品便可获赠价值 300 多元的金葫芦一个，另赠啤酒两件；第三，迅速推出针对消费者的促销活动，比如设置盒盖奖，盒内放置金元宝、银饰品等。同时，森达酒业还充分调动报纸、电视、户外、车体、出租车等各种广告资源，统一传播"喝小角楼酒，中金元宝、赢银饰品"的小角楼产品促销信息。在前期终端运作的基础上，大力度促销与全方位传播相结合，迅速激发了消费者的消费"热情"，而消费者对产品的肯定和持续性购买又反过来让流通渠道实现现金铺货变得顺理成章。

张广申总结说，完成现金铺货的关键条件在于：一是渠道要有利润，二是市场确实能动销。只要做到了这两点，现金铺货就会被渠道所接受。森达酒业在这方面就是研究了零售商的心理，解除了零售商的后顾之忧，通过系统周密的入市方案，顺利实现了预期目标。

4. 一举多得：切入婚宴细分市场

根据婚宴消费"跟风"明显这个特点，张广申在南阳市区筛选了 11 家有影响力、承办婚宴能力强的大型酒店，具体合作方案如下：第一步，由目标酒店现金购进一定数量的小角楼产品作为合作前提；第二步，凡在指定酒店举办婚宴者，森达酒业无偿赠送三件小角楼产品作为贺礼。这个活动可谓一举多得：首先，酒店婚宴市场本身竞争非常激烈，赠送三件小角楼产品，为指定酒店赢得消费者增添了筹码，增强了指定酒店在婚宴市场上的竞争力；其次，消费者不仅节省了婚宴费用，也得到了实实在在的实惠；再次，由于森达酒业经过前期市调已经做到了"心中有数"，在指定酒店举办婚宴的规格普遍比较高，均在十几桌以上，仅凭三件赠酒往往不够，而婚宴用酒一般都习惯选择同一品牌，因此自然产生了补购小角楼产品的需求。最后，指定酒店所购小角楼产品必然受到酒店的"最惠待遇"，借力酒店终端促进了小角楼产品的终端推广和销售氛围的形成。在产品大力度促销和酒店终端的积极推荐之下，小角楼顺利打开了婚宴市场的大门，并形成了三方共赢的局面。更积极的意义在于，由于 11 家指定酒店的示范、带动作用，婚宴喝小角楼的消费风气开始四处传播、盛行，小角楼迅速成长为南阳消费者婚宴用酒首选品牌之一。

随着各渠道的共同发力，小角楼酒进入爆发性增长阶段，迅速成长为南阳市场的主导品牌之一。

第一节　产　品　概　念

产品是企业营销活动的中心。它可以是商品、服务、理念、思想、甚至是人。一般来讲，提供一种产品也要向顾客提供一大堆的属性，其中不仅包括产品本身、产品的包装、品牌名称，还包括支持产品性能的服务等等。因此，营销人员要树立起产品的整体概念，通过为顾客提供整体产品来满足顾客的需要。

一、产品

所谓产品是指能够提供给市场，用于满足人们某种欲望和需求的任何事物，包括有形商品、服务、场所、人、组织和创意等。产品最主要的作用是满足客户需求，并且能在市场上销售，这两个条件缺一不可。满足客户需求却不能在市场销售的不能称之为产品,同样能在市场销售却无法满足客户需求的也不是产品。

二、产品整体概念

在营销学中产品是一个整体概念,而不是单指某种具体的、单一的形式。例如,人们在购房的时候,不仅要看房子的质量、大小,还要看户型、房屋采光、周边的环境、物业管理等;在选购衣服的时候,要比较衣服的质地、款式、还有价格、产地等。这就说明产品是一个包含多层次内容的整体概念。一般来讲,产品分为 5 个层次,即核心产品、形式产品、期望产品、附加产品和潜在产品。

1. 核心产品

核心产品是顾客购买产品时所追求的核心内容,是满足顾客需求的最基本层次,是顾客真正想要的东西。例如,人们买食物是为了充饥和营养;买衣服是为了遮羞、御寒;买鞋是为了保护脚,同时也是为了走路舒服;买洗衣机是为了可以轻松洗衣服……营销人员必须具有洞察顾客购买产品真正动机的能力。营销人员如果没有这种能力,就会造成企业的盲目生产,盲目经营,从而使得产品没有需求,造成资源浪费。不符合市场需求的产品终究会被市场淘汰。

2. 有形产品

有形产品也称为形式产品,是指产品研发人员及生产人员将核心产品转化为一定的形式,通常包括质量、功能、包装、品牌、样式等。这是为了使核心产品能在市场进行销售而进行的转化,是一种具体的物质形式。例如,大家熟悉的电冰箱,有单门、双门、三门、对开门之分;有常见的弧线型外观设计,也有企鹅、熊猫等动物造型,这些都是有形产品。再如,为了满足人们追求时尚追求美的需求,企业设计生产了各式各样的服装款式。但是,在服装市场竞争日益激烈的今天,服装不仅要求设计新颖,还要求质地柔软、穿着舒适等。这说明在核心产品的基础上,为了吸引顾客,提高自身产品的竞争力,有形产品的功能必须更加完善。

3. 期望产品

期望产品是指购买者在购买产品时,期望得到与产品密切相关的一整套属性和条件的产品,即某种特定的要求。如消费者在购买洗发水的时候,期望它在洗后可以使头发更顺滑;入住宾馆选择房间时,希望房间安静、床铺整洁等要求均属期望产品。

4. 附加产品

附加产品是指顾客在购买有形产品的时候所能够得到的额外的利益或服务。如提供产品的免费送货、免费安装、免费清洗，提供产品的退换货服务等。如宾馆为旅客提供热水、免费早餐以及每天换洗床单被罩打扫卫生的服务就属于附加产品。通常来讲，附加产品是企业将自己的产品同其他竞争者区别开来的重要内容。海尔集团就是凭借其周到的售后服务而赢得消费者的赞誉。

5. 潜在产品

潜在产品即产品最终会实现的形式，代表了产品未来的样式及功能。企业在设计产品时不仅要考虑顾客的核心利益与需求，还要注意产品的包装、设计、质量、款式等。不断改良产品本身功能的同时，还要改进产品的附加部分，不断给顾客制造新鲜感和满足感，从而保持产品的竞争力，为企业赢得附加利益。但是不能一味追求产品的附加部分，使产品真正的核心部分沦为附属品。

【案例 6 - 1】海尔滚筒洗衣机产品概念分析

核心产品——洗衣、洗净率高；

有形产品——洗衣机的外观式样；

期望产品——不缠绕、无磨损、静音、节电、节水、节时；

附加产品——相关服务，如售后服务等；

潜在产品——不缠绕、无磨损、干衣等。

三、产品分类

一般来说，根据消费者的类型或消费者购买产品的目的可以将产品分为消费品和工业品两大类。

1. 消费品

消费品也称消费资料或生活资料，是为了满足消费者的物质文化生活需要的产品。根据消费者的消费行为及习惯，可以将消费品分为四类：

（1）便利品，是指价格低廉，消费者经常购买的产品。如牙膏、香烟、报纸杂志、饮料、鞋刷等物品，生活中的易耗品均属于便利品。消费者购买此类产品时很少花时间进行比较，只强调方便快捷。所以这类产品的营销应注意便利性，故多在各种零售商店销售，可多设销售网点，使其延伸至生活小区。

（2）选购品，比便利品价格高，消费者须花较多的时间比较选择质量、价格、款式、包装、品牌等。如某些耐用品，冰箱、电视机、洗衣机、房屋等。这些产品的销售网店不如便利品广泛。

（3）特殊品，是有特色的或特定品牌的高档产品，消费者为了获得这类产品愿意花费大量的时间和金钱。而且这些产品的消费也能反映消费者的个性或特殊身份，如劳力士手表就属于特殊品。特殊品的销售范围很有限。

（4）非渴求品，也可称为非寻求品。是指消费者没有听说过的，或者即便是听说过，也不想购买的产品，例如新上市的产品、墓地、医疗服务等，一般人们不会主动寻求这种产品。这些产品的推销需要在广告及人员推销方面花费很大的力气。

2. 工业品

工业品是指各种组织购买用于生产或维持组织运作的产品，有时候也称生产资料。

（1）原材料，是指未经过加工的原材料（如谷物、小麦等农产品）和已经经过加工的原材料（如水泥、钢筋）。

（2）零部件，或者也称材料，是不需要加工或只要很少加工就可以用于成品装配的，如轮胎、螺丝等。

（3）装备，主要是指大型的资本品。这类产品一般需要定制，用于特定建筑物、实验室等，价格昂贵不需要经常购买。

（4）供应品，指用于商业运作而不是成品的组成部分的产品。这些产品是标准化的，并且是循环采购的。如办公用品、煤炭、电话等。

第二节　产品组合策略

一、产品等级关系

在上一节中，我们已经说过产品是一个整体而不是单一的形式，一个企业提供给市场的产品也不可能是单一的，几乎没有企业只销售一种产品，往往是销售一组产品，而这些产品之间存有等级关系。

1. 产品类别

产品类别是指产品集中具有某些相同功能的一组产品。如电冰箱、空调、洗衣机、电饭煲等均为家用电器类产品；西服、运动装产品等属服装类；洗发液、洗衣粉、牙膏、肥皂等属洗涤类。

2. 产品线

产品线是指产品类别中具有密切关系的一组产品,如一个企业由同一种商业网点所销售的几种产品。如宝洁公司所生产的产品有洗发液、洗衣粉、肥皂、护发素、尿不湿等。那么,洗发液、洗衣粉、肥皂、护发素、尿不湿就组成了宝洁公司的 5 条产品线。

3. 产品项目

产品项目是指企业某一产品线内可用不同型号、规格、价格、样式等其他属性区别的具体产品,如宝洁公司的飘柔、潘婷、沙宣、海飞丝就是用品牌所区分的洗发液的 4 个产品项目;再如海尔集团的小神童洗衣机、神童洗衣机则是按产品规格区分的产品项目。

4. 产品组合

产品组合是指一个企业生产和经营的全部产品,是其全部产品线和产品项目的组合。

二、产品组合的宽度、长度、深度、关联度

1. 产品组合的宽度

产品组合的宽度是指企业所拥有的产品线的数目,如上述宝洁公司拥有的 5 条产品线,那么它的产品组合的宽度就为 5。产品组合的宽度表明了一个企业所经营的产品种类的多少和经营范围的大小。

2. 产品组合的长度

产品组合的长度是指企业产品项目的总和,即所有产品线中产品项目之和。假设宝洁公司洗发液产品线下有 5 个产品项目,洗衣粉产品线下有 9 个产品项目,肥皂线下有 2 个产品项目,护发素线下有 4 个产品项目,尿不湿线下有 3 个产品项目。那么宝洁公司的产品线长度为:5+9+2+4+3=23。当一个企业的产品组合的长度是 50,即总共有 50 种产品组合,而它总共有5 条生产线,那么这个企业产品组合的平均长度为 50/5=10(个)。

产品组合的长度越长,说明企业的产品品种、规格也就越多,企业所拥有的品牌也就越多。

3. 产品组合的深度

产品组合的深度是指在某一个产品线中产品项目的数量。如宝洁公司的洗发液产品线下有飘柔、潘婷、沙宣、海飞丝 4 个产品项目,则其产品组合深度为 4。当一个企业有 15 个产品项目,有 3 条生产线,那么它的产品组合平均深度为 15÷3=5。产品组合深度表明企业在此类产品中的开发深度。

4. 产品组合的关联度

产品组合的关联度是指各产品线在最终用途、生产条件、分销渠道等方面相互关联的程度。如海尔产品组合中有不同的产品线，但是绝大部分都与电器有关，所以它与电器类的产品关联程度较高，但是它的通信产品线就相对于其他产品线的关联度低一些。

三、产品组合策略

产品组合策略是指企业根据经营目标与自身的经营能力，对产品组合的宽度、长度、深度以及关联度进行最优化的组合。

市场是一个动态的系统，供需状况经常发生变化，企业内部也不断在进行调整。原有的竞争者不断进行营销策略的改变，新的竞争者也不断地进入市场，这一切都会给企业原有产品组合的营销带来影响。有的产品营销状况会变好，利润增加，而有的产品组合营销状况就会变得糟糕，利润降低，甚至会有被挤出市场的可能。因此，企业就必须经常对自己的产品组合进行分析、评估和调整，优化自己的产品组合，以适应不断变化的市场，提高自身的竞争力。

1. 产品组合的长度决策

产品组合决策面临的首要问题就是产品组合的长度，如果延长现有产品线的长度增加产品项目可以增加利润，则说明现有的产品线的长度太短；如果缩短现有产品线的长度减少产品项目可以增加利润，则说明产品线的长度过长。

产品线的长度到底多长合适，取决于企业的目标。如果企业想在该行业占据主导者的地位，并要求较高的市场占有率和市场增长率，那么企业的产品线就应该长一些，即使有些项目缺乏获利能力也要保留。如果企业的目标是获得较高的利润率，那么产品线就应该短一些，放弃那些利润率较低的产品项目，只经营利润率较高的产品项目。

一般而言，企业的产品线有延长的趋势。这是因为生产能力的过剩迫使产品线经理不得不开发新的项目；推销人员和经销商也会要求增加新项目以满足顾客的需要；为了追求更高的销售额和利润而增加新的产品项目。

但是随着产品线的不断延长，随之而来的是设计、存储、包装、运输、生产、营销等成本地不断攀升。因此，企业又不得不剔除一些利润低的产品项目，缩短产品线。就这样，很多企业的产品线不停地在延长与缩短之间反复进行波动。

　　总之企业增加产品线的方式主要有两种方式：一种是产品线的延伸，一种是产品线的扩充。

　　(1) 产品线的延伸。是指企业的产品突破原有经营的范围、档次，增加产品项目，使产品线延伸。产品线延伸的方式有三种：

　　1) 向上延伸，是指一些生产经营低档产品的企业渐次经营一些中高档产品项目，主要是因为高档产品有较高销售增长率和毛利率，企业为了追求高中低档齐备的完整的产品线或者是为了用较高档的产品提高自己整条产品线的档次，这样做可以改善整个品牌的形象，一些国际著名品牌，特别是一些原来定位于中低档的大众名牌，为了达到上述目的，不惜花费巨资，以向上延伸策略拓展市场。

　　在产品线向上延伸的过程中，企业面临一定的风险，如缺乏相应的技术，得不到消费者的信任，也缺乏推销高档产品的销售人员和销售经验，要重新设定销售系统，甚至会迫使生产高档产品的厂商开始生产低档产品争夺低档市场，由此会增加自己原有产品的竞争压力。

　　2) 向下延伸，同向上延伸的策略相反，是指生产经营高档产品的企业增加一些中低档的产品项目，企业选择这种策略主要是由于以下几种情况：高档产品在市场上受到了竞争产品的威胁，用拓展低档产品来用以竞争；高档产品的销售下滑，利润降低；高档产品已经在发展的过程中树立了品牌质优、高档的形象，发展低档的产品以期获得更大的利润空间。

　　但是产品线向下延伸，企业也面临一定的风险。如会损害企业形象，使高档产品的市场缩小；迫使竞争者向高档市场发展；会受到经销商的抵制。由于高档产品通常是身份地位的象征，如果向下发展低档产品，人们不会以拥有该商品是件自豪的事，往往造成低档市场还没有占领多少，却丢失了高档市场。

　　3) 双向延伸，是指有些生产中档产品的企业，根据自身的能力逐渐向高档、低档两个方向延伸。逐步的双向发展可以使企业逐渐占有高中低档产品的市场，增强自己在行业内的地位。

　　(2) 产品线的扩充。产品线的扩充指在现有经营的产品档次内增加产品项目。企业这样做的目的有：利用过剩的生产能力；满足经销商的要求，增加经销商的营业额；满足顾客的要求；以完整的产品线在本行业中取得主导地位；增加企业利润。

　　但是产品线中的产品项目不可过多，否则将会使产品失去差异性，在产品项目之间造成冲突，使顾客在选购时难以作出决策。如某种食品有 50 g、

100 g 两种规格，就没有必要再加入 75 g 的。

2. 产品组合的宽度决策

当企业的规模较小、实力较弱时，选择的产品线就比较少，而当企业的实力壮大之后，就可能考虑扩大自己的产品组合宽度。如海尔在初期发展的时候只做冰箱，而实力增强品牌树立起来后就增加了空调、彩电、洗衣机、通信产品等产品线。联想刚开始也只做电脑，现在在通信领域也做得很成功。但是也有企业选择专业化的经营道路，如格力电器集团一直都只做空调，即使格力的实力已经发展壮大后还坚持走专业化的道路。也有企业在发现自己在有些领域难以领先就会放弃该产品线，如摩托罗拉曾经生产过电视机，但市场运作不好，后来就放弃了电视机的生产。

3. 产品线的现代化决策

有时企业的产品线虽然长度和宽度都适当，但是它的产品项目很落后，如包装、功能与当今本行业先进的产品有一定的差距，因此就需要引进新技术、更新产品、实现产品线的现代化。产品线的更新有两种方式：一种是逐项更新，就是逐项更新整条产品线，以测试经销商和市场的反应，优点是可以节省投资，但是会被竞争者发现本企业的意图，使得它们也开始更新自己的产品；另一种方式是全面的、突然的现代化，虽然不会引起竞争者的注意，但是无法预知市场是否会接受，而且耗费的资金也较大。

4. 产品线的特色决策

产品线的特色决策也称号召决策，是指企业在每条产品线中推出一个或几个具有特色的产品项目，以吸引或号召一部分顾客，适应市场的需要。如中国移动有全球通、动感地带、神州行等多条产品线，但是仅在动感地带这条产品线中就推出了不同的特色套餐以吸引不同爱好的年轻人。如动感地带网聊套餐适合喜欢上网的年轻人，动感地带校园行适合在校的学生，此外还有音乐套餐和学习套餐等不同的套餐。动感地带还打出了"我的地盘我做主"的口号，以此来吸引个性、独立、自主的年轻人。

产品组合策略除上述几种之外，还要考虑产品的价格、产品项目的销售增长率和利润率等因素。

第三节 产品生命周期

每个企业都希望其新产品上市后能快速地占领市场并获得利润，但是所有的产品上市后都会面临这样一个过程，即由市场的接纳到迅速的扩张直至最终被另一个新产品代替而惨遭淘汰，这个过程被称为产品的生命周期。产品生命周期在营销学中是一个重要的概念，研究产品的生命周期，可以使企业了解产品处于生命周期的哪个阶段，以此来制定不同的营销策略，还可以对处于衰退期的产品进行改进或研制出新产品来替代那些面临市场淘汰的产品。

一、产品生命周期原理

(一) 产品生命周期理论

产品生命周期是指产品的经济寿命，即一种产品从开发、上市、在市场上由弱到强、再由强到衰直到被市场所淘汰的过程。一般分为四个阶段，即投入期（也称导入期）、成长期、成熟期、衰退期，如图 6.1 所示。

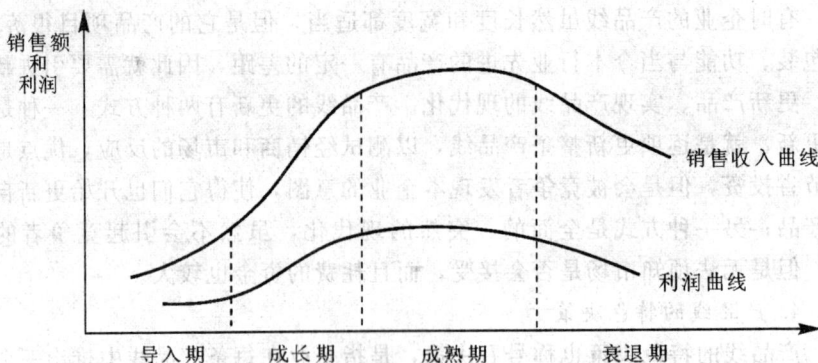

图 6.1　产品生命周期各阶段的销售和利润曲线

1. 投入期

在这个阶段，新产品刚刚研制出来，将其引入市场后，知名度低、销售缓慢，而且由于存在巨大的生产成本和销售成本，企业有时不但没有利润甚至还会存在亏损。

2. 成长期

新产品经过一段时间的广告宣传后，开始被消费者所接受，知名度渐渐提高，产品进入成长期。在这个时期，产品的销售会迅速增长，企业的利润也会大量增加，但是竞争对手也会推出类似的产品。

3. 成熟期

随着产品知名度的提升、市场需求的增加，企业会大量投产，而销售的增长开始变得缓慢，销售额也达到顶峰，利润在达到顶峰后开始有下降的趋势。这是因为该产品的市场已经相对稳定，同类产品的竞争比较激烈，为了维持本企业产品的市场份额，就需要投入大量的营销费用并且降低产品的价格。

4. 衰退期

由于市场竞争激烈，或是因为功能更完善、更方便的新产品的出现，导致该产品的销售额锐减，利润也急剧减少。最后企业会因为无利可图而停止生产该产品并退出市场。

【案例 6 - 2】"米沙"小玩具熊的滞销

1977 年，洛杉矶的斯坦福·布卢姆以 25 万美元买下西半球公司一项专利，生产一种名叫"米沙"的小玩具熊，用作 1980 年莫斯科奥运会的吉祥物。此后的两年里，布卢姆先生和他的伊美治体育用品公司致力于"米沙"的推销工作，并把"米沙"商标的使用权出让给 58 家公司。成千上万的"米沙"被制造出来，分销到全国的玩具商店和百货商店，十几家杂志上出现了这种带 4 种色彩的小熊形象。开始，"米沙"的销路良好，布卢姆预计这项业务的营业收入可达 5 000 万到 1 亿美元。不料在奥运会开幕前，由于苏联拒绝从阿富汗撤军，美国总统宣布不参加在莫斯科举行的奥运会。骤然间，"米沙"变成了被人深恶痛绝的象征，布卢姆的赢利计划成了泡影。

(二) 国际产品的生命周期

美国哈佛大学维农教授 1966 年在其《产品周期中的国际投资与国际贸易》一文中首次提出，各国由于在科技进步和经济发展水平等方面的差异而形成了同一产品在各国的开发、生产、销售和消费上的时间差异。维农认为：产品生命是指在市场上的营销生命，产品和人的生命一样，要经历形成、成长、成熟、衰退这样的周期，而这个周期在不同技术水平的国家里，发生的时间和过程是不一样的，其间存在一个较大的差距和时差，正是这一时差，表现为不同国家在同一时间技术上的差距，它反映了同一产品在不同国家市场上的竞争地位差异，从而决定了国际贸易和国际投资的变化。在国际市场，产品发展经过 3 个阶段：新产品阶段、成熟产品阶段和标准化产品阶段。

发达国家应该按照不同经济发展水平实现梯度的外向扩张。发展中国家和地区则应该在产品进入成熟期后，利用本国廉价的要素投入与标准化技术结合所形成的成本优势输出此类产品。在不同国家的市场，产品生命周期有着更复杂的表现。以中国车市为例：中国车市，两年引进一款新车，每家公司每年推两款集 20 多种改进于一身的改良款新车。对于中国车市如此快的新陈代谢速度，跨国公司也感到压力很大，以至丰田中国一位已经去职的总经理在离开北京时提出的唯一建议便是：丰田应该调整在中国市场的产品生命周期战略，国际上按 6～8 年市场周期设计、制造汽车的通行规则，在中国市场已行不通，这个数据应被缩短为不超过 4 年。

二、产品生命周期各阶段的营销策略

（一）投入期

一般来说，如果刚上市不久的新产品的销售增长率小于 10％则可认为该产品处于投入期。在此阶段，由于顾客对产品还比较陌生，或者是产品没有知名度经销商不愿意销售，价格比较高等原因，销售的增长很缓慢。为了提高产品的知名度，尽快地打开市场度过投入期，除了大量的广告宣传以吸引顾客外，这个阶段的营销策略要突出"快"、"准"的特点，有以下几种策略可供选择：

1. 快速掠夺策略

快速掠夺策略即以大量促销支出和高价格的方式推出新产品。大量的促销支出可以在最短时间内建立起产品的知名度，而高价格则可以获取更多的利润，从而快速收回资金。该策略适合于：产品有特点有优势，但是没有知名度；市场的潜力很大，目标顾客的消费能力比较强；潜在的竞争者威胁较大，需要尽快树立产品品牌形象并使顾客形成对产品的偏爱。

2. 缓慢掠夺策略

缓慢掠夺策略即以较低的促销支出和高价格的方式推出新产品。这样可以使用尽可能低的成本获取较高的利润。这种策略适用于：市场规模有限；产品具有一定的特点且有一定的知名度；目标顾客有能力付高价；潜在的竞争并不紧迫。

3. 快速渗透策略

快速渗透策略即以大量的促销支出和低价格的方式推出新产品。大量的促销可以快速提高产品的知名度，低价格可以迅速地扩大销售量，这样可使单位成本也快速降低，形成规模效应。该策略适用于：市场的需求量很大，但是产品的知名度不高；产品的需求价格弹性很大，顾客对价格变化很敏感；规模效益明显；潜在的竞争对手威胁较大。例如，对于一些洗衣粉等日常生活用品，企业就常采用这种策略。

4. 缓慢渗透策略

缓慢渗透策略即以较低的促销支出和低价格的方式推出新产品。低价格可以扩大销售量，较低的促销支出就降低了成本，可以增加收益。此策略可以逐步扩大销售量、占领市场。这种策略适用于：市场规模很大且顾客对产品也比较熟悉；产品的需求价格弹性较大；潜在的竞争者威胁不是很大。

（二）成长期

若产品的销售增长率大于10%，则可认为产品处于成长期。在这个时期，产品已经打开市场，销售额与利润开始急剧上升，但是竞争者看到销售和利润的良好状态后，就会蜂拥而至。在本阶段产品营销策略重点在一个"好"字上，即要保持良好的产品质量，不能因为销售的急剧增长而忽略质量而片面的追求产量和利润。这个时期的营销策略有：

（1）努力提高产品的质量，改进产品的功能、款式、包装等；

（2）拓展分销渠道，积极开拓新的细分市场。赢得新的客户，扩大销售。

（3）广告促销的重点应从提高产品的知名度转向说服顾客购买产品或者建立产品的高品质形象；

（4）进行技术改造，以进行大批量的生产；

（5）利用价格策略。在销售利润增加较大的情况下，降低价格可以扩大销售，提高产品的竞争力，甚至还可以将一些实力较弱的竞争者赶出市场。

（三）成熟期

当产品经过成长期销售增长率稳定在10%内，就说明产品处于成熟期。产品在成熟期分为三个阶段：一是成长中的成熟；二是稳定中的成熟；三是衰退中的成熟。由于销售增长率放慢，整个行业生产能力过剩，导致竞争日益加剧。这个阶段的营销策略应突出一个"争"字。适用于这个时期的营销策略有：

1. 市场修正策略

市场修正策略即调整市场，努力开拓新的细分市场，寻找新的营销机会。如努力寻找市场中未被开发的部分，使非使用者变为使用者；设法增加现有顾客的使用量及使用频率；划分市场，打入新的市场，如新的地区、新的消费目标；争夺竞争者的顾客。

2. 改进产品策略

企业可以通过改良产品的特性，从而增加销售量。如改进产品的质量，提高产品的性能，改善产品的耐用性、口味、质地等；增加产品的功能，如提高产品的方便性与安全性；增加产品的规格、改进产品的款式、增加美感等等。菲利普（Philips）是荷兰一家著名的跨国电器公司。早在20世纪70

年代就向日本推售了电动咖啡用具、电动剃须刀以及其他小器械生产线，但是直到现在才开始赢利。菲利普公司发现，他们从日本市场学到了很多东西。例如，质量和维修保养标准的提高，一些特殊设计要求的把握等。由于日本的房间较小，咖啡用具的尺寸要小；由于日本人手小，电动剃须刀也要小一些。另外，日本企业仿造热门货的速度很快。当年菲利普向日本引入咖啡器具时，只有3家企业生产，现在已有19家，且绝大多数都是日本企业。对此，菲利普总裁说，"在这种困难的环境下，要开辟自己的道路，就必须抢先拥有易于销售并且易于提供服务的产品。它永远可助你独占鳌头。"

　　3. 调整产品的营销组合

　　调整产品的营销组合即企业通过调整营销组合中的某一因素或多种因素来扩大销售量。例如，降价可以吸引更多的顾客甚至是竞争者的顾客；改进产品广告的形式吸引顾客，开展多样化的促销活动，如有奖促销、附赠礼品；改善产品的售后服务方式等。

（四）衰退期

　　如果产品的销售出现了负增长，那产品就处在了衰退期。因为社会是在不断发展的，新产品层出不穷，旧产品就会面临不断被淘汰的局面，这是科技不断进步的体现。此时，维持衰退产品的代价是很大的，不仅要花费很大的营销费用，面临低额的利润，还要在经营管理上花费大量的人力、财力，因此企业面临的决策主要是一个"转"字。要有计划、有条理地转移阵地。这个时候的策略主要有：

　　1. 维持策略

　　维持策略即企业在目标市场、价格、销售渠道、促销等方面维持现状。企业可以通过价值分析，降低成本；增加产品新的功能；可以继续开拓新的市场，如向欠发达的地区推销该产品；还可以不断改进产品，提升产品的寿命周期。

　　2. 缩减策略

　　缩减策略即企业仍然留在原来的目标上继续经营，但是根据市场变动的情况和行业退出障碍水平在规模上做出适当的收缩。如果把所有的营销力量集中到一个或者少数几个细分市场上，以加强这几个细分市场的营销力量，也可以大幅度地降低市场营销的费用，以增加当前的利润。

　　3. 放弃决策

　　放弃决策即企业决定放弃经营某种商品以撤出该目标市场。这时，企业还应考虑：是彻底停产还是将该品牌卖给其他企业；之后该经营哪一种新产品；保留多少零件存货和服务以便在今后为过去的顾客服务。

【案例6-3】海尔运用产品生命周期理论的战略演变

第一阶段为1984—1998年，根据产品生命周期理论，技术水平不高，只具有相对成本优势的海尔集团正处于中小企业阶层，这一时期，海尔集团的国际化生产战略便是不断吸收，引进国内外先进的生产技术，提升自己的管理水平，提升自己产品的附加值，并适当为国外厂商做 OEM。这一时期的海尔从1984年引进德国利勃海尔的亚洲最先进的四星级电冰箱生产线开始，到1999年4月止，这一阶段的海尔在其科研实力和技术实力还不足够强的时候，他们选择了去技术、管理综合水平比其稍低的印尼、菲律宾、印度，以维持其所有权优势，并通过内部化优势表现出来，如1996年6月在印尼成立海尔莎保罗（印尼）有限公司，1997年在菲律宾成立海尔-LKG电器有限公司，在马来西亚组建海尔工业（亚细安）有限公司，就是这一国际化生产战略的体现。

第二阶段是从1999年4月始至现在，这一阶段，随着企业的技术、管理、资金等所有权优势地不断增加和前一层次国际化生产战略推行中的国际化生产战略经验的逐步积累，海尔集团已经基本具备了进入国际一流企业行列的条件。此时，海尔的国际化生产战略也发生调整。以1999年4月，美国海尔中心在美国南卡罗来纳州首府哥伦比亚市附近的汉姆顿建立生产基地为标志，海尔集团先后在美国、日本、意大利等建立了生产基地，并依次分别组建了美国海尔、日本海尔、欧洲海尔，使其国际化生产战略还延伸到了被誉为国际一流冰箱技术发源地的美国、日本、欧洲。

第四节 品牌策略

企业的产品要想在市场上占据主导地位，就必须有占据主导地位的品牌。品牌可增加产品价值，因此，品牌是产品营销战略中一个重要的课题。

一、品牌的含义与作用

（一）品牌的含义

1. 品牌

品牌是指产品的牌子，用来区别竞争对手的产品或服务，或识别某一企业的产品或服务的名称、符号、标志及其组成。品牌是一个综合性的概念，它包括品牌名称、品牌标志等概念，通常品牌策略也是指上述各项的策略。

（1）品牌名称。品牌名称是指品牌中可以用语言直接称呼的部分，即可以发声的部分。例如，海尔、可口可乐、长虹、TCL、海信、雪碧等名称。

（2）品牌标志。品牌标志是指品牌中可以被识别但是不能用语言读出来的部分，通常由图案、符号或特殊颜色构成，如宝马车的标志是一个圆中分为四部分，由蓝色和白色构成，代表蓝天和白云；四连环是奥迪车的标志，三叉星圆环是奔驰车的标志；海尔兄弟是海尔品牌的标志等。

品牌是一个复杂的符号，它实质上代表销售者向购买者提供的产品特征、利益和服务的一贯承诺。一般来说，品牌的含义分为以下几个层次：

1）用户。品牌中包括目标用户的类型。例如，全球通的客户基本是一些商务人士，即平时电话多且经常出差的客户，如果一个学生用就不太合适。

2）属性。品牌给人们带来的是产品的某种特定的属性，如海尔品牌就代表着产品人性化、更新快、售后服务质量好，所以多年来海尔的广告语一直是"海尔，真诚到永远。"

3）价值。品牌体现了生产者的价值。如奔驰汽车代表着企业的高效、安全、声望等。品牌营销者必须区别对待这些对价值感兴趣的消费者。

4）利益。品牌体现着能够给顾客带来某些利益或满足。如劳力士手表能够给顾客带来显示身份、地位的满足感。

2. 名牌

（1）名牌就是著名的品牌，在市场竞争环境中产生，得到顾客的认可且具有极高的知名度和美誉度，市场占有率高，质量超群以及拥有巨额信誉价值的品牌。

（2）衡量名牌的标准。名牌的"著名"程度可以量化，主要从以下4个方面进行衡量：

1）极高的知名度。知名度是表示一个组织被公众知道、了解的程度，社会影响的广度和深度，即是评价名气大小的客观尺度。品牌知名度是关键的品牌资产。名牌都有极高的知名度，如可口可乐、麦当劳这些品牌可以说是家喻户晓，闻名世界。

2）较高的美誉度。美誉度是指一个品牌获得公众信任、好感、接纳和欢迎的程度，是评价品牌声誉好坏的社会标准。侧重于"质"的评价，即公众对品牌的信任和赞美程度。"一个品牌需要给消费者产生丰富的联想"，一般来说，名牌都有极高的美誉度，凡是知道该品牌的消费者都极其信任和赞赏这个品牌，并以拥有该品牌为荣。

3）超群的市场表现。一个品牌的市场表现通常有 3 个衡量标准：一是市场占有率，一是超值占有率，还有就是发展潜力。

市场占有率是判断产品竞争力的主要指标，指市场占有的份额。名牌一般都拥有很高的市场占有率，拥有数目庞大的消费者。名牌的市场占有率应该在 30% 以上。如果说市场占有率是产品竞争力的数量指标，那么超值占有率是产品竞争力的质量指标，即产品利润高于行业平均利润水平的竞争力。这是名牌所带来的超值效益。而发展潜力是指产品在未来的赢利能力。一个名牌产品必须拥有很强的未来赢利能力，不能影响人们对该品牌的预期。如麦当劳、可口可乐这样的品牌历经百年却依然占据市场重要地位，说明在未来它们还是具有很强的竞争力。

4）巨额的信誉价值。品牌的信誉价值是指某一品牌在某一时点上的市场竞争力，它反映了该品牌所处的地位，也称为品牌价值。它可以视为品牌的交易价值创造一个社会认识和接受的基础。品牌价值是品牌管理要素中最为核心的部分，也是品牌区别于同类竞争品牌的重要标志。迈克尔·波特在其品牌竞争优势中曾提到：品牌的资产主要体现在品牌的核心价值上，或者说品牌核心价值也是该品牌的精髓所在。如在 2008 年的世界品牌价值排行榜中，Google 的品牌价值高达 664.34 亿美元，是世界最昂贵的品牌；可口可乐以 441.34 亿美元的位列第四位；而中国移动以 412.14 亿美元的品牌价值仅次于可口可乐占据第五位，是我国最具竞争力的品牌。

图 6.2 一个好的品牌价值巨大

3. 注册商标

商标是一个法律术语，品牌或品牌的一部分在管理部门注册取得专用权后就成为注册商标。注册商标是一项重要的知识产权和工业产权。企业要有效地保护自己的品牌不被侵犯，就应该将自己的品牌依法申请注册。

　　驰名商标属于名牌中层次最高的一类，受到国际组织的保护，《保护工业产权巴黎公约》规定，驰名商标可以超越国界在巴黎公约成员国范围内得到保护，并且可以突破限制，即使未注册也仍然可以在成员国内得到保护。因此，相比较一般商标，驰名商标则具有更大的优势。一个国家驰名商标的多少是其经济实力的反映。

(二) 品牌的作用

　　今天的市场竞争，很大程度就是品牌竞争。品牌对企业的作用有以下几个方面：

　　(1) 利于消费者识别并选购产品，即品牌可以帮助消费者辨认出品牌的制造商、产地等基本要素，从而区别于同类产品，降低交易成本。

　　(2) 存储功能。品牌可以帮助企业存储商誉、形象。"品牌就是一个创造、存储、再创造、再存储的经营过程。"

　　(3) 维权功能。通过注册专利和商标，品牌可以受到法律的保护，有利于企业进行产品管理，防止他人损害品牌的声誉或非法盗用品牌。

　　(4) 增值功能。品牌是企业的一项无形资产，它所包含的价值、个性、品质等特征都能给产品带来重要的价值。即使是同样的产品，贴上不同的品牌标识，也会产生价格的悬殊。即可以增加产品的附加价值，提高利润。

　　(5) 有利于形成竞争壁垒、提高顾客的忠诚度。品牌是为消费者提供稳定优质产品和服务的保障，消费者则用长期忠诚的购买回报制造商，双方最终通过品牌形成一种相互信任的契约关系，容易培养出稳定的顾客群。

　　(6) 有利于树立形象。品牌是企业塑造形象、知名度和美誉度的基石。在产品同质化的今天，为企业和产品赋予个性、文化等许多特殊的意义，可提高企业及产品的知名度、美誉度。

　　(7) 聚合效应。名牌企业或产品在资源方面会获得社会的认可，社会的资本、人才、管理经验甚至政策都会倾向名牌企业或产品，使企业聚合人、财、物等资源，形成并很好地发挥名牌的聚合效应。

　　(8) 利用现有品牌实现品牌延伸。一种新产品的上市需要花费大量的时间和资金进行推广，而利用现有的品牌进行品牌延伸，则可以取得事半功倍的效果。当某一品牌树立良好的信誉后，就会使消费者对其产生一种信任感，从而在品牌进行品牌延伸时就会使消费者将这种对品牌的信任感和良好的印象带到新产品中，从而使新产品得以顺利进入市场。

二、品牌策略

（一）品牌化决策

品牌化决策，即决定是否为其产品建立一个牌子。尽管品牌是区别生产者产品的一种标志，但也不是所有的产品都有品牌。那么哪些产品要用品牌？哪些产品不用品牌？就需要企业结合自身条件，根据市场情况做一抉择。首先，法律所规定的需要强制注册的商品必须使用注册商标，否则其商品不能在市场销售，如我国商标法规定的烟、酒、药品等。其次，法律没有规定的产品是否使用商标以及注册商标则采取自愿原则，例如，在菜市场上销售的农产品等。

但是并不是所有的企业或产品都应该采用品牌，实行品牌化。自20世纪70年代以来，西方国家对某些消费品也不规定品牌，实行非品牌化销售，由于价格便宜而大受消费者欢迎。在美国，通常非品牌化的产品价格比品牌化产品的价格低20%～40%，比名牌产品就更低了。非品牌化适用于下列情况：

（1）产品是标准化生产，差异小，大多数是未经过加工的原料，如大豆、棉花等农产品、矿砂等。

（2）中小企业不宜过分追求名牌化，因为中小企业的资金较短缺，即使树立起品牌也难与大品牌相竞争抗衡。企业把资金用在管理，提高产品质量上要比追求名牌会获得更高效益。

（3）无一定技术的大众化产品，消费者习惯不认同品牌就进行采购。

（4）临时性、一次性出售的产品。

因此，企业是否对自己的产品实行品牌化，一定要根据产品的特性和自身的条件决定，切不可盲目追求品牌化。

（二）品牌归属决策

品牌化面临的首要问题是品牌的归属问题，即用谁的品牌，市场上一般有3种选择：

（1）制造商品牌，也称全国品牌。

（2）中间商品牌，也称自有品牌或私人品牌。

（3）制造商品牌与中间商品牌结合，即一部分产品用制造商品牌，一部分产品用中间商品牌。

　　制造商品牌过去一直在市场上占据主要地位，它给制造商带来很多利益。然而自 20 世纪 60 年代开始，大量超级市场的出现，实力雄厚的零售商纷纷采用自己的品牌，中间商品牌有了长足的发展，西方国家开始盛行中间商品牌。1961 年，美国食品杂货连锁零售商有 27％的商品采用中间商品牌，而到 1989 年时，这个比例已上升到了 74％。随着零售商越来越关注中间商品牌的内在质量，消费者的观念发生了改变，不再认为中间商品牌只是价廉质次的象征，而是具有很强的质量内涵和特色，于是中间商品牌变得越来越普遍和受欢迎。如 20 世纪 60 年代，美国零售行业巨头西尔斯首开商业自有品牌的先河，创立了大量的自有品牌；英国的马狮公司创立了自己的品牌"圣米高"，并且只销售这一个牌子的产品。而中国市场上，制造商品牌占有很大优势，中间商品牌数量很少。化妆品连锁店"屈臣氏"是比较著名的一个中间商品牌。

　　中间商品牌的优势有：

　　(1) 中间商品牌的价格很低，这是其能吸引众多顾客的原因。因为中间商品牌的推行只集中在一个品牌的宣传，分摊到每一件产品的广告成本就会低很多。而且一般中间商品牌的产品包装简洁大方，这也是导致其价格下降的一个原因。对于仍处于发展中国家的我国来说，居民的消费水平不高，价廉物美的中间商品牌具有很大的市场空间。

　　(2) 中间商品牌更注重自己的产品质量。因为信誉是商业中一笔巨大的无形资产，特别是大型的零售企业的信誉好，这是很多小型零售企业所无法比拟的。中间商品牌对信誉尤为关注，会对质量严格把关。

　　(3) 中间商品牌具有自主优势。如果零售商开发自有的中间商品牌，就取得了商业竞争的自主权，可以取得制定价格的主动权，还可取得商业利润、加工制造利润，增强抗击市场风波的能力。

　　(4) 中间商品牌具有柜台优势，如果零售商有自由中间商品牌，就可以把自己的产品摆放在位置最好的陈列柜内。当两种产品的品牌和质量差别不大时，便利性及商品陈列的位置就成为影响消费者的主要因素。如在屈臣氏内，它的自有品牌"屈臣氏"的化妆品就摆放在拿取便利的过道旁，自有品牌的宣传册也放在店内一进门就可以拿到的地方。

　　(5) 中间商品牌具有把握市场需求的优势。相对制造商而言，中间商更能把握消费者的需求状况。而营销的核心理念就是满足消费者的需求，中间商在这一点上具有优势。因为中间商时刻在直接跟消费者打交道，就可以根据消费者的需求来生产产品，这样就比制造商对市场的嗅觉更灵敏，行动也更迅速。

不是所有的中间商都可以推出自有品牌，因为推行中间商品牌具有很大的风险，如难以找到合适的生产者，规模太小的话难以体现中间商品牌的优势，还要求零售商要有巨额的资金以承担生产、营销的费用，还要有科学规范的品牌管理方法，要面对制造商品牌的竞争压力等。但是，未来的发展趋势就是中间商品牌越来越多，除了实力雄厚的制造商品牌外，其余的都将被中间商品牌所代替。

（三）家族品牌决策

在一家企业生产不同种类、不同规格的产品时，如何使用品牌有以下几种选择：

1. 个别品牌名称

个别品牌名称即企业为不同的产品分别使用不同的品牌。例如，广州宝洁公司生产的洗发水有"飘柔""海飞丝""潘婷"等，还有"舒肤佳"香皂等不同品牌的日用品。这种策略的好处是：可以把个别产品的成败与企业的整体形象区分开来，即使一种产品失败了也不会影响其他产品的销售，并且有利于进行市场细分，如"海飞丝"主要功能是去屑，"潘婷"主要是护理受损的头发，"飘柔"主要是使头发柔顺，一般适合所有人的发质，所以"飘柔"有很多"家庭装"。缺点是广告宣传费用比较高，较多的品牌会影响广告效果。

2. 统一品牌名称

统一品牌名称即企业所有的产品都使用统一品牌，如海尔、索尼、松下、诺基亚等。这种策略的优点是可以节省广告费用，新产品上市时可以省去命名的麻烦，并且有利于被市场接受。韩国消费电子制造商三星电子公司可以说是运用新品牌策略的大师，1997 年前，三星还只是一个低端消费电子制造商，拥有一大群品牌，比如 Wiseview、Tantus 和 Yepp，使消费者眼花缭乱。公司认为提高价值链的唯一办法是打造一个核心的强势品牌，随后便砍掉了其他品牌只保留了三星。好的设计不仅仅指外壳形象，声音也能体现出独具匠心的设计理念。三星坚持在所有产品中使用同一种关机音乐，甚至在广告中也使用同样的声音。三星全球市场总裁格列高利·李说，"我们希望以同一个声音、形象及产品的触觉来打造唯一的品牌。"2007 年的三星电子的品牌价值被评估为 168.53 亿美元，被评为发展最快的国际品牌。三星的品牌战略已经证明是成功的。

【案例 6 - 4】"金利来，男人的世界"

1970 年，曾宪梓创办了金利来（远东）有限公司，竖起"金利来"的招牌，他立志要办第一流的工厂，生产第一流的产品，创出中国人自己的名牌。经过近 30 年的努力，曾宪梓实现了他的志向。如今，金利来不仅以极其鲜明，充满活力的产品形象，将欧洲风味率先引进到香港，而且也成功地竖立起它独一无二的金字招牌，特别在领带方面，除雄霸本地市场外，更畅销于海内外 40 多个国家和地区。

金利来公司在"快设计，快制作，快投产，快上市"的口号下，每月更新上市的花样款式不下 200 种，使欧洲各厂望尘莫及。同时，在新加坡、马来西亚、泰国等国家和地区建立了分公司，经营范围也从领带发展到男士系列用品，产品包括袋巾、丝巾、领结、腰封、吊带、衬衫、礼服恤衫、时尚西装、休闲西服、毛衣、T 恤、西裤、便装裤、皮褛、羊绒大衣、袜子、内裤以及各种男士皮带、皮包、钱包、皮鞋等皮具制品及匙扣、火机、领带针、烟盒、名片盒等小五金配饰。1985 年，大陆第一家中外合资的领带厂——中国金利来有限公司成立。1990 年，金利来投资 360 万美元，在大陆创立了金利来（中国）服饰皮具有限公司。

迄今，金利来已在大陆建立了广泛的销售渠道和网络，拥有金利来专营店 200 多家，专卖柜 800 余间，销售额连年翻番，1997 年取得销售额达 12 亿多元人民币的丰硕成果。1998 年金利来在大陆市场淡市不淡，全国销售总收入突破 13 亿元。

3. 分类家族品牌

企业经营的各类产品分别使用不同的品牌，一类产品使用一种品牌。运用这种产品的有西尔斯公司，该公司销售 Kenmore 牌家用电器、Craftsman牌工具以及 Diehard 牌电池。有的大型企业生产的产品种类繁多，涵盖吃、穿、用等各个方面的产品，就不适用单一品牌。如食品和农药就不适合用同一品牌。

4. 企业名称加个别品牌

又称主品牌与副品牌策略。即企业为不同的产品冠以不同的品牌，但每一个品牌前均冠以企业名称，以企业名称表明产品的出处及特点。这种策略的好处是，既可利用公司的声誉推出新产品，节约广告费用，又使各个产品保持相对的独立性。一般汽车生产厂商及药品生产厂商多使用这种策略。如本田雅阁、本田飞度等。

（四）品牌延伸策略

品牌延伸策略又叫品牌扩展策略，是指企业利用自身已经成功的品牌声誉来继续推出新产品或改进的产品。例如，海尔刚开始只做冰箱，后来经营成功后，又相继推出海尔洗衣机、海尔空调、海尔电视机、海尔电脑等产品。再如联想刚开始也只是做计算机，现在已经是一个集计算机软、硬件生产与销售、系统集成、消费类电子产品生产与销售的多元化大型集团。

品牌延伸策略可以使新产品上市后很快就能打开局面，可节省大量的广告宣传费用，并且可以延长品牌的生命力，提高品牌的价值。但是如果新产品失败，或者品牌延伸过度，可能会造成品牌定位不当，有损原品牌形象。所以说，品牌延伸是一把双刃剑，充满利益的诱惑的同时又面临着巨大的风险。

【案例 6-5】娃哈哈的品牌延伸

1987 年，杭州，宗庆后带领两位年老体弱的退休教师靠借款 14 万元办起了一家只有十几平方米，以经营纸张铅笔等文具为主要业务的校办企业经销部，这就是今日响誉大江南北的娃哈哈集团公司的前身。

20 世纪 80 年代后期，正值改革开放大潮席卷整个中国，人民生活水平普遍提高，人们对物质生活的要求也不断提高。人们要吃饱，更要吃好。于是，各种营养滋补品应运而生。然而市面上这类五花八门，名目繁多的营养品中唯独缺少一种专门供儿童用的营养液。娃哈哈的创办人宗庆后瞅准了这个市场空当，着手开发儿童营养液。他请来了当时唯一设有营养系的浙江医科大学教授，运用中国传统食疗理论，结合现代营养学合理营养原则，同时邀请中国有名望的营养学家进行反复论证，进行大量动物和人体试验，取得一系列宝贵数据，推出了中国第一支儿童营养液——娃哈哈儿童营养液。

娃哈哈儿童营养液营养成分齐全、不含性激素、味道可口，更突出的是它切中了独生子女们挑食厌食以致营养不良的要害，解决了令家长们头疼不已的问题。为了广泛宣传这一诉求点，从 1988 年起，每晚必在新闻联播前的黄金时间推出广告：活泼健康的孩子蹦蹦跳跳地摇着营养液："喝了娃哈哈，吃饭就是香"，数年如一日地地毯式轰炸把娃哈哈送入了千家万户，当年就获利 38 万元。

娃哈哈凭借成功的产品，辅以有效的广告宣传，提出了打动人心的独特销售主张，将特别的爱奉献给特别的目标市场，取得了巨大的成功，并为日后的进一步发展奠定了坚实的基础。

　　娃哈哈儿童营养液稳稳占领了儿童市场，但宗庆后并不满足，娃哈哈在巩固儿童市场的同时，发起向其他市场的进攻。

　　首先娃哈哈集团将银耳燕窝营养八宝粥推向中老年市场，广告诉求也从"妈妈我要喝"转变为"送给你的丈母娘"。暗示着娃哈哈推出的产品不仅再针对儿童，而且适合成年人。

　　其次娃哈哈纯净水的推出瞄准了青年市场。为了打动青年一代，1996年企业让青年人喜爱的偶像歌星景冈山登台亮相，一曲"我的眼里只有你"深情动听，人们从他的眼中看见了钟情的娃哈哈纯净水。1998年指定毛宁为代言人，以一首"心中只有你"在全国巡回演出，12个城市签名卖水送歌，他的健康新形象感染了消费者。1999年以"健康，纯净，爱你，爱他"的广告片推出了王力宏，他微笑着展示娃哈哈纯净水，对你吟唱着"爱你就等于爱自己"。几乎无人可以抵挡他们的魅力，几乎无人可以抗拒娃哈哈的吸引力。

　　也许有人认为带有儿童色彩的品牌不可能向成人产品延伸。其实不是，儿童味比娃哈哈浓多了的米老鼠品牌的成人用品照样畅销；海尔兄弟活泼可爱，儿童味十足，海尔品牌却渗透到千家万户。可见，儿童味浓的产品并不是仅可用于儿童产品的推广。相反，由于童趣和亲和力，某种程度上能获得成人的特殊青睐，至少不产生反感和排斥。娃哈哈正是以一张滑稽的"笑哈哈"顺利地由儿童市场拓展到成人市场。

　　娃哈哈公司1992年开发出果奶系列产品，此前，乐百氏的乳酸奶早已上市，为乳酸奶市场第一品牌。娃哈哈运用"给消费者以实惠"的方式，在杭州市首先推出跟进性产品——"甜甜的，酸酸的"的果奶，加入乳酸奶市场竞争队伍。以后随产品结构的调整，经营重心逐渐转移到果奶上，以至完全取代儿童营养液，成为企业当家产品，果奶市场上升为全国第二位，与乐百氏形成势均力敌的竞争态势。

　　1995年，在全国乳酸奶市场趋于饱和的情况下，娃哈哈推出了市场前景看好的新产品纯净水，"我的眼里只有你"的感性诉求水制品广告第一次出现在中央电视台，在瓶装水市场中技压群芳，目前已形成娃哈哈、乐百氏、养生堂三大全国性品牌争霸天下的市场格局。

　　1997年首创 AD 钙奶，推出这种由国际营养学院推荐，能维护健康和营养平衡，更有利于钙质吸收的新产品。之后又推出200毫升的大容量，低价格的 AD 钙奶，由于消费者得到了经济上的实惠而十分畅销。

（五）品牌的重新定位决策

由于市场情况一直处于变化之中，往往需要对品牌进行重新定位。如竞争者有新产品推出，使原有企业的产品地位受到威胁；或者原有产品已经不能满足消费者的需求，如消费者的口味发生变化，原来的饮料就难以赢得市场或者会被市场淘汰。在这些情况下，企业为了维护自身的利益，就需要对产品进行重新定位，以维持企业形象及产品的吸引力。

（六）品牌的命名与设计

品牌的命名与设计是否得当，将在很大程度上影响企业产品的营销，这也是体现产品整体概念的一项重要措施。孔子曾说过"名不正，则言不顺，言不顺，则事不成"。一个好的名字是一个企业及其产品拥有的一笔永久性的精神财富。一个好名字能时时唤起人们美好的联想，使其拥有者得到鞭策或鼓励。一个企业能否为其产品起一个动听、有品位的名字，在某种程度上可说是关系着整个产品的命运。

一般来说，品牌命名与设计的重要功能有：一是与别的品牌名称相区别，这是品牌最基本的作用；二是好的品牌名称能引起消费者的喜爱和偏好，从而影响产品的销售；三是好的品牌便于消费者接受和记忆，利于传播。

企业要搞好品牌名称的命名与设计工作，应该遵循以下几项基本原则：

1. 简明、独特，易于认读、识别、记忆

只有这样，才能迅速提高品牌的知名度。简明是指语言的形式要简单，如海尔、青岛（啤酒），再如 IBM，它的全称是 International Business Machines，这个名称很难记而且难以拼写，会给品牌的传播造成很大的阻碍，所以该公司就设计了简单的缩写 IBM，对外易传播，从而使其成为全球十大品牌之一。

2. 与产品密切联系，可暗示产品的效用、质量或属性

有的产品从它的名称就可以看出它是什么类型的产品。如"蒙牛"可以看出是生产乳制品的厂家。再如"五粮液""创可贴"等也很贴切自然。像"创可贴"已经成为同类产品的代名词。而"奔驰""宝马"不仅简单易记，也暗示了产品的质量性能很优越。

3. 给人正面联想

如"金利来"（goldlion）原名叫"金狮"，但是对香港人来讲就是"尽

输"，对非常讲究的香港人来说是很不吉利的，所以产品销售很不理想，改名叫"金利来"后，情形大为改观。"金利来"取得今天的成就，改名一举功不可没。像"可口可乐""百事可乐"这样喜庆的名字也使其在中国市场上大受欢迎。

4. 尊重本地的文化、跨越地理限制

世界各地的历史文化、风俗习惯、价值观念存在很大的差异。有的品牌在一个国家是一个很美好的名字，到了另外一个国家可能就是一个完全相反的意思。如我国的"芳芳"洗涤精，汉语拼音"FANGFANG"在英语中是"有毒的蛇牙"的意思，因此产品销售受到挫折，几乎无人问津。"奇瑞"汽车品牌的本意就含有很吉祥的意思，为了将汽车销售到海外，奇瑞公司将汽车的品牌翻译为"chery"，即将英文"cherry"（樱桃）去掉一个"r"，或"cheery"（欢呼地、兴高采烈地）去掉一个"e"而得来的，都是让人有很美好印象的名称，其名称为奇端打开海外市场销路功不可没。

5. 品牌名称要合法

因为只有合法，才能向有关部门申请注册，取得商标专用权，才能在法律上得到保护。再好的名字如果得不到法律保护，就不是属于自己的品牌。米勒公司（Miller）推出一种淡啤酒，取名为 Lite，即英文 light 的变异，其生意兴旺，其他啤酒厂也纷纷效仿，也推出以 Lite 命名的淡啤酒，由于 Lite 是直接描绘某类特定产品的普通词汇，法院判决不予保护，因此，米勒公司失去了对 Lite 的商标专用权。由此可见，一个品牌是否合法即能否受到保护是多么重要。

总之，品牌的命名与设计不仅要讲究美学、艺术性，还要研究经济学、营销学、社会学、心里学等，要与商业性相结合。

第五节 包 装 策 略

一、包装的含义和作用

(一) 包装的含义

包装是产品整体的一个重要组成部分。通常是指产品盛放在容器内或进行外部包装、设计、装潢。也可以说，包装有两方面的含义：一是指包装物本身；二是指设计、生产容器或包装物并将产品包裹盛放起来的一系列活动。

产品包装一般分三个层次：①内包装，是指产品的直接容器或是包装物，如有些食品外面的锡纸，装酒的瓶子，牙膏的软管等；②中层包装，如酒瓶之外的纸盒包装；③储运包装，如装运酒的纸板箱等。

包装之所以变得越来越重要是因为：①超市已经成为产品零售的一种主要方式，是一种给顾客自助服务的方式，没有商品推销员，那么就得依靠包装来吸引顾客的眼球，促进销售。②消费者的生活水平日益提高，就愿意为为其提供便利、外观、可靠性及有声望的包装多付一些费用。③好的包装不仅能给消费者带来好处，也会给企业的产品带来机会与利润。

（二）包装的作用

包装的好坏直接关系着产品的价值和销售，包装具有以下重要的作用：

1. 保护产品

这是包装的首要功能，也是包装的最主要功能。包装是要保护产品在流通过程（运输、装卸、储藏）中完好无损和清洁卫生，防止产品缺失、散落、变质、被窃等。例如，很多肉类熟食都采用真空包装，这样就可以防止食品在与空气的接触过程中变质。

2. 便于储运

很多产品没有固定的形态，如液态、气态、粉状的，而有些产品是易燃易爆的危险品，这些产品如果不进行严密的包装，就没有办法进行运输、储藏。此外，整齐的包装也有助于点检等管理工作，并且可以缩短产品的装卸、交货时间。

3. 便于识别

专门设计的包装可以使消费者一眼便认出产品的特殊标志，以区别于其他相竞争的产品。如可口可乐的标志 100 多年来都未曾改变过，驰名世界，已经成为美国文化的一种象征。

4. 促进产品销售

精美的包装可以美化产品，改进产品的外观形象，增加对顾客的吸引力，促进销售。在超级市场里，包装被视为"无声的推销员"，并且在包装上一般会标明产品的生产日期、产地、产品特性等，会使消费者在购买的时候一目了然，既能激起消费者的购买欲望，又能在挑选物品上为消费者节约时间。

5. 增加价值

设计精美的包装可以提升产品的形象，从而提高产品的销售价值。尤其是高档的工艺品、消费品等。

图 6.3　好的包装可以提升产品的形象

过去我国企业对产品的包装不太重视，包装的技术比较落后，每年都会造成很大的损失。在市场经济条件下，包装已经成为企业之间进行竞争的一项重要内容，我国自古也有"货卖一张皮"的说法，包装已日益受到企业及消费者的重视。包装已经成为一个专门的学科，大部分高校都开设了"包装工程"专业，包装工业也形成了一个独立的产业。但是在包装工业发展过程中也出现了一些不正之风，如包装过于夸大产品形象，造成名不副实，给消费者带来很大的损失等。

二、包装设计的基本要求

不同的产品因其对包装的功能要求不同，其包装设计也就各异。运输包装主要以保护功能为主，生活消费品则主要以促销功能为主。

(一) 运输包装

运输包装为了降低产品在运输过程中可能遭受到的损失，同时也为了便于产品的运输、装卸、储存而进行的包装。一般来说，运输包装的设计应遵循以下原则：

1. 保护产品安全

安全是运输包装的最基本功能，因此，包装应注意材质的选择，而且包装的设计制作应符合产品的物理化学特性。例如，强酸具有强腐蚀性，就应选用特殊的材料对其进行包装。此外，还要符合产品的外形、体积、结构特性等。如，一般的图书都是方形的，如果拿圆形的容器包装不仅容易对书籍造成弯折等损毁，而且还会占用更大的地方，造成资源浪费。

2. 方便运输

包装不仅要保障产品的安全，还要便于运输和装卸。包装设计要根据运输的路线、运输方式、运输工具、运输距离和装卸方式尽量实行标准化和规格化。如集装箱就是包装规格化、标准化的产物。使用集装箱运输货物，可直接在发货人的仓库装货，运到收货人的仓库卸货，中途更换交通工具时，无须将货物从箱内取出来换包装。

3. 做好包装的标志

标志是在运输包装外部印制的图形、文字或数字以及它们的组合，目的是便于运输、商检、仓储等工作，也便于发货人和收货人之间交接货物。一般来说，包装标志有三种：

（1）识别性标志。识别性标志包括发货人、收货人、货物名称、体积、重量、数量、质量、品质等。

（2）指示性标志。指示性标志是指针对产品的特性而提出在运输和保管过程中应注意的问题。如我们经常可在一些产品的外包装上看见"小心轻放""由此开启""向上"等标志。

（3）警示性标志。警示性标志是针对易燃、易爆等危险品所做的标志，是为了警示有关人员在运输、装卸、仓储的过程应根据货物的特性采取防护措施，保护人身财产的安全。如"易燃物品""有毒物品""遇火易燃烧"等。

4. 要遵守相关的法律法规的规定

很多进出口产品的包装要求更为严格一些。

（二）销售包装

销售包装是为了方便陈列、携带以及促进销售而进行的包装。销售包装的设计应遵循以下原则：

1. 要独具特色，富有吸引力

包装设计应力求美观、大方、别具特色、富有吸引力，要使人耳目一新，不应模仿。不能一味地模仿名牌而无自己的特点。有些产品可以加进一些提示性、解释性、鼓励性的标志，以此来吸引顾客的注意力。

2. 高贵华丽

包装要与产品的档次、价值相符合。高档产品的包装设计要华丽高雅，要能体现产品的价值，且必须与实物相符。

　　3. 便于消费

　　包装应便于消费者消费、携带、使用和储存。并且为了适应不同消费者的需求还要有不同规格的包装。例如，很多食品的包装都有大小装之分；而一些饮料的包装都是为了消费者能便于携带。

　　4. 透明直观

　　对于很多挑选性比较强、选择余地比较大的产品来说，包装的设计要透明一些，使消费者可以看到产品的质量、样式等。如服装的包装就要让消费者通过包装的透明部分看到产品的花色、质地、款式等。

　　5. 符合消费者的消费习惯

　　如尊重当地消费者的宗教信仰、民族风俗等，否则，不仅不利于销售也容易惹麻烦，影响产品的声誉。

　　6. 遵守法律法规

　　销售包装同样也要遵守国家相关的法律法规的规定。如法律规定在我国国内销售的预包装食品必须标注食品名称、配料表、净含量、制造商、经销商的名称和地址、日期标志和储存指南、质量等级、产品标准号、特殊标注内容等。

三、包装策略

　　企业要根据自身产品的特点来考虑运用相应的包装策略，通常包装策略有以下几种：

　　1. 统一包装策略

　　统一包装策略也称类似包装策略。是指企业使自己所生产经营的产品全部都采用统一的包装模式。即在包装上采用相同的颜色、图案、造型和特征。这样设计的好处是可以使消费者一眼认出是哪个厂家的产品，既能节约大量的设计费用，又能很快为新产品的上市打开销路。但是这种策略不适合在产品品质或类别差异太大的产品之间使用。

　　2. 差异包装策略

　　差异包装策略是指企业不同的产品都有自己独特的包装，在设计上有不同的风格、不同的色彩和不同的造型。这种策略适用于企业产品差异化比较大的情况，一般不同产品会有不同的品牌名称。缺点在于产品的设计包装费用很大，新产品上市也需要重新进行宣传。

3. 配套包装策略

企业依据人们的消费习惯或者产品的特性，把几种有关联的产品放在一个特制的包装中进行销售。这种策略的优点是能带动消费者的消费、便于消费者携带使用，也有利于推广新产品。例如，在黄金周前，经常可见大型超市推出旅行套装，里面一般包括洗发水、沐浴液、乳液、牙刷、牙膏等。由于包装小巧精致便于出行携带，而且基本满足了人们出行的需要，很受消费者的欢迎。

4. 等级包装策略

等级包装策略也称分档包装策略，是指企业将自己生产的同一种产品按照品质分为不同等级进行包装，可以满足不同购买力水平或不同购买目的的消费者需求。如有高档的糖果用盒子进行包装，一般的则用袋子包装或散装。

5. 复用包装策略

复用包装策略也称再使用包装策略，即包装物本身在用过之后还可以重复利用，如在各大高校食堂出售的汽水，玻璃瓶可以重复利用，也有的是包装物在用过之后可以挪作他用。包装精致的巧克力盒，在食用后盒子可以存放一些小物品，这样可以刺激消费者的购买欲望。

6. 扔掉包装策略

扔掉包装策略是指消费者在消费掉商品之后，将包装扔掉，这样携带和使用都很方便。如塑料袋、塑料包装、快餐饭盒等。这样的包装不应使用短缺的资源，而且要注意便于回收且不会污染环境。

7. 附赠品包装策略

附赠品包装策略是现在很流行的一种包装策略，即在产品的包装物种附赠一定的物品以刺激消费者的购买，如兑奖券、小玩具、小笔记本等。

8. 新包装策略

新包装策略即企业将过时、陈旧的包装弃用，给产品换新包装，这样可以吸引消费者的注意力，还可以扭转对原先产品不良印象的局面。但这样做也有一定得风险，如需要大量的广告宣传，有可能会丢失原有顾客等。

【案例 6 - 6】百威啤酒的产品包装创新

消费者在选购啤酒时，除了质量和口感外，包装也是一个重要的考虑因素。因为包装能从一方面体现出品牌的整体形象。世界畅销啤酒品牌——百威——对于这一点谙熟于心。为了保证每一箱、每一瓶、每一罐百威啤酒都拥有从内到外的卓越品质，"啤酒之王"百威始终通过不断改良的优质包装来进一步提升其品牌形象。

　　百威啤酒长期以来注重产品包装的创新，并以其在包装上所体现出来的丰富创意闻名于世。百威（武汉）国际啤酒有限公司秉承了这一传统，不断在包装上推陈出新，为中国消费者提供更多选择：1997 年的压花玻璃小瓶装百威，1999 年的大口盖拉环罐装百威，2000 年的 4 罐便携装百威，2002 年面世的 700 毫升装百威和最新推出的 500 毫升装，百威在包装上的每一个创新都能为中国消费者带来惊喜。其中 700 毫升装和 500 毫升装更是针对中国的啤酒市场特别推出，充分显示了百威对中国消费者的高度重视。

　　除整体包装外，百威对包装的各个细节也不断进行着完善和创新。1998 年百威推出可显示啤酒最佳饮用温度的温度感应锡箔标签；2000 年初百威对标签重新设计，全新的标签在金色叶片的衬托下更显高贵；2000 年 12 月，百威又对瓶身标签的文字进行了修改，以方便消费者阅读，所有这些对包装细节的精益求精无不体现出百威对产品质量的不懈追求。

　　百威的与众不同还体现在其对高强度耐压纸箱的使用之上。同一般啤酒商使用塑料箱外包装不同，百威从 1998 年起就开始使用高强度耐压纸箱外包装。这种保护力强，高质量的多重包装保证了百威啤酒瓶不会裸露在外，避免啤酒口味因阳光的直射而被破坏，从而确保了百威啤酒的新鲜程度。这样，消费者品尝到的百威啤酒就和它出厂时的口感一样——清澈，清醇，清爽。

第六节　新产品开发

　　当今社会发展日新月异，消费者的需求变化加快，并且呈现多样化的特征，市场竞争日趋激烈，新产品的周期越来越短。企业要想持久地占有市场，就必须不断地适应市场的发展，勇于创新，推陈出新，否则就难免会在竞争中失败。由于企业的营销发展呈现出网络化、信息化、数字化的特征，新产品的开发周期越来越短，因此高新技术产品、绿色产品、个性化产品、功能化产品成为新经济时代新产品开发的主流。不断研究和开发新产品也是维持企业活力的关键所在，直接决定企业决胜市场的能力及企业的生存与发展。

一、新产品及其类型

　　营销学中的"新产品"与科学技术领域的"新产品"意义不同，它是相对于企业而言的，不一定是新的发明创造。凡是企业以前没有生产过或营销过的产品，或是能给消费者带来新的满足、新的利益的产品都可以称之为新产品。营销学意义上的新产品主要包括以下几种类型：

1. 创新型产品

创新型产品也称为全新产品，是指应用新技术、新材料、新原理制造的前所未有的产品。这类产品在全世界上首先开发，能开拓全新的市场。例如，在计算机、汽车、飞机、空调等产品刚刚问世的时候，都属于创新型产品。

2. 改进型产品

这种新产品是指在原有产品的基础上进行改进，使原有的产品在结构、材料、功能、花色、品质、款式以及包装上具有新的特点及新的突破。如给香烟装上过滤嘴、给电视装上遥控器等。改进型产品与原有产品差异不大，市场性质十分接近，这样进入市场后有利于消费者接受，开发不需要大量的资金，失败的几率也相对较小，但是由于这种改进非常简单，容易引起企业之间的激烈竞争。

3. 换代型新产品

换代型新产品是指在原有产品的基础上，部分的采用新材料、新技术而显著提高产品性能的产品。如将黑白电视机开发成彩色电视机，脚踏缝纫机革新为电动缝纫机。由于这类产品开发的难度较小，产品的市场普及速度及成功几率要比全新产品更好一些，因此，这是现代企业广泛采用的一种新产品的创新形式。

4. 仿制型新产品

仿制型新产品是指企业对那些在国外市场上或其他地区市场已经存在，但在本国、本地区市场上并没有的产品进行模仿生产，这样可以减少产品的研发时间，降低企业的开发成本。这种开发新产品的方式是一些落后国家或地区的企业在开发新产品的初期，由于技术、资金等各种条件的限制，独立自主开发存在困难而常采用的一种方式。这样做可以积累经验，为以后的研发奠定基础。

5. 组合型新产品

组合型新产品是指将市场上已经形成的产品，在功能上相互合并而形成新的产品。如电话机加上录音功能形成录音电话机，MP3加上电影播放功能产生了MP4，索尼公司生产的PSP就是将MP3功能与游戏机功能合并而形成的新产品。

6. 系列型新产品

系列型新产品是指在原有的产品大类中开发新的品种、花色、规格的产品，与企业原有的产品形成系列，扩大产品的目标市场。如海尔的系列洗衣机和系列空调等。

7. 降低成本型新产品

降低成本型新产品是指以较低的成本提供同样性能的新产品，主要指企业利用新工艺、新技术，改进生产方式或提高生产效率，削减原来产品的成本，生产使原有产品的性能保持不变的新产品。

8. 重新定位型产品

重新定位型产品指企业的老产品进入新的市场而被称为新产品。通常这种产品是在较发达的地区处于衰退阶段而在欠发达地区处于成长期的产品。如在发达地区自行车已经属于衰退期的产品，而在进入越南地区销售时却还是很受欢迎的新产品。

一般而言，创新产品占新产品的比例为 10％左右。因此，创新型产品的开发具有非常大的风险和成本，大部分的新产品都是在原有老产品的基础上进行改进而产生的。所以，新产品大多来源于仿制、系列化、配套、附加价、多功能化、复合等途径。

【案例 6－7】宝洁公司和一次性尿布

1956 年，宝洁公司开发部主任维克·米尔斯在照看其出生不久的孙子时，深切感受到一篮篮脏尿布给家庭主妇带来的烦恼。洗尿布的责任给了他灵感。于是，米尔斯就让手下几个最有才华的员工研究开发一次性尿布。

一次性尿布的想法并不新鲜。事实上，当时美国市场上已经有好几种牌子了。但市场调研显示：多年来这种尿布只占美国市场的 1％。原因首先是价格太高；其次是父母们认为这种尿布不好用，只适合在旅行或不便于正常换尿布时使用。调研结果：一次性尿布的市场潜力巨大。美国和世界许多国家正处于战后婴儿出生高峰期，将婴儿数量乘以每日平均需换尿布次数，可以得出一个大得惊人的潜在销量。

宝洁公司产品开发人员用了一年的时间，最初样品是在塑料裤衩里装上一块打了褶的吸水垫子。但在 1958 年夏天现场试验结果，除了父母们的否定意见和婴儿身上的痱子以外，一无所获。

1959 年 3 月，宝洁公司重新设计了它的一次性尿布，并在实验室生产了 37 000 个样子，拿到纽约州去做现场试验。这一次，有 2/3 的试用者认为该产品胜过布尿布。接下来就是降低成本和提高新产品质量，但是这要比产品本身的开发难度更大。到 1961 年 12 月，这个项目进入了能通过验收的生产工序和产品试销阶段。

公司选择地处美国最中部的城市皮奥里亚试销这个后来被定名为"娇娃"（Pampers）的产品。发现皮奥里亚的妈妈们喜欢用"娇娃"，但不喜欢 10 美分一片尿布的价格。在 6 个地方进行的试销进一步表明，定价为 6 美分一片，就能使这类新产品畅销。宝洁公司把生产能力提高到使公司能以该价格在全国销售娇娃尿布的水平。

娇娃尿布终于成功推出，直至今天仍然是宝洁公司的拳头产品之一。

二、 新产品开发的原则

一个有生命力的企业必将是一个有创新能力的企业。创新是企业的生命源泉。但是，对一个企业而言，新产品的开发并非一件易事。随着科学技术、社会的高速发展、市场需求的复杂多变，产品在开发上呈现出人性化、方便化、专门化、国际化、环保化的发展特点。这就要求新产品在开发时应当顺应时代的发展并且能满足人们生活水平的提高。但是新产品的开发具有高风险性，据国外的一项调查显示，新产品开发成功率极低，消费品为 40%，工业品为 20%，服务产品仅为 18%。为了减少新产品开发的风险和提高成功率，企业在开发新产品的时候应遵循以下几个原则：

1. 满足消费者需求原则

新产品的开发必须以满足消费者的需求为出发点，要深入进行市场调查研究，了解和掌握消费者的需求及市场规模，适应消费者的消费习惯，并且在能充分利用资源的情况下，有针对性地开发符合消费者需求的新产品。例如，我国南方地区的气候潮湿，就要求电器、家具的防潮性能要好。再如，日本精工开发中心适应伊斯兰教教徒的需求，发明一种新式、新功能的"穆斯林"手表。这种手表能把世界各地 140 个城市的当地时间自动转换成伊斯兰教圣地——麦加——的时间，还能每天鸣叫 5 次，提醒按时祈祷，并确保他们在世界任何角落都能面朝圣地，这种手表受到穆斯林世界 8 亿人的欢迎。这充分反映出企业在产品创新上以满足消费者需求为根本的原则。

2. 遵守法律、尊重习俗原则

新产品要符合国家政策、适应国内外目标市场的国情。如产品价值观、社会心理等。这样才能在目标市场上加速推广，有利于占领市场。例如，可口可乐公司根据中国人过春节喜庆热闹的特点，推出了大瓶可口可乐，迎合了中国人的社会风俗习惯，因此受到广泛欢迎。

3. 特色原则

新产品要有特色，即要有独创性、创新性的部分，并且还要有适应性，能满足消费者的需求和欲望。甚至新产品还要能够激发消费者的消费欲望，引导消费的新潮流。例如，高档时装的新品发布会就是引导将来一个阶段服装潮流的风向标。

4. 效益原则

新产品要能够创造效益。企业可以充分利用自身的资源优势，形成适度的生产和销售，在提高社会效益的前提下，可以努力降低成本，制定合理的价格，并能给企业带来较大的经济效益。如果一个新产品的生产销售并不能带来社会效益，也不能给企业带来经济利益，就没有必要进行开发。

注重经济效益，新产品开发的速度要快，在时间上要尽力争取越快越好。因为，市场竞争很激烈，一旦别的企业率先一步开发出新产品，那么它就会快速地占领市场赚取巨额的经济利益，给本企业的开发造成经济损失，甚至造成本企业新产品开发的前功尽弃。

5. 高标准原则

新产品要能够达到一定的标准，这样才能进行上市营销。例如，新产品要进入国际市场，那么就必须要达到一定的国际标准，才可以与国际市场接轨，才能扩大产品的市场销售范围。

6. 生态保护原则

新产品的开发要注意环保。随着生活水平的提高，人们越来越重视生活质量，所以产品在开发时要重视环保，提高产品的绿色含量，引导人们健康生活的潮流。

7. 协作原则

由于产品开发涉及许多部门的业务与功能，因此团队将是最佳的运作方式，无论是采用何种形式的团队，重点在于整体一致的产品开发目标，以及各成员间的相互支持协助，所以就需要一种整合性的专业团队来进行新产品开发。

三、新产品开发的方式和组织

(一) 新产品的开发方式

企业获取新产品的方式一般有 3 种：

1. 独立研制

独立研制是指企业利用自己的技术力量和资源优势独立进行新产品的开发。这种方式通常有三种情况：①企业进行基础理论研究，应用技术研究和产品开发研究。②企业利用社会上基础理论研究成果，进行应用技术研究。③企业利用社会上应用技术的研究成果，只进行产品开发研究。一般来说，基础理论研究 < 10%，应用技术研究在 20% ~ 30%，产品开发研究在60% ~ 70%。

这种独立研制方式常用于开发全新产品或换代产品。其优点是企业拥有自己的知识产权，有比较大的利润空间。但其缺点是投资多、时间长、风险大，一般适合较强科研能力及实力雄厚的企业。

2. 技术引进方式

技术引进方式是企业经常采用的一种开发新产品的方式，是指企业通过引进国内外先进技术，如技术转让、购买专利等方式开发新产品。这种方式可以使企业较快地掌握科技新成果，在较短的时间内缩小与竞争者的差距，使企业实现跳跃性的发展，并且能迅速提高企业产品的质量、水平和档次，有利于新产品快速进入市场。日本在第二次世界大战后，通过技术引进方式，赶超了世界先进水平，成为一个世界经济强国。我国目前还处于发展阶段，很多产业与国外先进水平相比还有很大差距，日本的经验值得我们借鉴。

但是，企业采用这种方式应注意引进适用技术，要对引进的技术进行可行性分析，要能消化引进的技术，不可盲目引进。这种方式适用于产品开发研究能力较弱但制造力较强的企业。

3. 技术协作方式

技术协作方式也称为联合开发方式，是指企业与科研机构、高等院校、社会团体或竞争者利用各自在经济、技术、人力、设备方面的优势进行互相协作开发新产品。这种方式充分利用了社会的科研力量，可以弥补企业力量的不足。有利于把科技迅速转化为生产力，并使其商品化。如日本东芝公司研发64兆位存储芯片时，因为开发资金需要 10 亿美元，超出了东芝公司的承受能力，所以东芝公司就和 IBM 公司、西门子公司联合开发该项目。这种开发方式在企业中应用比较广泛。

以上 3 种方式各有各的特点，企业在应用时要根据自身的条件和实力来进行选择，可以只选用一种方式，也可以组合利用上述 3 种方式。

（二）新产品开发组织

新产品开发成功需要企业建立一个高效的组织，以管理新产品的开发过程。企业领导是否具有远见卓识是新产品开发成功的关键，此外，建立有效的新产品开发组织也是非常重要的。在西方国家的企业里，新产品开发的组织形式具体有以下几种：

1. 产品经理负责

产品经理负责形式一般应用于一些生产多种产品的大型企业。这种形式的优点是产品经理对市场和竞争状况比较熟悉，有利于建立新老产品之间的联系，很适合发现开发新产品的机会。但缺点是产品经理常常忙于管理现有产品线，很少有时间考虑开发新产品，新产品的开发也需要各部门之间的配合，这使得产品经理很难控制。同时，他们也缺少开发新产品所需的必要知识与技能。

2. 设立新产品经理专管新产品开发

新产品经理专管新产品开发形式的优点是新产品开发专业化，因为新产品经理具有开发新产品的专业技术知识，但这种开发工作仅局限于所属产品的产品改进和现有产品线的扩展。新产品经理的个人能力的大小也会影响新产品的开发。

3. 设立新产品开发委员会

新产品开发委员会一般由技术、质量、生产、销售、财务、供应等部门的负责人组成，一般来自企业内部各主要的职能部门。他们的主要职责是讨论确定新产品的开发方案和计划，组织并审批成立新产品开发小组，核算新产品的开发预算，但是不直接从事新产品开发的设计、研制、生产、销售等工作。这种形式便于协调各部门的意见，但是委员会对新产品开发缺乏深入的了解，会影响决策的科学性。

4. 设立新产品开发小组

新产品开发小组是根据某种新产品开发的需要而成立的专门从事某种新产品开发各项工作的组织。小组通常由技术、生产销售、质量检验等部门的人员组成，制定新产品开发预算、工作任务、期限和市场投放策略并组织实施。这种组织是临时性的，一旦这种新产品开发成功，转入正常生产，新产品开发小组即行解散。

5. 设立新产品开发部

新产品开发部一般由厂长或总经理亲自领导，组织有关职能部门的有关人员参加,其职责是全面负责新产品开发的各项工作。一旦新产品开发成功转为正常生产,这项工作即告结束,再进行其他新产品开发工作。

四、新产品开发的程序

新产品的开发除了遵循一定的原则之外,还要认真策划新产品的开发计划,为新产品开发建立系统的开发程序。新产品开发的程序一般有 8 个主要步骤:创意形成、创意筛选、产品概念的形成与评估、制定市场营销战略、商业分析、产品开发、市场试销、产品正式上市,如图 6.4 所示。

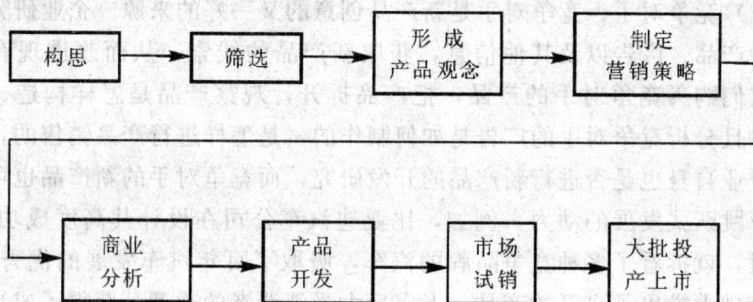

图 6.4 新产品开发的 8 个阶段

(一) 创意形成

所谓构思,就是为满足一种新需要而提出的设想,任何一种产品的形成首先都要进行构思,即要系统化地搜寻新产品的主意。构思是很重要的,如果一个新产品有很不错的构思,就会很快地进入市场。但新产品的构思绝对不能偶然化或者任意化,否则尽管企业会发现很多创意,但是若与企业所在的行业不对口,就没有办法进行新产品的开发,甚至给企业带来损失。

1. 创意形成的来源

产品的创意会带来市场机会,产品的创意来源很广,主要包括内部来源,即内部的技术人员与业务人员,还有顾客、竞争对手、供应商、销售商等。

(1) 企业内部的技术人员或业务人员。主要包括工程师、设计、制造、管理、销售的人员。他们每天都与产品或顾客接触,经常会有一些突发的灵感,因此,企业的员工是新产品构思的重要来源。丰田公司声称自己的公司职员每年提出约 200 万项创意,每个职员大约有 35 条建议,而且其中的

85％得到了贯彻执行。美国统计资料显示，在所有的新产品构思中，88％来自企业内部。

（2）顾客。好的新产品的创意还来自顾客的建议与需求，顾客在使用企业的产品时，可以直接感受到产品的不便之处，因此新产品的产生就是为了满足顾客的需要与欲望，是新产品创意的起点。由此可见，企业信息的获得很多时候来源于顾客，尤其是那些领先用户。并且，企业通过分析顾客的提问和投诉就能很好地发现、能更好地解决消费者需求的新产品。据国外一项不完全统计，消费者提出的产品构思被企业家采用的占 28％。

（3）竞争对手。竞争对手是新产品创意的又一好的来源。企业研究竞争对手的产品、广告以及其他信息，获取新产品的线索，从而改进现有的产品。它们购买竞争对手的产品，把产品拆开，观察产品是怎样构造、运作的，并且分析竞争对手的广告是如何制作的，是怎样进行产品销售的，从而决定企业自身也是否进行新产品的开发研究，而竞争对手的新产品也可能是本企业跳跃式发展的动力。例如，比亚迪汽车公司在设计其高度成功的 F3轿车时，就拆看了多种竞争品牌的汽车，吸取了百年汽车发展的优秀成果，在此基础上推出了自己的产品，上市后大受消费者的欢迎，获得了成功。

（4）中间商。不同行业的分销商、推销员、批发商、零售商等都有可能成为新产品的创意较好的来源。因为他们接近市场，能够传递有关消费者所反映的产品的问题以及新产品可能性的信息，他们也熟悉市场需求，清楚现有产品的缺陷。因此他们的建议具有较高的参考价值。

（5）企业外的研发人员。包括政府机关、大专院校、科研机构、广告公司、学术会议、文献资料、专利等。这些人员的创新构思一般只针对某一特定的产品，但是他们的创新程度很高。

（6）咨询企业。原先咨询企业只是负责企业管理方面的咨询公司，但是现在越来越多的咨询公司参与到新产品的创意构思中来，甚至出现了专门以给人提供新产品创意的"点子公司"。

（7）企业领导人。这取决于企业的领导人能否具有远见卓识。海尔推出的能够洗土豆、红薯、水果等洗衣机的构思就是海尔的总裁在考察四川农村后提出来的。

2. 创意形成的方法

（1）属性分析法。是指企业将某种新产品的属性一一列出，然后对每种属性进行分析，并加以改进，从而可以改善新产品的功效。新产品不同的属性要应用不同的属性方法，包括多方面分析、功能分析、功效分析、差异分析等。

（2）需求分析法。企业在提出新产品的创意时，要首先明确消费者的需求，针对不同需求提出不同的新产品构思。新产品开发者需要把某一类产品能够满足的需求全部列出来，他们会因此发现以前所未知的需求，然后对这些需求进行核查与分析，判别是何种需求。最后在需求分析的基础上再提出新产品的创意。

（3）头脑风暴法。就是围绕某一问题展开小组讨论，一般为 6～12 人，大家畅所欲言地进行讨论，原则是自由平等，"知无不言，言无不尽"，激发与会成员极大的想象力，从而获得新产品的创意。

（二）创意筛选

创意的形成阶段会形成大量的其他创意，而企业之后则根据自身的条件和目标对已有的创意进行抉择，减少创意的数量，以得到可行的创意。进行创意筛选的主要目的有：

（1）权衡各个创新项目的费用，尽早发现不良创意，因为产品开发的阶段越往后，产生的费用就越大，企业要选择那些能产生效益的创意。

（2）筛选的过程有助于对原有的创意进行分析，从而发现原有的创意的不足，对原有的创意进行完善和修正。

（3）筛选可促进跨职能部门之间的合作与交流。

在筛选创意时，要考虑创意是否与企业的长期目标一致，包括利润目标、市场占有率目标、销售增长目标、企业形象目标等，还要考虑本企业是否有进行开发新产品的资源与能力，包括资金、技术、人力、设备、销售等，并赋与这些因素不同的权重，对各个创意再依权重进行打分，最后加权平均后根据得分的高低，从而筛选出最佳的创意。

（三）产品概念的形成与评估

经过筛选后的创意必须发展成一个产品概念，即要进一步把新产品的创意具体化，用文字或图像表达出来。区分产品创意、产品概念、产品形象是一件很重要的事情。所谓产品创意是指企业可以考虑向市场提供的一种产品的主意；产品概念是指用有意义的、消费者能接受的术语或符号的形式对创意进行详尽的描述；产品形象是指消费者在考察产品的实际形态后所形成的感觉和印象。

在产品的概念形成后，企业还必须将其拿到一定数量的特定消费者中进行测试评估，即概念测试。在概念测试阶段，营销者必须拿着已经形成的产品概念就以下一些问题请教消费者，以决定取舍：

（1）目标消费者是否清楚并相信该产品带来的利益？

（2）目标消费者是否认为该产品解决了他的某个问题或是满足了他的某个需要？

（3）价格相对价值是否合适？

（4）目前是否有其他产品满足这种需求？能否使消费者满足？

（5）目标消费者是否会购买该产品？

（6）本产品的优点是否便于了解？

（7）目标消费者在同类产品中是否偏爱本产品？

（8）谁将使用该产品？频率如何？

（9）对本产品是否还有改进意见？

营销者通过对目标消费者回答的总结，就可以判断哪种产品概念对消费者具有足够的吸引力，可能会成功；哪种产品有风险；哪种产品会不受欢迎导致失败等。同时，企业还会从测试中发现，该种产品的消费者的最佳目标是哪些，该产品会替代市场上原有的哪些产品等等。

(四) 制定市场营销战略

进行了产品概念的测试之后，选出测试结果最好的产品概念，为此种产品进行营销战略的设计，即将这种产品推向市场而设计出最初的市场营销战略。

营销战略的设计一般包括 3 部分：

第一部分是描述目标市场，并对目标市场进行规模、结构、购买行为特点、产品市场定位的分析，估计产品的市场价格、短期内的销售额、市场份额、利润率等。如某汽车制造商对其新推出的小型轿车的市场定位是价格低廉、经济实用，那么，这种车的目标市场就是那些需要车作为代步、访友使用的消费者。

第二部分是估计第一年的计划价格、销售及营销预算，并且估计为吸引顾客所要付出的成本，包括生产成本、分销渠道成本、促销成本。

第三部分描述产品预计的长期销售额、利润目标以及不同时间的营销组合战略等。例如，某汽车公司想将某一地区汽车市场 1％ 的市场份额增加至 3％ 的长期份额，并且要实现由 5％ 的税后收益率提升至 12％，那么，该汽车厂就应该不断改进产品的质量，并且要在今后几年相应地提高价格。

(五）商业分析

企业在对产品进行初步的营销计划后，要判断其在商业上的可行性，即进行商业分析，考察新产品的预计销售、成本、利润，看它们是否满足企业的目标，即是否能赚钱，如果长期看可以赚钱，那么产品就可以进入开发阶段了。

企业进行商业分析时，首先要预计产品的销售量，这需要研究类似产品的销售历史，并且要对目标市场进行考察、分析。估计销售量的方法必须根据消费者购买频率而区别对待。如一次性购买的产品、非经常性购买的产品、经常性购买的产品对销售量的影响是不同的。

在预计好销售量之后，企业的研发部门、生产部门、营销部门、财务部门就要进行预算。在预期销量和预期成本确定以后，就可以对新产品的未来能获取的利润进行估计。

(六）产品开发

在产品开发之前，对于新产品概念而言，产品只不过是一个口头描述、一张图画、一个模型而已，如果一个产品概念通过了商业分析后，进入产品开发阶段，产品概念就可以转化为实体产品。在这个阶段，企业需要进行大量的投资，以使产品概念转化为可以进入市场的可行性产品。

在试制出产品的样品后，还要进行大量的测试，包括功能测试、消费者测试等。新产品不仅要经过这些测试，还要与产品概念所规定的产品特征相符合。如果在规定的成本范围内生产出产品，且产品与预期的产品概念相符合，则说明新产品的试制是成功的。

(七）市场试销

样品经过测试后，就可以进行小批量的生产，投放到一定范围的市场上进行试销。这样企业就可以了解到产品与营销战略是否合适，也可以了解到消费者对产品的使用是否满意以及目标市场的市场潜力等，从而决定是否对产品进行改进或大量投产。

市场试销的内容根据新产品的不同而不同。市场试销规模的大小不仅取决于投资风险的大小，还取决于试销成本的大小和时间的长短。试销要选好地点和时机，有的产品要经过数年的反复试销才能决定最后是否上市。试销的成本虽大，但是比起仓促上市所可能遭受的损失就会小很多。

消费品市场的试销方法主要有标准试销法、控制试销法、模拟试销法三种，而产业用品的试销方法主要有试用、贸易展览会、产品陈列三种方法。

（八）产品正式上市

即产品在试销成功后，就可以将其商品化，进行大规模的生产销售了。如果企业决定大规模地生产新产品，那么，它就会面临很高的成本投入。如果企业为了减少风险，选择建立一个较小规模的工厂进行生产，如果上市后市场的需求大于其对销售量的预测，那么就会使企业遭受利润损失，并且还容易使竞争对手有机可乘，从而给企业带来更大的损失。

企业不仅要对销售做出准确的预期，还要决定新产品推出的时机。如果新产品的销售会影响本企业其他产品的销售，那么，企业就应该推迟新产品的推出时间。例如，在遇到金融危机后，银行对新的金融产品就有可能会推迟推出，等经济复苏之后再推出。

此外，企业还要决定好推出新产品的地点，要决定是单一地点还是一个地区，是在国内市场还是在国外市场。小的企业一般都是先在一个小范围内推出新产品，然后再慢慢进行市场拓展。大一些的企业就会迅速地把新产品推向范围比较大的市场，如几个地区或全国。几乎很少有企业可以把新产品迅速地进行国际性市场销售。

本章小结

1. 产品是企业营销中的一个重要环节。企业在对产品进行营销时，首先应确立产品的整体概念，主要包括核心产品、有形产品、期望产品、附加产品和潜在产品。

2. 根据消费者的类型或消费者购买产品的目的可以将产品分为消费品和工业品两大类。

3. 企业一般不会只销售一种产品，而是一组产品组合。产品组合策略是对产品组合的宽度、长度、深度和关联度进行最优化的组合。

4. 产品的生命周期理论是指产品的经济寿命一般有投入期、成长期、成熟期、衰退期4个阶段，要根据产品处于生命周期的不同阶段制定不同的营销战略。

5. 产品的品牌策略与包装策略也是进行产品营销中的重要手段。竞争是无处不在的，企业想要牢牢占据市场份额就要不断地开发新产品，而新产品的开发有很大风险，所以要严格地根据新产品开发的8个步骤一步一步地进行新产品的开发，即构思、筛选、形成产品概念、制定营销策略、商业分析、产品开发、市场试销、大批投产正式上市。

习 题 六

1. 什么是产品整体概念？整体概念对市场营销有何重要的意义？
2. 产品组合线的延伸方式有哪些？
3. 产品组合的策略有哪些？
4. 简述产品生命周期理论各个阶段的特点以及相应的营销策略。
5. 品牌在产品营销中有什么重要作用？有哪些主要的品牌策略？
6. 中间商品牌的优势有哪些？
7. 包装的策略有哪些？

案例分析

"露华浓"，不仅仅是香水

每年，露华浓公司都要销售价值约 10 亿美元的化妆品、护肤品和香水给全世界的消费者。公司各种香水产品使露华浓在 40 美元的大众价格香水细分市场上位居第一。从某种意义上说，露华浓公司的香水只不过是很好闻的油和化学品的精心混合物。但是，露华浓公司知道出售香水远不只是出售香水本身，它出售的芳香气味给使用香水的女性带来了魅力。

当然，香水的香味是决定成功的关键。尽管 180 美元一盎司的香水其生产成本可能只需 10 美元，但是对香水消费者来说，这可不仅仅是只值几个美元的配料和好闻的香味。配料和香味以外的很多因素增加了香水的魅力。事实上，在露华浓公司设计一种新的香水时，香味或许是最后开发的部分。露华浓公司首先调查女性对她们自己的感觉以及她们与其他人的关系。然后，开发和测试与女性不断变化的价值观、理想和生活方式等相适应的新香水概念。当露华浓公司找到一种有前途的新概念之后，就创造和命名某种香味使其与该构思一致。

露华浓公司还仔细地包装香水。对消费者来说，瓶子和包装盒是香水及其形象最真实的象征。香水瓶应该感觉舒服，容易使用，放在商店里展示时能给人以深刻的印象。但是最重要的是，它们必须支持香水的概念和形象。

因此，当一位女性在购买香水的时候，她买的远远不只是一些带有芳香气味的液体。香水的形象、香味、名字和包装，以及它的制造公司和销售商店，所有的这些已经成为整个香水产品的一部分。所以当露华浓公司出售香水的时候，它出售的就不仅仅是一种有形的产品，它同时也在出售香水代表的生活方式——自我表现和别具一格，成就、成功和地位，温柔、浪漫、激情和幻想，回忆、希望和梦想。

思考题

1. 露华浓公司在开发新产品的时候采取了哪些步骤？
2. 从这个案例中，你如何理解产品整体概念对市场营销的重要意义？

第七章 价 格 决 策

学习目标

价格策略是企业营销策略中最富有灵活性和艺术性的策略，是企业营销组合策略的重要组成部分。通过本章的学习，理解影响企业产品定价的因素，定价的方法和定价的策略。

知识要点

定价因素，成本导向定价法，需求导向定价法，竞争导向定价法，新产品价格策略，折扣定价策略，心理定价策略，差别定价策略，组合定价策略。

案例导入

通信市场价格战

在 2008 年 5 月，我国电信运营商经过重组，由原来的 6 家合并成了 3家。中国联通的 CDMA 网与 GSM 网被拆分，前者并入中国电信，组建为新电信，后者吸纳中国网通成立新联通，铁通则并入中国移动成为其全资子公司，中国卫通的基础电信业务将并入中国电信。

我国通信市场的竞争一直非常激烈，各运营商之间的价格战打得如火如荼，从早期的卡费打折、时段优惠、节假日优惠模式，到包月制和各种业务组合套餐，再到无月租、移动商务电话、手机补贴、代理佣金等模式。在移动通信市场上，随着新技术新业务的不断推出，中国移动与中国联通"双寡头"进行着旷日持久的价格战；在固网领域，由于受到移动业务的分流和替代市场容量日益萎缩，各个固网运营商之间市场争夺的激烈程度也与日俱增。为争夺市场，各运营商竞相降价，价格成为最有效的市场利器之一。同时，在激烈的价格战下，市场上存在着各种相似的价格套餐，所以，在产品购买过程中，除了产品性能、服务种类等因素外，价格一直是影响用户是否选择某项业务的关键因素。

　　影响电信产品定价的因素有许多，包括竞争因素、市场需求因素、服务因素和政府管制因素。第一，竞争因素：现阶段市场上不断上演着价格战，企业之间的竞争逐渐转向为同质竞争，而且在竞争过程中，由于不同企业其企业资本、实力状况不同，在竞争中的地位也有所不同，企业的发展战略不同，所以其产品的市场定位也有所区别。在定价过程中，需要对市场中所有企业的产品、价格进行统计分析，然后根据企业实际情况采取合适的定价方法，然后根据竞争因素对定价的影响进行分析，为最终定价做准备。第二，市场需求因素：从经济学的角度来看，价格最根本的决定力量是供求。电信产品的定价也不例外，用户的需求也是决定性的因素。从电信行业的市场结构来看，电信产品的价格需求弹性虽然不算很大，但是消费者的需求还是会随着价格的变动产生一定程度的波动。电信企业必须从顾客最大合理满意的角度出发，充分了解消费者心理需求，分清主导需求，然后根据需求的重要程度依次排序，综合评比，为后期产品定价做准备。第三，服务因素：电信行业是作为服务业出现在市场中的，这类行业赢取客户的关键就是企业的服务。在时代快速发展的今天，服务在市场中的地位越来越重要，同时服务的作用也越来越明显。从成本角度来讲，良好的服务有利于用户的增加，客户忠诚度的提高，有利于企业知名度的上升。因此，由于电信的成本有其弱增长性，用户的增加可以降低单位固定成本，导致单位产品成本下降，所以，良好的服务有利于企业产品价格的下降。第四，政府管制因素：政府对于电信产品的定价管制分为以下几种：价格上限管制，价格下限管制，政府直接定价等。随着市场规范化，价格下限管制和政府直接定价逐步淡出舞台，如今价格上限管制占据主导地位。在本地网及长途漫游这一块，政府采用的是上限管制的手段，而针对移动业务等其他业务，政府采用直接定价的方式。针对不同的电信细分市场，政府对产品进行不同程度的价格管制，避免价格过于混乱。很多电信业务价格调节之后，都要申报备案，方便政府对电信市场的控制管理。

　　目前，我国电信产品的定价策略是以政府政策为依据，以竞争为导向、以满足市场需要为目标的产品线组合定价法，也就是在进行产品定价的时候要从企业提供的所有产品组合出发，以达到企业利益的最大化，而不是单个产品的利润最大化。

第一节 影响定价的因素

企业将产品投入市场时必须给其制定合理的价格，既有利于顾客接受，又能实现企业的利润目标。影响产品定价的因素有许多，如成本因素、供需因素、竞争因素、政策因素等。

一、成本因素

产品成本是产品价格形成的基础，是企业定价的依据。企业产品的总成本由固定成本和变动成本两部分组成，固定成本是指在短期内不随产量变动而变动的成本，如折旧费、管理费、租金等；变动成本是指在一定时期内，随产量变动而变动的成本，如原材料费、工资等。在一般情况下，企业的定价应不低于平均成本费用，平均成本费用是企业制定产品价格的最低界限。但在有些特殊情况下，产品价格只要高于变动成本即可，即要求产品价格能够弥补变动成本以维持企业的生存。

【案例 7-1】台湾水灾 电脑涨价

台湾是 LED 背光板生产基地，约 1/3 的 LED 背光板和液晶面板在台湾生产，而 2009 年台湾的水灾造成许多厂家停产，薄型 LED 背光板的价格上涨，导致笔记本电脑的成本激增。据悉，宏基笔记本电脑已于 2009 年 7 月份开始提价，同年 8 月，联想和惠普等品牌跟进。惠普、华硕、联想、索尼等品牌笔记本电脑每台价格均上涨了 200~300 元钱，其他价格未变的机型，给顾客让利的空间也相对缩小。

二、供需因素

在市场经济条件下，产品的价格由市场供给和需求共同决定。价格与需求呈反方向变动趋势，当产品价格下降时，需求增加；当产品价格上升时，需求减少。而价格与供给的变动方向相同，即产品价格上升，生产者有利可图，供给增加；反之，供给减少。产品价格由供给和需求共同决定，而价格的调整也会影响产品的供求。

【案例 7-2】上海商品住宅供不应求

自 2009 年 3 月以来，上海共成交一手商品住宅 1 053.97 万平方米，而同期的新增供应量仅 672.62 万平方米，不到 6 个月的时间就有 381.35 万平方米的前期滞销房源被消化，供不应求的局面促使一些优质楼盘的价格大幅上涨。上海 8 月份房价的平均成交价格达到 18 126 元/平方米，比 7 月的 15 808 元/平方米高出 14.6%，达到了历史记录高位。

三、竞争因素

竞争对手的价格也会影响企业的定价。若市场上存在众多竞争者，类似于完全竞争状态，企业可以制定与竞争对手相同的价格。而如果企业相对其竞争对手具有品牌或其他方面的优势，则可以制定比对手更高的价格。

【案例 7-3】中外品牌奶粉之争

外国品牌奶粉之所以价格比较高，与外资奶粉品牌市场占有率高有关。按照 2009 年上半年出厂价格统计，前五大外资奶粉品牌美赞臣、惠氏、雅培、多美滋、雀巢在中国年销售额合计已经超过了 120 亿元人民币，而中国的全年奶粉销售总额大约在 250 亿元，这就意味着前五大外资奶粉品牌占据了一半以上的市场份额，定价权在某方面说已经是不再由国内品牌奶粉决定了。同时，自 2008 年 9 月"三鹿奶粉事件"发生后，消费者对国内奶粉的信心仍然没有恢复。消费者倾向于选购进口品牌奶粉，造成国内奶粉市场对进口品牌奶粉有刚性需求，从某方面来说，这也使得进口品牌奶粉价格可以站稳。

四、政策因素

国家的政策对企业的价格决策也有重要影响。在市场经济体制下，企业已经获得了很大的定价自主权，但有时价格还受到国家政策因素的影响。如国家提高棉花收购价格，那些以棉花为主要原料的纺织企业的成本就会增加，企业就会考虑提高价格。同时，国家规定的定价原则，制定的价格基数和浮动幅度等，企业都必须严格遵守，为价格制定提供依据。

【案例 7-4】白酒消费税致酒价上涨

2009 年 8 月 1 日，国家税务总局制定的《白酒消费税最低计税价格核定管理办法（试行）》正式开始执行，白酒消费税调整保持税率不变，但是将税基提高至出厂价的 50%～70%，其中对规模较大和利润较高的大企业原则上提高至 60%～70%。这一调整使许多白酒企业纷纷以涨价来应对，西安市场上的茅台、五粮液、剑南春，每瓶涨价幅度都在 30～50 元。沱牌曲酒也在 8 月 1 日起对"陶醉""舍得"系列产品的售价在原价格基础上提高了 6.5%～10%左右。

五、其他因素

影响企业产品价格的其他因素包括宏观的经济因素、政治因素和一些不可控制的因素。如 2008 年的金融危机让房地产遭受重创，价格大幅度下降。

第二节 定价的方法

企业的定价方法很多，从产品营销的角度来说，企业定价的方法主要有成本导向定价法、需求导向定价法和竞争导向定价法。

一、成本导向定价法

成本导向定价法是指以产品的成本为主要依据的定价方法。

1. 成本加成定价法

成本加成定价法是指在单位产品成本的基础上，加上一定百分比的利润额作为产品的最终销售价格。成本加成法的计算公式为

$$单位产品售价＝单位产品成本×（1＋毛利率）$$

【案例 7-5】以成本加成定价法确定产品价格

某企业全年生产 A 产品 10 万件，总固定成本为 500 万元，产品的单位变动成本为 30 元，该企业确定的毛利率为 20%，则依据成本加成定价法，A 产品的价格计算过程如下：

第一步：计算 A 产品单位固定成本，单位产品固定成本＝5 000 000÷100 000＝50（元）；

第二步：确定 A 产品单位总成本，单位产品总成本＝50＋30＝80（元）；

第三步：根据单位产品价格计算方法计算最终价格，A 产品售价＝80×（1＋20%）＝96（元）。

2. 目标收益定价法

目标收益定价法是指企业根据预先确定的利润，加上总成本，再除以估计的总产量来确定的产品售价。目标收益定价法的计算公式为

$$单位产品售价＝（总成本＋预期利润）÷预期总产量$$

【案例 7-6】以目标收益定价法确定电冰箱价格

某电冰箱厂的总投资额为 1 000 万元，投资回收期为 8 年，预计每年的产量为 1 万台，单位变动成本为 800 元，公司每年的固定成本支出为 200 万

元，则依据目标收益定价法电冰箱的价格计算过程如下：

第一步：确定目标收益率

目标收益率＝1/投资回收期×100％＝1/8 ×100％＝12.5％

第二步：计算电冰箱的目标利润额

电冰箱目标利润额＝总投资额×目标收益率＝

10 000 000×12.5％＝1 250 000（元）

第三步：确定单位产品售价，其中：

总变动成本＝单位变动成本×产量＝800×10 000＝8 000 000（元）

总成本＝变动成本＋固定成本＝8 000 000＋2 000 000＝10 000 000（元）

电冰箱售价＝（总成本＋预期利润）÷预期总产量＝

（10 000 000＋1 250 000）÷10 000＝1125（元）

3. 盈亏平衡定价法

盈亏平衡定价法是保持企业总成本和总收入平衡来确定价格的方法。盈亏平衡定价法的计算公式为

盈亏平衡单位价格＝固定成本/总产量＋单位变动成本

【案例 7-7】以盈亏平衡定价法确定产品价格

某服装企业的固定成本为 100 000 元，单位产品变动成本为 30 元，若盈亏平衡时的产量为 5 000 件，则该企业盈亏平衡点的价格＝100 000÷5 000＋30＝50（元）。

二、需求导向定价法

1. 认知价值定价法

认知价值定价法又称理解价值定价法，是指企业根据消费者对某种商品价值的认知和感觉来制定价格的一种方法。它的定价依据是买者对产品的价值认知而不是产品的生产成本。因此，顾客对某一产品的认知价值越是高于产品的实际价值，则产品的价格需求弹性就越低。认知价值定价法的关键是要正确地估计消费者的认知价值。如果估计过高，定价过高，则影响产品的销售；如果估计过低，定价过低，则达不到预期的利润目标。

【案例 7-8】认知定价法

认知价值定价法是以消费者对商品价值的感受及理解程度作为定价的基本依据。当产品的售价比竞争对手高时，可以列出一个表让顾客作出选择。例如：与竞争者同一型号的某种机器的价格是 20 000 元，因产品更加耐用而必须多付的价格是 3 000，产品可靠性更好而多付的价格是 2 000，保修期

更长需多付的价格是 1 000，上面应付价格的总和是 26 000，折扣是 2 000，故最终价格是 24 000。通过上述的分析可以让顾客觉得物有所值，愿意承担较高的价格。

2. 逆向定价法

逆向定价法是指企业根据顾客所能接受的价格，逆向倒推出产品的中间商批发价和生产企业的出厂价。这种定价方法重点考虑产品的需求状况，价格能反映市场需求情况，有利于加强与中间商的良好关系，保证中间商的正常利润，使产品迅速向市场渗透，并可根据市场供求情况及时调整，定价比较灵活。此种定价方法的优点是能够制定出针对性强，既能为客户所接受又能与竞争对手抗衡的产品价格，缺点是容易造成产品的质量下降和客户的不满，并导致客源减少。

【案例 7-9】逆向定价法

消费者对某种型号电冰箱的可接受价格为 2 000 元，电冰箱零售商的经营毛利率为 15%，电冰箱批发商的毛利率为 5%，则电冰箱的出厂价格计算如下：

电冰箱零售商可接受价格 = 2 000 × （1−15%）= 1 700 （元）

电冰箱批发商可接受价格 = 1 700 × （1−5%）= 1 615 （元）

故电冰箱的出厂价格为 1 615 元。

【案例 7-10】福建"脆酥"

福建某食品公司于 2004 年推出"脆酥"系列，由于此类产品像饼干又不是饼干，市场上无同类可比产品，所以企业在制定市场零售价格和渠道经销商价格时，采取了召开消费者焦点会议和经销商座谈会。针对这个新产品，让顾客提出价格意见，然后市场部根据各类顾客的不同意见进行综合，制定出合理的价格策略，从而一炮打响，获得巨大成功。事实证明，逆向定价方法如果运用得当既可以让企业获得可观的产品利润，又可以解决渠道之间因为政策差异而带来的窜货问题，同时可以迅速得到消费者的认可，是个一举多得的好办法。

3. 差别定价法

差别定价法是根据市场需求和消费者特性，对同一商品制定不同的价格。差别定价有很多种形式，如对老客户和新客户制定不同的价格，给与老客户一定程度的价格优惠；在演唱会现场，坐在前排的观众收费会比较高；电影院对白天去看电影的观众票价打折；夜晚 11 点之后打长途可能比白天便宜很多等等。

【案例 7 - 11】蒙玛公司　多段定价

蒙玛公司以"无积压商品"闻名，对其销售的时装分多段定价。公司在新时装上市时，每3天一轮，每一轮服装价格按原价削减10％，依此类推，一个月（10轮）之后，蒙玛公司的时装价只有原价的35％左右。顾客蜂拥而至，服装销售一空。其实，蒙玛公司赚钱比其他公司还多，而且没有存货积压。在我国杭州，一家商店也打出"日价商场"的招牌，对店内出售的服装价格每日递减，直至销完。同样，也达到了意想不到的效果。

三、竞争导向定价法

竞争导向定价法是以市场上同类商品的价格为依据，根据竞争双方的关系，制定较竞争者价格更低、更高或相同的价格，以达到增加利润、扩大销售量或提高市场占有率等目标的定价方法。竞争导向定价法随竞争状况的变化调整价格水平，主要有通行价格定价法、密封投标定价法、竞争价格定价法等。

1. 通行价格定价法

通行价格定价法是竞争导向定价方法中广为流行的一种。定价是使零售店商品的价格与竞争者商品的平均价格保持一致。这种定价法的目的是：

（1）平均价格水平在人们观念中常被认为是"合理价格"，易被消费者接受。

（2）试图与竞争者和平相处，避免激烈竞争产生的风险。

（3）一般能为零售店带来合理、适度的盈利。

这种定价适用于竞争激烈的均质商品，如大米、面粉、食油以及某些日常用品的价格确定。这种定价在完全寡头垄断竞争条件下也很普遍。

2. 主动竞争定价法

与通行价格定价法相反，它不是追随竞争者的价格，而是根据零售店商品的实际情况及与竞争对手的商品差异状况来确定价格。一般为富于进取心的零售店所采用。定价时首先将市场上竞争商品价格与零售店估算价格进行比较，分为高、一致及低三个价格层次。其次，将零售店商品的性能、质量、成本、式样、产量等与竞争零售店进行比较，分析造成价格差异的原因。再次，根据以上综合指标确定零售店商品的特色、优势及市场定位，在此基础上，按定价所要达到的目标，确定商品价格。最后，跟踪竞争商品的价格变化，及时分析原因，相应调整零售店商品价格。

3. 密封投标定价法

密封投标定价法主要用于投标交易方式。投标价格是零售店根据对竞争者的报价估计确定的，而不是按零售店自己的成本费用或市场需求来制定的。零售店参加投标的目的是希望中标，所以它的报价应低于竞争对手的报价。一般说，报价高、利润大，但中标机会小，如果因价高而招致败标，则利润为零；反之，报价低，虽中标机会大，但利润低，其机会成本可能大于其他投资方向。因此，报价时，既要考虑实现零售店目标利润，也要结合竞争状况考虑中标概率。最佳报价应是使预期利润达到最高水平的价格。此处，预期利润是指零售店目标利润与中标概率的乘积，显然，最佳报价即为目标利润与中标概率两者之间的最佳组合。

运用这种方法，最大的困难在于估计中标概率。这涉及对竞争者投标情况的掌握。只能通过市场调查及对过去投标资料的分析大致估计。

第三节　定价策略

制定价格有一套策略和技巧，合适的定价策略有助于实现企业的营销目标。消费者接受某一种商品的价格并最终购买，不仅受到产品质量、设计、品牌因素的影响，还受到消费者心理、文化等因素的制约。因此，企业要按照不同的定价目标，采用不同的定价方法，制定出合理的价格。定价策略有很多，本节主要介绍几种在市场营销活动中常用的定价策略。

一、新产品价格策略

新产品的价格直接关系到产品在市场中的地位和未来发展前景，如何给新产品合理定价，让其在刚进入市场时就站住脚，并给企业带来效益，价格策略尤为重要。

(一) 撇脂价格策略

撇脂即从牛奶中撇取油脂，撇脂价格策略就是在新产品刚上市时，价格定得很高，以便在短时间内获取最大利润，这是一种高价策略。

撇脂价格策略的优点是能在短期内获取较大利润，但缺点是不利于打开市场，即使成功打开市场，也会引起很多竞争者的加入，导致价格下降。因此，撇脂价格策略只能作为一种短期价格策略使用，技术性很强。此种策略在手机企业中应用比较多，比如 TCL 推出的一款钻石手机，刚开始售价达

3 000 多元，但成本不到 1 000 元。

【案例 7 - 12】柯达富士之争

在 20 世纪 80 年代的中期，"富士"垄断了日本的胶片市场。对此，柯达公司进行了仔细的研究，发现日本人对商品普遍存在重质而不重价的心理，于是制定高价政策打响牌子，保护名誉，进而展开与"富士"的竞争。他们在日本发展了贸易合资企业，专门以高出"富士"一半的价格推销"柯达"胶片。经过 5 年的努力和竞争，"柯达"终于被日本人接受，走进了日本市场，并成为与"富士"平起平坐的企业，销售额也直线上升。

(二) 渗透价格策略

渗透价格策略是指在新产品刚投入市场时，以较低的价格吸引消费者，以便迅速打开市场，这是一种低价策略。

渗透价格策略的优点是价格低廉，有利于迅速打开市场，扩大销量，增加利润，同时阻止竞争对手进入，但缺点是投资回收期长，风险大。因此，渗透价格策略是一种长期价格策略，适合特点不突出，技术简单的新产品。

【案例 7 - 13】格兰仕掀起"降价风暴"

格兰仕进入微波炉行业之后，从 1996 年开始屡次掀起"降价风暴"，经过几年惊心动魄的价格大战，大量小规模的厂家被迫退出市场，一些外国品牌也不得不徘徊观望，能与格兰仕竞争的仅剩下韩国的 LG。格兰仕的降价策略是要么不降，要降就大幅度地降。格兰仕每次下调价格，幅度都在 20％以上，甚至达到 40％，并且格兰仕很少同时全线降价，更多的是大幅调低一个规格、有时是调低一个系列的价格。格兰仕的不断降价实际上就是拿自己相对高档产品不断打压其他品牌相对低档产品的过程。这给其他品牌进入微波炉市场制造了很大的进入壁垒，让竞争对手望而却步。目前中国只存有 30 多个微波炉厂家，其中不少厂家年产量不足 10 万台。年产量达到 1 200 万台的格兰仕在中国抢占了六到七成的市场份额，可以说是格兰仕已经垄断了国内市场。反复运用降价的价格策略，格兰仕在中国微波炉市场上掀起腥风血雨，令竞争对手叫苦不迭。而格兰仕自身却不断成长，名列榜首。

(三) 满意价格策略

满意价格策略是上述两种价格策略的折衷，采取介于两种价格策略中间的价格，既保证企业的初期利润，又能被消费者所接受。因此，制定的降价被称为满意价格，又称为"温和价格"或"君子价格"。

二、 折扣定价策略

折扣是指企业在产品基本价格的基础上，为了吸引顾客、扩大销售、刺激消费，而给予消费者一定数量的价格减让。折扣定价策略主要包括数量折扣、现金折扣、季节折扣和功能折扣 4 种形式。

(一) 数量折扣

数量折扣是指对于大批量购买的顾客给予一定数量的折扣，这种折扣有利于鼓励买方批量购买，减少卖方交易成本，扩大销售量。数量折扣有累计数量折扣和非累计数量折扣两种形式。

1. 累计数量折扣

累计数量折扣是指规定买方在一定时期内，购买总量累计达到一定数额时，给予的折扣。累计数量折扣有利于培养顾客的忠诚度，帮助企业掌握市场规律，辅助决策。

2. 非累计数量折扣

非累计数量折扣是指顾客单次购买达到一定数量时给予的价格折扣。

(二) 现金折扣

现金折扣是指对现金交易或提前付款的顾客给予的价格折扣。现金折扣的前提是商品的销售方式是赊销或分期付款，企业为了降低风险，及时收回资金而鼓励买方提前付款。

(三) 季节折扣

季节折扣是指对在淡季购买某种商品的顾客给予的价格折扣。有些产品的消费具有明显的季节性，而生产是连续的，季节折扣有利于调节供需矛盾，保证企业生产和销售的相对稳定。例如达芙妮的凉鞋在冬季卖得非常便宜。

(四) 功能折扣

功能折扣是指厂商根据各中间商所处的环节、承担的功能、担负的风险而给予的价格折扣。

三、心理定价策略

心理定价策略是指充分运用心理学原理，根据顾客购买产品的心理动机来制定价格，从而引导或刺激顾客的购买。

（一）尾数定价

尾数定价是指给商品制定一个以零头数结尾的非整数价格，如以 5、8、9 的数字结尾。尾数定价能给人价格便宜，定价精确的感觉。

心理学家的研究表明，价格尾数能影响消费者的购买行为。一般来说，5 元以下的商品，末位数是 9 时最受欢迎，如 0.99 元；5 元以上 100 元以下的商品，末位数是 95 最受欢迎，如 9.95 元；100 以上的商品，末位数是 98、99 最受欢迎，如 998 元，999 元。

【案例 7-14】　尾数定价

有一年夏天，一家日用杂品店进了一批货，以每件 1 元的价格销售，可购买者并不踊跃。无奈商店只好决定降价，但考虑到进货成本，只降了 2 分钱，价格变成 9 角 8 分。想不到就是这 2 分钱之差竟使局面陡变，买者络绎不绝，货物很快销售一空。售货员欣喜之余，慨叹一声"只差 2 分钱呀！"

（二）整数定价

整数定价是指给商品制定一个以整数结尾的价格，以偶数或零结尾。如把一套高档西装的价格定位 1 000 元，而不是 998 元。这样的定价能提高商品的身价，给人质量上乘，名牌高档的感觉。这种定价方式比较适合销售一些耐用消费品、贵重商品和消费者不太了解的商品。

（三）声望定价

声望定价是指对那些在消费者心目中有较高声望的商品制定较高的价格。消费者认为一份价钱一分货，高价必质优。特别是消费者在购买名牌产品时，这种心理作用更为强烈。名牌商品或在名店销售的商品也能满足消费者的炫耀心理，显示消费者的身份和地位。例如，LV 的包，劳斯莱斯的轿车都采用声望定价策略。

（四）招徕定价

招徕定价是指利用消费者的求廉心理，故意将某些商品的价格定得很低，以吸引消费者进店购买，进而扩大其他正常价格商品的销售量，增大企业利润。心理学认为，人们在逛商场时，会自然不自然地产生购买欲望，招徕定价主要是使人们在低价的诱惑下进入商场，吸引顾客上门。仅从几种特价商品来看，企业不赚钱，甚至亏本，但从总体来看，企业还是有利可图的。

【案例 7 - 15】淘宝一元拍

淘宝网的很多店铺推出了一元拍的活动，一元拍就是一种设置了价格很低的底价，吸引很多人来竞相出价购买的促销活动。正是因为一元拍在价格上面占有的绝对优势，吸引了广大顾客的眼球，从而会迅速地给卖家的店铺带来流量。一元拍作为一种促销手段，能够帮卖家在短时间内迅速的提高流量，提高店铺的人气。

（五）习惯定价

习惯定价是指对某些消费者经常重复购买的商品已形成了价格习惯，故对这类商品的价格，应依据习惯定价，不要轻易改变价格，以免引起顾客的疑虑和反感。如许多家庭日用品，肥皂、洗涤剂等，都有自己的习惯价格，这也是消费者愿意承受的价格，过高会认为是不合理涨价，过低则认为是假冒伪劣。

四、差别定价策略

差别定价是指企业以两种或两种以上不反映成本比例差异的价格来销售一种产品或提供一种服务。差别定价有以下几种常用的方法。

（一）顾客定价

顾客定价是对同样的商品或者服务，不同的顾客支付不同的价格。如在寒暑假，学生持学生证可购买半价火车票；在公交车上，老年人持寿星证可免费坐车；在有些商场或品牌专卖店，会员持会员卡可享受相应的折扣；银行根据信用程度的不同给大客户提供一些优惠和便利等。

（二）产品定价

产品定价又称产品式样定价，根据产品的不同式样，商家制定不同的价格，这个价格对于它们各自的成本也是不成比例的。如同一成本和质量的服装因款式不同而使销售价格不同。

（三）位置定价

位置定价是根据不同的位置或地点制定不同的价格，而在不同地点提供产品的成本是完全相同的。如演唱会按照不同的座位收取不同的价格。

（四）时间定价

时间定价是不同日期，甚至不同钟点或时段，同一产品的销售价格不同。如 KTV 周末价格比工作日价格贵，晚上黄金时段比白天贵；玫瑰在情人节的销售价格比平时贵；生日当天吃自助餐可能比其他时候便宜等。但实行差别定价必须具备一定的条件：一是市场必须能够细分，而且细分市场要显示不同的需求程度；二是商品不能由低价市场向高价市场流动；三是在高价的细分市场，竞争者无法以低于本企业的产品价格出售；四是不能引起顾客的反感和抵触；五是不能违反有关规定，差别定价的特定形式应是合法的。

（五）渠道定价

渠道定价是指相同的产品在不同的渠道销售价格不一样。如饮料和酒水在高级餐厅、快餐店或零售商店的销售价格不一样。

五、组合定价策略

当某种产品成为产品组合的一部分时，企业为了追求利润的最大化，必须寻找整个产品组合的共同价格。产品组合定价策略主要有以下几种情况。

（一）产品线定价法

产品线定价是指企业根据产品线内各项目在质量、性能、档次、款式、成本、顾客认知等方面的差异，为同一产品线中不同的产品确立不同的角色，制定不同的价格。如某服装店对某型号女装制定三种价格：200 元、350 元、500 元，在消费者心目中便会形成低、中、高三个档次，人们在购买时就会根据自己的消费水平选择不同档次的服装。企业以低价产品留住顾客，遏制竞争，以高价产品树立企业的品牌形象，增强企业的发展后劲，而中价产品可为企业带来合理的利润，维持企业的正常运行。

（二）两段定价法

两段定价法是指企业先收取一定固定费用，在此基础上再加收一定的可变使用费用。企业运用两段定价法时一般应对固定费用制定较低价位，以便吸引顾客使用该项目，而对可变使用费用制定较高价位，以保证企业的利润。例如，游乐园的门票是固定费用，但一些游乐项目则需要另外收费；家庭安装的座机有每个月的固定使用费，如使用次数超过规定还要增收市话费和长话费。

（三）副产品定价法

在生产加工食用肉类、石油产品和其他化学产品时，常常伴随有副产品。有些副产品对某些顾客具有价值，可以根据其价值定价。如果副产品的收入多，则公司的主要产品可以制定较低的价格，在市场上会更有竞争力。

（四）成组产品定价法

销售商经常将一些产品组合在一起，定价销售。如充电电池和充电器，剃须刀架和刀片，照相机和胶卷等。

【案例 7-16】"柯达"行动计划

2000 年，柯达公司推出"9.9 万当老板"建店行动计划，欲建柯达快速冲印店的投资者趋之若鹜。目前在中国市场上已开设了 7 000 家彩扩店。其实，柯达冲印设备的利润微薄，而柯达主要靠后续的巨量相纸消费带来丰厚的利润。当时，中国照相机普及率只有 15%，相当于美国的 1/5，广大农村人口更甚，这给柯达胶卷销售再创佳绩带来了困难。2001 年，柯达实施以让更多人拥有相机为主旨的"相机播种计划"，在中国西部地区二级城市为主的市场上，每年投放 30 万套 KB10 相机胶卷套装。该套装由 4 个柯达MAX400 胶卷和一台可重复使用相机组成，售价仅 99 元。而单个 MAX400胶卷的零售价就得 26 元。套装本身几乎没有利润可言，同时，柯达还向成都、西安、重庆三地的中小学分别赠送了 3 000 套，但套装的购买者必将成为未来柯达胶卷的消费者，这将让柯达受益无穷。

本章小结

1. 价格策略是企业营销策略中最灵活的策略，企业在制定合理的价格时必须考虑很多因素，包括产品的成本、市场供需情况、市场竞争状况、国家的政策等。

2.企业的定价方法主要有成本导向定价法、需求导向定价法和竞争导向定价法 3 种。

3.企业的定价策略包括新产品价格策略、折扣定价策略、心理定价策略、差别定价策略和组合定价策略，研究和合理运用定价策略，有助于企业的市场营销。

习 题 七

1.联系实际说明企业在给产品定价时需要考虑的因素。

2.比较"9.9 元"与"10.2 元"这两种非整数定价对消费者的心理冲击。

3.企业的基本定价方法有哪些？

4.什么是成本导向定价法，并举例说明哪些产品适合采用成本导向定价法？

5.企业的定价策略有哪些？

案例分析

高端酒涨价 谁是幕后推手

2009 年，我国从中央到地方，从理财投资到大众消费，从专家学者到大众百姓，全都笼罩在"涨"的背景下，在哪里都是"涨"声一片，酒行业也不例外。

连续 6 年来，白酒涨价就没有停止过，特别是那些高端领袖品牌。就是在这个行业普遍不看好的冬天，白酒涨价的脚步也无法停止，它已经成为中国白酒业发展大环境下的一个必然趋势。从最近两年的情况来看，"茅五水"等巨头始终把价格这个"杀手锏"握在手中，一直不断提价，高端酒玩的是"争上游"的游戏。

事实上，很多消费者判断白酒品质的标准并不是产品的口感、纯度等客观指标，而是用价格或者品牌的吸引力来作为选购的依据。当制造商在他们的品牌形象上花下巨资的时候，他们也从市场上赚取了额外的利润。这些额外利润一方面来自产品消费体验中的可感知价值，另一方面也来自消费者通过这样的购买行为在他们的朋友、同事中留下的印象所带来的价值。因此，当奢侈品制造商认识到这些因素时，他们通常不会打价格战。相反地，在这种品牌形象、品牌质量驱动的市场竞争态势中，他们会在广告投放中一掷千金，而不是在价格上相互厮杀。

为什么高端酒价格的提升并没有导致总体销量的下降？研究表明：提高商品价格却不会引起销售下降，原因是多方面的。白酒在许多国家，经常被作为礼品馈赠他人。礼品的价格非常重要，因为它代表了某些场合的价值：朋友有多重要？馈赠的场合有多重要……对于这些问题的回答，往往构成了购买昂贵白酒的驱动力。

现代西方微观经济学认为，价格是反映资源稀缺性与供求关系的显示器，也是企业生产经营的晴雨表。企业根据产品价格这一市场参数，及时调整自身的经营目标、方向和策略，实现资源的优化配置。商品价格的高低直接关系到企业自身的物质利益。企业要想在激烈的市场竞争中生存和发展，也必须具有价格决策权，由经营者自主定价。特别是在竞争中采取灵活的价格策略，更是企业在竞争中出奇制胜的法宝。

但任何价格的变动必然影响到顾客的利益，顾客对降价的可能看法是：产品样式老了，将被新产品代替；产品有缺点，销售不畅；企业财务困难，难以继续经营；价格还要进一步下跌；产品质量下降了等。顾客对提价的可能反应是：产品很畅销，不赶快买就买不到了；产品很有价值；卖主想赚取更多利润。购买者对价值不同的产品价格的反应也有所不同，对于价值高，经常购买的产品的价格变动较为敏感；而对于价值低，不经常购买的产品，即使单位价格高，购买者也不大在意。此外，购买者通常更关心取得、使用和维修产品的总费用，因此卖方可以把产品的价格定得比竞争者高，取得较多利润。顾客对调价的反应固然重要，但竞争者对调价的反应，也是企业改变价格时要考虑的重要因素。企业应高度重视每一次调价活动，必须弄清当时竞争者的利益，研究竞争者当前财务状况、销售量和生产能力、顾客的忠诚程度等。在此基础上，制定价格变动的预期目标，积极稳妥地采取行动。其实，企业无论是提价还是降价，都会影响顾客、竞争者、经销商和供应商的态度。

告别 2009 年，迈向 2010 年。从世界各国经济运行的经验和教训来看，增长的机遇总是和危机的潜在威胁相伴而生。同时，基本国情决定我国目前市场运行的机制、制度、诚信文化和参与主体，包括监管体系，与成熟市场相比还存在着很大的差距，需要一个逐步培育和逐步完善的过程。正因为如此，我们每一位普通人，更应充分发挥生存智慧，找准那真正属于自己"涨"的正确位置。

思考题

1. 在激烈的白酒市场竞争中，企业究竟采取怎样的价格手段才能取得较好的效果？

2. 哪些企业或者品牌有提价的资本？提价应该怎样平稳过度？

第八章 分销渠道

学习目标

通过本章的学习，掌握分销渠道的概念与功能，理解分销渠道设计与选择要点，了解分销渠道管理的基本内容，掌握中间商的分类和特点。

知识要点

分销渠道，长渠道，短渠道，宽渠道，窄渠道，多渠道，中间商，批发商，零售商，代理商，经销商。

案例导入

平常渠道　非常控制

20 世纪 80 年代，美国可口可乐、百事可乐以雷霆之势杀入中国，导致中国饮料市场上演"水淹七军"事件。仅一年之间，中国八大饮料厂就有七家落水，几乎全军覆没。如今，境外资本在中国饮料市场的竞争更趋白热化，可口可乐、百事可乐、达能等几大系列产品已成相互角逐之势。然而尽管外资攻势凌厉，却不能回避一个产自中国本土的品牌——娃哈哈。2002年，娃哈哈集团以销售收入 88 亿元，净利润 12 亿元的业绩稳坐中国饮料界头把交椅。取得如此辉煌的成绩，娃哈哈独特的渠道策略是其驰骋市场成功的关键之一。

与其他同时期跨国饮料巨头不同，娃哈哈的促销重点是经销商，公司会根据一定阶段内的市场变动、竞争对手的异动以及自身产品的配备而推出各种各样的促销政策。针对经销商的促销政策，既可以激发其积极性，又保证了各层销售商的利润，因而可以做到促进销售而不扰乱整个市场的价格体系。

娃哈哈的营销组织结构是这样的：总部→各省区分公司→特约一级批发

商→特约二级批发商→二级批发商→三级批发商→零售终端。

其运作模式是：每年年初特约一级批发商根据各自经销额的大小打一笔预付款给娃哈哈，娃哈哈支付与银行相当的利息，然后，每次提货前结清上一次的货款。一批商在自己的势力区域内发展特约二批商与二批商，两者的差别是，前者将打一笔预付款给一批商以争取到更优惠的政策。

娃哈哈保证在一定区域内只发展一家一级批发商。同时，公司还常年派出一到若干位销售经理和理货员帮助经销商开展各种铺货、理货和促销工作。在某些县区，甚至出现这样的情况：当地的一批商仅仅提供了资金、仓库和一些搬运工，其余的所有营销工作都由娃哈哈派出的人员具体完成。

这是一种十分独特的协作框架。从表面上看，批发商帮娃哈哈卖产品却还要先付一笔不菲的预付款给娃哈哈——对某些大户来说，这笔资金达数百万元。而在娃哈哈方面，则"无偿"地出人、出力、出广告费，帮助批发商赚钱。

对经销商而言，他们十分喜欢娃哈哈这样的厂家的：一则，企业大，品牌响，有强有力的广告造势配合；二则，系列产品多，综合经营的空间大，可以把经营成本摊薄；三则，有销售公司委派理货人员"无偿"地全力配合，总部的各项优惠政策可以不打折扣地到位。当然他们也有压力：首先要有一定的资本金垫底，其次必须全力投入，把本区域市场做大，否则第二年联销权就可能旁落他家。

相对于生产商自己招聘人马、全资编织市场网络，娃哈哈的联销体模式似乎更为经济和高效。各级大大小小的经销商一方面可以使娃哈哈迅速地进入一个陌生的市场，大大降低市场的导入成本，更重要的似乎还在于，这些与娃哈哈既为一体又非同根的经销商团队，是保证市场创新、增长和降低风险的重要力量。娃哈哈还是通过这种"制度建设"，实现了市场的制衡，而尤为重要的是，它避免了娃哈哈营销队伍的恐龙化，保证了企业利润的实现。

第一节　分销渠道的结构

一、分销渠道的概念

分销渠道也称为分销通路或销售渠道。目前对分销渠道的定义还没有一个统一的说法。美国营销专家菲利普·科特勒认为"一条分销渠道是指某种货物或劳务从生产者向消费者移动时取得这种货物或劳务的所有权或帮助其取得所有权的所有企业和个人"。美国市场营销协会（AMA）定义委员会对分销渠道下的定义是"企业内部和外部代理商和经销商（批发和零售）的组织机构，通过这些组织，商品（产品和劳务）才得以上市行销"。路易斯·斯特恩在《分销渠道》著作中，对分销渠道下的定义为"它是产品或者服务在投入使用或者消费的过程中涉及的一系列相互联系的组织，是产品或服务生产出来后，被最终用户购买和使用过程中的一整套途径"。国内学者李先国认为"分销渠道是指产品或服务从生产者向消费者转移过程中所经过的、由各中间环节联结而成的路径"。很显然，这些定义各有侧重，但在本质上是一致的。在市场上，大多数产品都不是由生产者直接供应给最终顾客或用户的，在生产者和最终用户之间有大量执行不同功能和具有不同名称的销售中介机构存在，因而，分销渠道是介于生产者和消费者之间的桥梁。分销渠道的起点是生产者，终点是消费者。

　　综合以上概念，我们可以这样理解其含义：所谓分销渠道，是指产品或服务在其所有权转移的过程中，从生产者手中转移到消费者手中的途径，它包括生产者、中间商和最终消费者或用户。企业生产出来的产品只有通过一定的分销渠道才能在适当的时间、地点，以适当的价格供应给用户，从而克服生产者和消费者之间的差异和矛盾，满足市场需要，实现企业的营销目标。因此，分销渠道决策是企业营销工作中最重要的决策之一，恰当的渠道选择，必将增强企业的竞争能力。

二、分销渠道的功能与流程

　　现实经济活动中，生产商为什么愿意把企业全部或部分的销售工作委托给中间商呢？这种委托意味着放弃对产品销售方式和时间的部分控制权，这样做也是有其积极意义的，因为生产商通过中间商可以获得很多优势。分销渠道的功能体现在：

（一）参与分工，促进企业分销效率的提高

　　分销渠道是生产商实行专业化生产、利用规模经济效益来达到企业经济目标的前提条件。图8.1是中间商介入的经济效果图，从图中我们可以直观地看到，3家生产商与3位消费者要交易9次，通过中间商分销渠道由9次

降为 3 次，企业的分销效率大大提高。

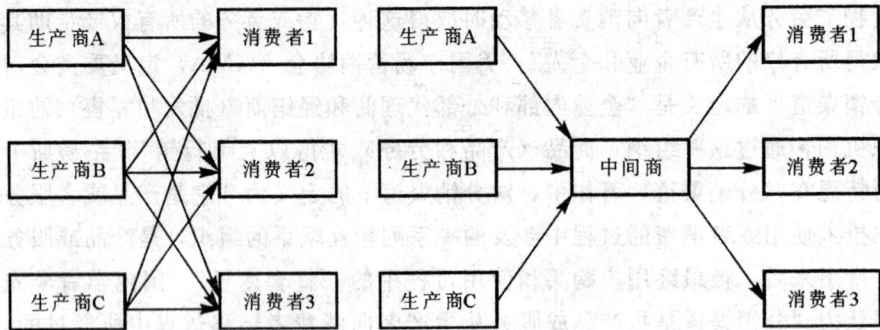

图 8.1　中间商机构经济效果

（二）便利生产者与消费者，解决生产者与消费者在商品供求方面的矛盾

对生产者来说，它可使企业的产品打入广阔的市场，节省资金的占用，提高营销效率和投资收益率；对消费者来说，它是沟通生产和消费的媒介，通过分销机构，消费者可以了解和认识更多的商业信息，也便于购买。此外，生产的均衡性与消费的季节性，供给与需求在品种上、数量上的矛盾可以通过分销商来解决。为了提高生产率，企业生产出大量的品种单一的产品，但消费者的需求数量有限而且品种多样，通过分销商的工作能够把产品汇集起来，适时地供消费者选择，方便购买。

（三）使得企业集中于主业经营，提升企业的核心竞争力

现代市场竞争中，多数企业为了谋求自己的竞争优势，更加注重做强企业，但是企业并不一定对研发、生产、销售等环节都擅长。因而中间商的进入，可以使得企业更加集中有限的资源投入到自己的强势领域，确保企业的市场地位，增强自身核心竞争力。

（四）渠道成员执行的重要功能

分销渠道具有可以帮助收集和传播营销环境中有关潜在顾客与现行顾客、竞争对手和其他参与者的调研信息；可以发展和传播有关供应物的富有说服力的信息；可以帮助企业达成有关产品加工和其他条件的最终协议，以实现所有权的转移；还具有收集和分散资金，负担渠道工作所需费用，并在执行渠道任务中承担有关风险。

从上述分析可以看出，分销渠道的功能是弥合商品或服务的供求双方在时间、空间和所有权方面的缺口。分销渠道中，与商品所有权转移直接或间接相关的，还有一系列流通辅助形式，如实体流（物流）、付款流（货币流）、信息流、促销流等，如图 8.2 所示。它们围绕商流即所有权流相继发生，在时间、空间上并不一定与商流一致，其功能发挥与协调效果也不尽相同。

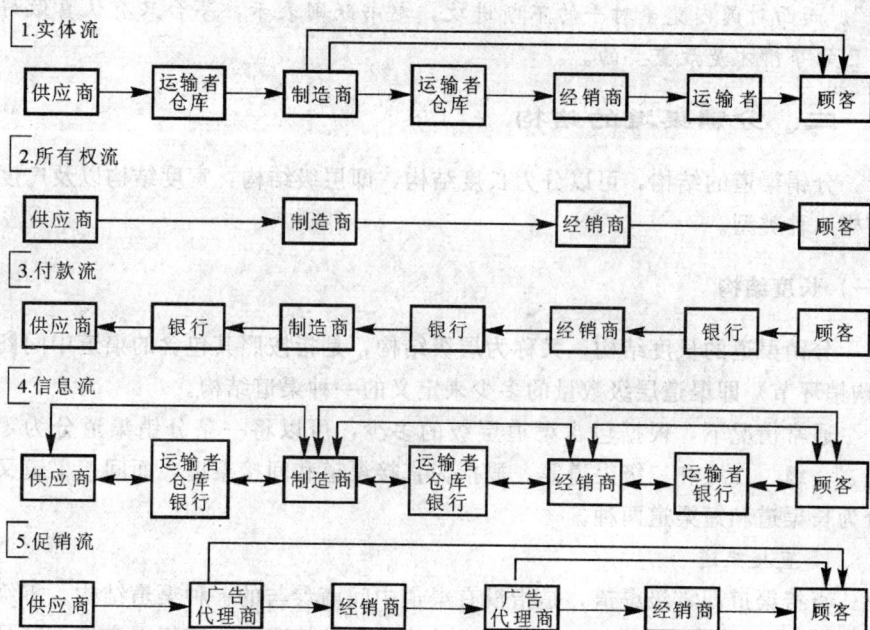

图 8.2　分销渠道中 5 种不同的流

实体流程是指实体原料及成品从制造商转移到最终顾客的过程。所有权流程是指货物所有权从一个市场营销机构到另一个市场营销机构的转移过程。付款流程是指货款在各市场营销中间机构之间的流动过程。信息流程是指在市场营销渠道中，各市场营销中间机构相互传递信息的过程。促销流程是指由一个单位运用广告、人员推销、公共关系、促销等活动对另一个单位施加影响的过程。

【案例 8-1】茅台酒布局全球销售渠道

据《北京商报》2009 年 6 月 4 日讯，目前免税店系统已成为各国外贸产品销售的重要渠道之一，而茅台正是瞄准了这一市场的广阔潜力，欲以此作为茅台酒海外销售布局的起点。前日，贵州茅台酒厂有限责任公司宣布将与全球最大的干邑世家——法国卡慕酒业集团——达成战略合作协议。双方承诺在未来 5 年的时间内，借助卡慕在全球免税店的网络优势，将国酒茅台分销到全球 25 家销量最高的免税店一半以上数量的店面内。

茅台集团党委副书记赵书跃表示："由于工艺的特殊性，现阶段茅台的产量要想快速提升并不太可能，在拓展国际市场的同时，国内市场的销量势必会受到相应减少的影响，但国际化的全球市场，却是企业发展必须的方向"。而面对国内竞争对手的不断进攻，赵书跃则表示，茅台只有认真做好自己的事情才是最重要的。

三、分销渠道的结构

分销渠道的结构，可以分为长度结构，即层级结构，宽度结构以及广度结构 3 种类型。

(一) 长度结构

分销渠道的长度结构，又称为层级结构，是指按照其包含的渠道中间商（购销环节）即渠道层级数量的多少来定义的一种渠道结构。

通常情况下，根据包含渠道层级的多少，可以将一条分销渠道分为零级、一级、二级和三级渠道等。概括为直接渠道和间接渠道，而间接渠道又分为长渠道和短渠道两种。

1. 直接渠道

直接渠道即零级渠道，是指没有渠道中间商参与的一种渠道结构。零级渠道，也可以理解为是一种分销渠道结构的特殊情况。在零级渠道中，产品或服务直接由生产者销售给消费者。零级渠道是大型或贵重产品以及技术复杂、需要提供专门服务的产品销售采取的主要渠道。在 IT 产业链中，一些国内外知名 IT 企业，比如联想、IBM、惠普等公司设立的大客户部或行业客户部等就属于零级渠道。另外，Dell 的直销模式，更是一种典型的零级渠道。

2. 间接渠道

间接渠道指有一级或多级中间商参与，产品经由一个或多个商业环节销售给消费者的渠道类型。有一级、二级、三级渠道等，更高层级的分销渠道在现实中很少见。

一级渠道包括一个渠道中间商。在工业品市场上，这个渠道中间商通常是一个代理商、佣金商或经销商；而在消费品市场上，这个渠道中间商则通常是零售商。

二级渠道包括两个渠道中间商。在工业品市场上，这两个渠道中间商通常是代理商及批发商；而在消费品市场上，这两个渠道中间商则通常是批发商和零售商。

三级渠道包括三个渠道中间商。这类渠道主要出现在消费面较宽的日用品中，比如肉食品及方便面等。在 IT 产业链中，一些小型的零售商通常不是大型代理商的服务对象，因此，在大型代理商和小型零售商之间衍生出了一级专业性经销商，从而出现了三级渠道结构。

直接渠道是工业品销售的主要方式，而间接渠道是较长的销售渠道，是消费品销售的主要方式，但许多工业品也采取间接渠道。图 8.3 分别按照消费品和工业品列出了分销渠道的基本类型，（a）（b）中的零阶渠道均为直接渠道类型。

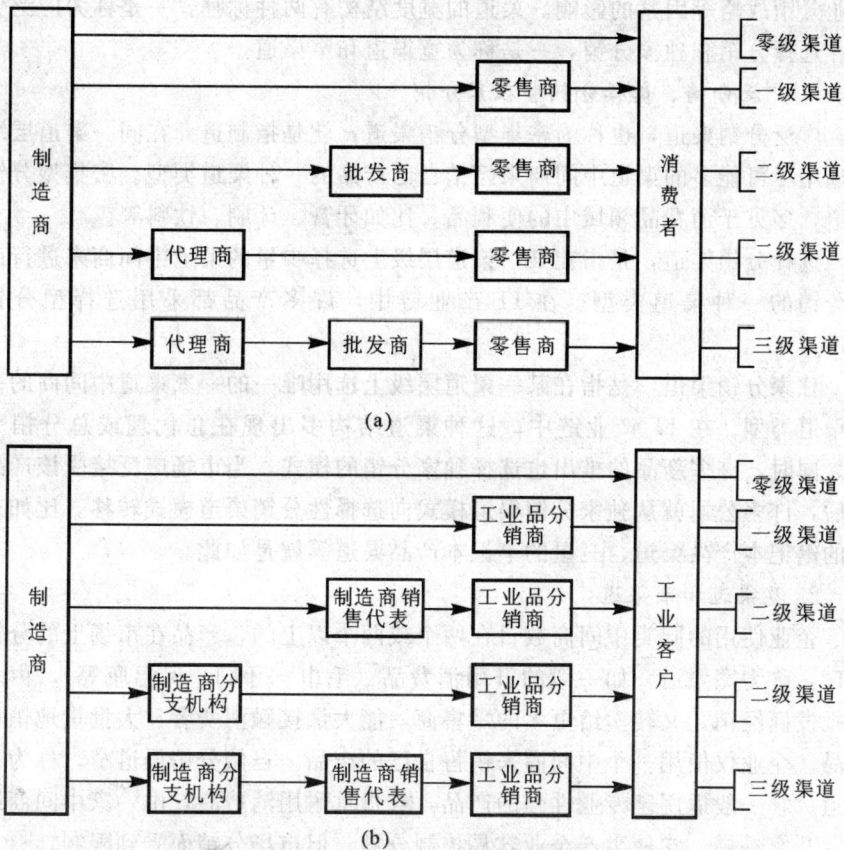

(a)

(b)

图 8.3　消费品和工业品的分销渠道

　　在间接渠道中又分为长渠道和短渠道两种。分销渠道的长短一般是按产品在从生产者到最终消费者的转移过程中，所经历流通环节的多少来划分。即，经过的环节、层次越多，销售渠道就越长；反之，则销售渠道越短。

　　长渠道是指经过两个或两个以上的中间环节把产品销售给消费者的分销渠道，即二级以上的销售渠道均属于长渠道。它适合销售量大、销售范围广的产品。而短渠道则是指没有或只经过一个中间环节的销售渠道。零级渠道最短，三级渠道最长。从生产者观点来看，随着渠道层次的增多，控制渠道所需解决的问题也就越多，因此三级以上的渠道很少见。

（二）宽度结构

　　分销渠道的宽度结构，是根据每一层级渠道中间商的数量的多少来定义的一种渠道结构。渠道的宽度结构受产品的性质、市场特征、用户分布以及企业分销战略等因素的影响。渠道的宽度结构有两种称呼：一是称为广泛分销、选择分销和独家分销，一是称为宽渠道和窄渠道。

　　1. 广泛分销、选择分销和独家分销

　　广泛分销渠道，也称为密集型分销渠道，就是指制造商在同一渠道层级上选用尽可能多的渠道中间商来经销自己产品的一种渠道类型。密集型分销渠道，多见于消费品领域中的便利品，比如牙膏、牙刷、饮料等。

　　选择分销渠道，是指在某一渠道层级上选择少量的渠道中间商来进行商品分销的一种渠道类型。在 IT 产业链中，许多产品都采用选择型分销渠道。

　　独家分销渠道，是指在某一渠道层级上选用唯一的一家渠道中间商的一种渠道类型。在 IT 产业链中，这种渠道结构多出现在总代理或总分销一级。同时，许多新品的推出也选择独家分销的模式，当市场广泛接受该产品之后，许多公司就从独家分销渠道模式向选择性分销渠道模式转移。比如东芝的笔记本产品渠道、三星的笔记本产品渠道等就是如此。

　　2. 宽渠道和窄渠道

　　企业使用的同类中间商数目在两个或两个以上的，产品在市场上的分销面广，称为宽渠道。如一般的日用消费品（毛巾、牙刷、保温瓶等），由多家批发商经销，又转卖给更多的零售商，能大量接触消费者，大批量地销售产品。企业仅使用一个中间商来销售自己的产品，自然分销渠道窄，称为窄渠道。它一般适用于专业性强的产品，或贵重耐用消费品，由一家中间商统包，几家经销。它使生产企业容易控制分销，但市场分销面受到限制。

（三）广度结构

分销渠道的广度结构，实际上是渠道的一种多元化选择。按照渠道多少来划分，分为单渠道和多渠道。当企业全部产品都由自己直接所设门市部销售，或全部交给批发商经销，称之为单渠道。多渠道则可能是在本地区采用直接渠道，在外地则采用间接渠道；在有些地区独家经销，在另一些地区多家分销；对消费品市场用长渠道，对生产资料市场则采用短渠道。

在日常经济活动中，许多公司实际上使用了多种渠道的组合，即采用了混合渠道模式即多渠道模式来进行销售。比如，有的公司针对大的行业客户，公司内部成立大客户部直接销售；针对数量众多的中小企业用户，采用广泛的分销渠道；针对一些偏远地区的消费者，则可能采用邮购等方式来覆盖。

概括地说，分销渠道结构可以笼统地分为直销和分销两个大类。企业可根据自身相关情况来选择合适的分销渠道，企业要将其产品以最快速度送到消费者的手中，以实现扩大再生产的目的。

四、分销渠道系统的发展

20 世纪 80 年代以来，分销渠道系统突破了由生产者、批发商、零售商和消费者组成的传统模式和类型，有了新的发展，如垂直渠道系统、水平渠道系统、多渠道系统和网络渠道系统等。

（一）垂直渠道系统的发展

垂直渠道系统是由制造商、批发商和零售商联合组成的统一体，是一个实行专业化管理和集中计划的组织网络，在此网络系统中，各个成员为了提高经济效益，都采取不同程度的一体化经营或联合经营。这种系统有可能实现规模经济，并与传统渠道系统展开有效的竞争。垂直渠道系统有以下3 种：

1. 公司式系统

所谓公司式系统，是指一家公司拥有和统一管理若干工厂、批发机构、零售机构等，控制市场营销渠道的若干层次，甚至控制整个市场分销渠道，综合经营生产、批发、零售业务。这种渠道系统又分为两种：一种是大工业公司拥有和统一管理若干生产单位和商业机构，采取工商一体化经营方式；另一种公司系统是大零售公司拥有和统一管理若干批发机构、工厂等，采取工商一体化经营方式，综合经营零售、批发、加工生产等业务。

2. 管理式系统

在发达国家，许多制造商即使是某些大制造商都不能建立推销其产品所需要的全部商业机构。因此，有些素有盛誉的大制造商，为了实现其战略计划，往往在销售促进、库存管理、定价、商品陈列、购销业务等问题上与零售商协调一致。如宝洁公司与其零售商共同确定商品陈列、货架位置、促销、定价等协作事宜。

3. 合约式系统

合约式系统是指不同层次独立的制造商和经销商为了实现其单独经营所无法享有的规模经济，从而相互之间签订合约达成联合体。这种渠道系统一般又可分为 3 种：

（1）特许经营组织。指由生产与市场营销系统中的各个机构与其中某一机构组成的联合体。这种渠道系统又可分为 3 种类型：①制造商倡办的零售商特许经营系统；②制造商倡办的批发商特许经营系统；③服务企业倡办的零售商特许经营系统。

（2）批发商倡办的自愿连锁。这种自愿连锁是若干独立的中小零售商为了和大零售商竞争而自愿组成的联营组织，参加联营的各个中小零售商仍然保持自己的独立性和经营特点。各个独立中小零售商的进货在采购中心统一管理下进行，但分别销售，实行联购分销。此外，联营组织还为各个成员提供各种服务。通常是由一个或一个以上独立批发商创办。这些独立批发商为了和大制造商、大零售商竞争，维护自己的利益，帮助与其有业务往来的一群独立中小零售商组成自愿连锁，统一进货推销其经营的商品。

（3）零售商合作社。这是一群独立的中小零售商为了和大零售商竞争而联合经营的批发机构，各个参加联营的独立中小零售商要缴纳一定的股金，各个成员通过这种联营组织，以共同名义统一采购一部分货物，统一进行广告宣传活动以及共同培训职工等，有时还要进行某些生产活动。

（二）水平渠道系统的发展

在发达国家，工商企业为了扩大销售，获得更多利润，在激烈的竞争中求得生存和发展，不仅在渠道系统内采取垂直一体化经营或联合经营的方式，而且在同一层次的若干制造商之间、若干批发商之间、若干零售商之间采取横向联合经营的方式，即水平市场分销系统。所谓水平市场分销系统，是指两个或两个以上企业自愿组成短期或长期联合关系，共同拓展出新的市场营销机会。这种联营主要是由于单个企业无力单独积聚进行经营所必须具备的巨额资金、先进技术、生产设备及市场营销设施，或是由于风险太大不愿单独冒险，或是由于期望能带来更大的协同效应等。

(三) 多渠道系统的发展

在发达国家，由于市场商品供过于求，卖主之间竞争激烈，制造商往往通过多条渠道将相同的产品送到不同的市场和相同的市场。这就是说，同一种产品由于既卖给消费者，又卖给产业用户用于生产消费，制造商通常通过若干不同的渠道将同一种产品送到不同的市场（消费者市场和生产者市场）；有些制造商还要通过多条渠道将产品送到同一种顾客手中。这种多渠道结构也叫做双重分销。通过增加更多的渠道，公司可以获得以下好处：增加市场覆盖面，降低渠道成本和更趋向顾客化销售。

(四) 网络渠道系统的发展

网络分销渠道是指借助互联网技术提供产品或服务信息以供消费者信息沟通、资金转移和产品转移的一整套相互依存的中间环节。它的主要任务是为产品从生产者向消费者转移提供方便。网络分销渠道使信息沟通由单向变为双向，从而增强了生产者与消费者的直接联系。一方面，企业可以在互联网上发布有关产品的价格、性能、使用方法等信息；另一方面，消费者也可以通过互联网直接了解产品信息，做出合理的购买决策。同时，生产者还可以迅速获得消费者的反馈信息。

目前，网络分销渠道具有 3 种类型：①直接分销渠道，即网络直销，通过互联网实现的从生产者直接到达消费者的网络渠道；②间接分销渠道，通过信息中介商或者商务中心来沟通买卖双方的信息；③双渠道，企业同时使用网络直接销售渠道和网络间接销售渠道。

第二节　分销渠道的设计与选择

渠道设计是指建立以前从未存在过的分销渠道或对已经存在的渠道进行变更的策略活动。有效的渠道设计，应以确定企业所要达到的市场为起点。设计一个渠道系统首先要分析顾客需要的服务水平，确定渠道目标和限制因素，识别主要渠道选择方案并作出合理评价，从而进行选择。

一、分析顾客需要的服务水平

分销渠道本质上就是将产品提供给消费者，作为营销人员必须明确目标顾客实际需要的服务水平。一般而言，分销渠道涉及以下 5 种服务：①购买数量，指的是分销渠道允许顾客一次购买的产品的数量，也称为批量。比如汽车销售商偏好给出租车公司一次能购买大量汽车的销售渠道，而对家庭用户则以一次购买一辆的渠道为宜；②等待时间，指渠道用户收到商品之前需要等待的平均时间。顾客一般更喜欢能够快速送货的渠道；③空间方便性，即购买产品的便利程度；④产品多样性，通常顾客喜欢品种多样的分销渠道，这能增加其找到拟购买产品的概率；⑤附加服务，即增值性服务。渠道提供的附加服务越多，渠道要完成的工作也越多。提供的服务项目越多，渠道成本和顾客要面临的价格也就越高，服务项目越少，成本和价格相应就越低。做为渠道设计者，必须首先对此情况进行认真分析。

二、确定渠道目标与限制因素

有效的渠道设计，应以确定企业所要达到的市场为起点。从原则上讲，目标市场的选择并不是渠道设计的问题。然而，事实上，市场选择与渠道选择是相互依存的。有利的市场加上有利的渠道，才可能使企业获得利润。渠道设计问题的中心环节，是确定到达目标市场的最佳途径。而渠道目标的确定要受顾客、产品、中间商、竞争者、企业政策和环境等因素的限制。

(一) 顾客特性

渠道设计受顾客人数、地理分布、购买频率、平均购买数量以及不同市场营销方式的敏感性等因素的影响。当顾客人数多时，生产者倾向于利用每一层次都有许多中间商的长渠道。但购买者人数的重要性又受到地理分布程度的修正。例如，生产者直接销售给集中于同一地区的 500 个顾客所花的费用，远比销售给分散在 500 个地区的顾客少。而购买者的购买方式又修正购买者人数及其地理分布的因素。如果顾客经常小批量的购买，则须采用较长的市场分销渠道为其供货。因此，少量而频繁的订货，常使得五金器具、烟草、药品等产品的制造商依赖批发商为其销货。同时，这些相同的制造商也可能越过批发商而直接向那些订货量大且订货次数少的大顾客供货。此外，购买者对不同市场营销方式的敏感性也会影响渠道的选择。例如，越来越多的家具零售商倾向在商品展销会上选购，从而使这种渠道得以迅速发展。

（二）产品特性

产品特性也影响渠道选择。易腐坏的产品为了避免拖延及重复处理，通常需要直接市场分销。那些与其价值相比体积较大的产品（如建筑材料、软件材料等），需要通过生产者到最终用户搬运距离最短、次数最少的渠道来销售。非标准化产品（如顾客订制的机器和专业化商业表格），通常由企业推销员直接销售，这主要是由于不易找到具有该类知识的中间商。需要安装、维修的产品经常由企业自己或授权独家专售特许商来负责销售和保养。单位价值高的商品则应由企业推销人员销售而不通过中间商。

（三）中间商特性

设计渠道时，还必须考虑执行不同任务的市场分销中间机构的优缺点。例如，由制造商代表与顾客接触，花在每一顾客身上的成本比较低，因为总成本由若干个顾客共同分摊，但制造商代表对顾客所付出的销售努力则不如中间商的推销员。一般来讲，中间商在执行运输、广告、储存及接纳顾客等职能方面，以及在信用条件、退货权利、人员训练和送货频率等方面，都有不同的特点和要求。

（四）竞争特性

生产者的渠道设计还要受到竞争者所使用渠道的影响，因为某些行业的生产者希望在与竞争者相同或相近的经销处与竞争者的产品抗衡。例如，食品生产者就希望其品牌和竞争品牌摆在一起销售。有时，竞争者所使用的市场分销渠道反倒成为生产者避免使用的渠道。企业特性在渠道选择中扮演着十分重要的角色，企业的总体规模决定其市场范围、较大客户的规模及强制中间商合作的能力。企业的财务能力决定了哪些市场营销职能可由自己执行、哪些应交给中间商执行。财务薄弱的企业，一般都采用"佣金制"的分销方法，并且尽可能利用愿意并且能够吸收部分储存、运输以及顾客融资等成本费用的中间商。

（五）企业特性

企业的产品组合也会影响其渠道类型。企业产品组合的广度越大，则与顾客直接交易的能力越强；产品组合的深度越大，则使用独家专售或选择代理商就越有利；产品组合的关联性越强，则越应使用性质相同或相似的市场分销渠道。企业过去的渠道经验和现行的市场营销政策也会影响渠道的设计。以前曾通过某种特定类型的中间商销售产品的企业，会逐渐形成渠道偏好，例如许多直接销售给零售食品店的老式厨房用具制造商，就曾拒绝将控制权交给批发商。再如，对最后购买者提供快速交货服务的政策，会影响到生产者对中间商所执行的职能、最终经销商的数目与存货水平以及所采用的运输系统的要求。

(六) 环境特性

渠道设计还要受到环境因素的影响。例如，当经济萧条时，居民收入减少，社会购买力水平下降，生产者为了将其产品销售，必然会减少不必要的服务以降低产品价格。从而让最终顾客以较廉价的方式购买到其产品。因而倾向使用较短的渠道。当经济繁荣时，可以使用较长的分销渠道。

三、 明确各种渠道交替方案

在研究了渠道的目标与限制因素之后，渠道设计的下一步工作就是明确各主要渠道的交替方案。渠道的交替方案主要涉及以下 4 个基本因素：

1. 中间商的类型

企业首先须明确可以完成其渠道工作的各种中间商的类型。这涉及是否采用中间商、选择哪几类中间商等问题。

2. 中间商的数目

在每一渠道类型中的不同层次所用多少数目的中间商，要受到企业分销渠道战略的影响。企业可以根据自身实力，结合产品特点，选择不同的分销战略，即密集分销、选择分销和独家分销。

3. 渠道成员的特定任务

每一个生产者都必须解决如何将产品转移到目标市场这一问题。在转移的过程中，会有许多工作要做，如运输、广告、储存等等。这就涉及对渠道成员进行任务的分派，某一特定层次应有其特定的工作任务，这样才会使所建立的渠道经济、合法、稳定。

4. 生产者与中间商的交易条件及责任

了解渠道中不同类型中间商所负责的工作之后，生产者还必须为渠道成员设定条件与责任，促进其热心工作。交易关系组合中的主要因素有价格政策、销售条件、地区划分权、每一团体所应提供的特殊服务等。

四、评估可能的渠道交替方案并选择

分销渠道方案确定后，生产厂家就要根据各种备选方案，进行评价，找出最优的渠道路线。美国营销专家菲利普·科特勒指出：渠道选择的依据是它们的效率、可控性和可适应性。因此，渠道评估的标准通常有 3 个：即经济性，可控性和适应性，其中最重要的是经济性标准。

(一) 经济性标准评估与选择

经济分析可用许多企业经常遇到的一个决策问题说明，即企业应使用自己的推销力量还是应使用销售代理商。解决这一问题主要是比较每个方案可能达到的销售额及费用水平。

具体分析，比较由本企业推销人员直接推销与使用销售代理商哪种方式销售额水平更高。比较由本企业设立销售网点直接销售所花费用与使用销售代理商所花费用，看哪种方式支出的费用大，企业对上述情况进行权衡，从中选择最佳分销方式。

针对以上分析，可以直观从图 8.4 中看到。图中的交点 S 为使用本企业推销队伍与使用制造商销售代理商的损益临界点。

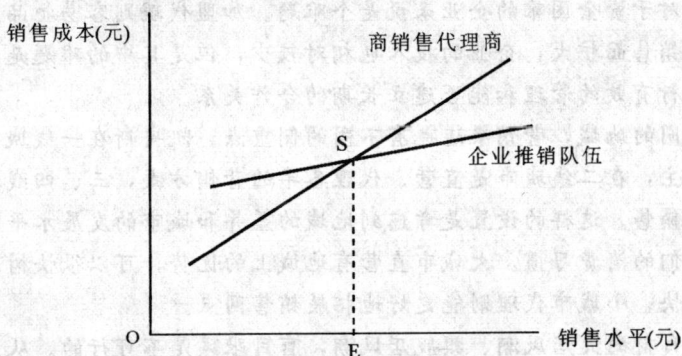

图 8.4 本企业推销队伍与使用销售代理商的损益临界成本对比

(二) 可控性标准评估与选择

使用代理商无疑会增加控制上的问题。代理商是一个独立的企业，他所关心的是自己如何取得最大利润。在代理过程中，常常会出现一些问题，如他可能不愿意与相邻地区同一委托人的代理商合作；代理商的推销员可能不愿意去了解与委托人产品相关的技术细节，不能正确认真对待委托人的促销资料等。

一般地，采用中间商可控性小些，企业直接销售可控性大，分销渠道长的可控性难度大，渠道短可控性较容易些，企业必须进行全面比较、权衡，选择最优方案。

（三）适应性标准评估与选择

适应性标准就是生产者是否具有适应环境变化的能力，即应变力如何。每个渠道方案都会因某些固定期间的承诺而失去弹性。如果生产企业同所选择的中间商的合约时间长，而在此期间，其他销售方法如直接邮购更有效，但生产企业不能随便解除合同，这样企业选择分销渠道便缺乏灵活性。因此，生产企业必须考虑选择策略的灵活性，无须签订时间过长的合约，除非在经济或控制方面具有十分优越的条件。

【案例 8 - 2】百货商场在未来仍是主流渠道

凯安斯（中国）服饰（Q&X）有限公司首席执行官项世栋提到，现在在渠道建设方面该公司主要以加盟代理为主，加盟代理和公司直营的比例是7：3。直营店可以树立企业和品牌形象，但是在短期内企业投入大，资金周转较慢，对于资金困难的企业来说是个难题。加盟代理则容易把品牌销售网点拓宽，销售面扩大，企业的投入也相对较少，但是其中的难题是怎样能对代理商进行有效的管理和能否建立长期的合作关系。

在不同的地域，营销渠道也有不同的侧重点。凯安斯在一线城市主要是以直营为主，在二线城市是直营、代理各半的营销方式，三、四线城市则是全部代理销售。这样的设置是考虑到地域的差异和城市的发展水平，同时也考虑到人们的消费习惯。大城市直营有地域上的优势，可以很快树立品牌形象，见效快；小城市代理则能更好地拓展销售网点。

面对目前的大店风潮、旗舰店风潮，盲目跟风是不可行的。从未来讲大店是主流方向，但是企业发展有自身的规律，不能拔苗助长。百货商场在未来仍然是主流渠道，因为入驻商业街的投资及时间成本都要高于商场。商场的投入产出比要高于商业街，新品牌更应该利用商场的人流、知名度及品牌形象来给予消费者初次体验，这样有利于树立品牌形象。在经销商的选择上，凯安斯比较侧重于时尚感较强的经销商，他们对品牌及产品能有一个更好的了解。企业与经销商利益共同体的建立，关键在于双方尽到各自的职能。

我们在产品研发与品牌投入上做持续的投入与提升，代理商在终端选择及店铺管理上做持续努力，双方赢利才是促进长期合作的根本。

第三节　分销渠道管理

分销渠道建立以后，企业还必须对其进行管理，目的是加强渠道成员间的合作，调解渠道成员间的矛盾，从而提高整体的分销效率。对分销渠道的管理主要是对中间商进行管理，不应仅从生产者自己的观点出发，而要站在中间商的立场上纵观全局，通过协调进行有效地控制。分销渠道管理的内容有选择渠道成员、培训渠道成员、激励渠道成员、定期评估渠道成员及适时调整分销渠道 5 个方面。

一、选择渠道成员

在选择中间商时，生产企业必须明确该中间商的优劣特性。一般来讲，生产者要评估中间商经营时间的长短及其成长记录、清偿能力、合作态度和声望等。当中间商是销售代理商时，生产者还须评估其经销的其他产品大类的数量与性质、推销人员的素质与数量。当中间商打算授予某家百货公司独家分销时，则生产者尚须评估该商店的位置、未来发展潜力和经常光顾的顾客类型等。

二、培训渠道成员

因为中间商可以被看成是公司的最终用户。公司必须为分销商和代理商制订并实施严格的培训计划。微软公司要求第三方的服务工程师要学完一系列的课程并参加资格证书考试。那些通过考试的人通常被称为微软受证专家，他们利用这个称号来开展业务。福特汽车公司通过以卫星为基础的福特之星网络向它的 6 000 多个经销点发送训练程序和技术信息，使每一个经销商的服务工程人员都能坐在会议前旁观看到监视器中所播放的培训内容。

一些企业也逐步认识到通过培训提高渠道成员整体素质的重要意义，他们也开始邀请专家为成员们进行实战培训，一方面作为企业对渠道成员的一种福利，另一方面通过培训使企业的营销理念在整个渠道中更好的贯彻，使渠道更加顺畅。

三、激励渠道成员

生产者不仅要选择中间商，而且还要经常激励中间商使之尽职。促使中间商进入渠道的因素和条件已构成部分的激励因素，但仍需生产者不断地监督、指导与鼓励。生产者不仅要利用中间商销售商品，还要把商品销售给中间商。这就使得激励中间商这一工作不仅十分必要而且非常复杂。

激励渠道成员，使其具有良好的表现，必须从了解各个中间商的心理状态与行为特征入手。许多中间商常受到如下批评：不能重视某些特定品牌的销售；缺乏产品知识；不认真使用供应商的广告资料；忽略了某些顾客；不能准确地保存销售记录，甚至有时遗漏品牌名称。

了解了中间商的心理状态后，在采取激励措施时，生产者应尽量避免激励过分和激励不足两种情况。当生产者给予中间商的优惠条件超过他取得合作与努力水平所需条件时，就会出现激励过分的情况，其结果是销售量提高，而利润下降。当生产者给予中间商的条件过于苛刻，以致不能激励中间商的努力时，则会出现激励不足的情况，其结果是销售量下降，利润减少。所以，生产者必须确定应花费多少力量以及花费何种力量来鼓励中间商。生产者在处理他与经销商关系时，常依不同情况而采取 3 种方法：合作、合伙和分销规划。

(一) 合作

激励的目的是设法取得中间商的合作。生产者多利用高利润、奖赏、津贴、销售比等积极手段激励中间商。如果这些不能奏效，他们就采取一些消极的惩罚手段，例如，威胁减少中间商的利润，减少为他们所提供的服务，甚至终止双方关系等。不管是激励还是惩罚，都不是解决企业与中间商合作中出现问题的根本方法。要想使合作双方都满意，生产者必须认真研究中间商的需要、困难及优缺点，使双方利益都合理最大化。

(二) 合伙

一些企业往往试图与中间商建立长期合伙关系。这就要求生产者必须深入了解他能从中间商那里得到些什么，以及中间商可从他这里获得些什么。这些都可用市场涵盖程度、产品可得性、市场开发、寻找顾客、技术方法与服务、市场信息等各种因素来衡量。生产者希望中间商能同意上述有关政策，并根据其遵守程度的具体情况确定付酬办法。

步。凯恩斯指出,这是一条基本心理法则。

一般来说,高收入阶层的边际消费倾向可能低于低收入阶层。因此,在社会两极分化过程中,边际消费倾向可能递减。但是,在中产阶层日益壮大的国家,边际消费倾向不一定表现为递减规律。经济学家通过对发达国家边际消费倾向的统计,认为边际消费倾向递减不能解释发达国家总需求不足。

(二)资本边际效率递减规律

资本边际效率递减规律是指一定量资本预期的收益与其供给价格之间的比率存在递减趋势。由于竞争的缘故,资本品增加,产量增加,产品价格水平下降,厂商预期利润率也下降。竞争会使资本品的需求增加,造成供给价格上升。这样,预期利润率减少和资本品价格上升,使资本边际效率下降。

厂商投资的目的是为了获得最大利润,这一利润取决于投资预期利润率和利率的比较。投资预期利润率(资本边际效率)下降,使得预期利润率与利率差距缩小,最终引起投资不足。

(三)流动偏好规律

流动性偏好是指人们喜欢用货币形式保持一部分财富的愿望和动机。当利率下降到一定程度时,人们对货币的需求弹性是无穷大的。这时,企业只愿意持有货币而不再投资。此时,货币需求曲线是一条平行于横轴的直线,称为流动性偏好陷阱,也称凯恩斯陷阱。

总之,总需求不足,主要源自投资不足;投资不足,是由资本边际效率递减和流动性陷阱两种因素共同作用的结果。

四、失业的影响

对个人来说,如果是自愿性失业,则会给他带来闲暇享受;但如果是非自愿性失业,则会使他的收入减少,生活水平下降,对身心健康造成损伤。

对社会来说,失业影响更大,主要表现如下:

(一)失业造成劳动力资源浪费

失业造成劳动力资源浪费,劳动是一种宝贵的社会资源。机器设备当前的闲置,不会显著影响日后的使用。而劳动力资源具有即时性,闲置的劳动力资源无法转移到下期利用,本期可利用劳动力闲置是这部分资源的永久性浪费。因而,失业既与闲置的物质资源一样形成机会损失,又与物质资源不同而存在着永久性实际流失。失业造成的损失直接降低了国民产出水平。

失业的经济损失可用失业者的机会成本衡量。失业率上升,失业人数增测量中间商的绩效，主要有两种办法可供使用：

（1）将每一中间商的销售绩效与上期的绩效进行比较，并以整个群体的升降百分比作为评价标准。对低于该群体平均水平以下的中间商，必须加强评估与激励措施。但对后进中间商中的因当地经济衰退，主力推销员的丧失或退休等因素造成绩效降低的，生产者就不应对其采取任何惩罚措施。

（2）将各中间商的绩效与该地区的销售潜量分析所设立的配额相比较。即在销售期过后，根据中间商的实际销售额与其潜在销售额的比率，将各中间商按先后名次进行排列。这样，企业的调查与激励措施可以集中于那些未达既定比率的中间商。

五、适时调整分销渠道

除了上述的选择、培训、激励和评估外，还应定期对分销渠道进行审查，如果发现分销结果与计划出现较大的差距，消费者购买行为发生变化，市场扩大竞争加剧、新型分销渠道创立或者产品进入生命周期的下一阶段，生产者这时就要对分销渠道的设计进行调整。能够在整个产品生命周期都进行有效分销的渠道是很少见的。道理很简单，一般生产者早期往往采取提供更多增值服务的渠道，而晚期则会转向低成本的渠道。在面临激烈竞争的时候，最理想的渠道结构不可避免要随着时间的推移而发生改变。那么，对渠道成员的增加或删除也是显然的，也会添加或去掉某些销售渠道，或者采用全新产品销售方式等。只有这样，才能更好地适应外部环境变化，促进企业产品的销售。

【案例 8 - 3】移动营销渠道管理实践

中国移动在《2007—2009 年战略规划》中提出了"打造卓越运营体系"的要求。渠道一体化运营是落实这一战略要求的重要举措，旨在建立低成本、高效率、一体化的渠道运营管理体系。

目前渠道管理中存在两方面不足：一是专业化管理有待提升，包括各渠道的特征、定位需要进一步廓清；各渠道的功能须根据客户、业务、竞争和技术的变化，进一步调整和优化；各渠道的深度运营能力有待加强，渠道内的精细化管理、连锁化运营的模式需要进一步完善。二是一体化协同有待提升，包括不同类型渠道间缺少统一规划，相互间分散建设、独立运营的特征较为明显；各类渠道间缺少信息共享，客户接触历史、渠道偏好尚未有效整理并在实际经营工作中加以应用；各级渠道间缺少联系，各自为战，没有充分发挥渠道协同效力，导致渠道的效能尚未充分发挥；各类渠道间业务量不均衡，根据渠道特点进行引导分流的工作仍需加强。

为此，一体化运营要以客户消费生命周期为核心，以 IT 运营支撑为基础，以渠道整合联动为先导，以流程再造和职能优化为动力，建立起可实施、可衡量、协调一致的渠道一体化运营机制，从而实现营销渠道专业化管理和一体化协同运作。

第四节　中间商分析

中间商是介于生产者与消费者之间专门从事商品流通活动的组织和个人。对中间商进行分析有助于更好地做好渠道规划及管理。中间商可从多种角度进行划分，中间商按其在流通过程中所处的环节分为批发商和零售商，按中间商是否拥有所经营商品所有权划分，可分为经销商和代理商。

一、批发商和零售商

(一) 批发商

1. 批发商的含义

批发是指供进一步转售或进行加工而买卖大宗商品的经济行为（交易行为），专门从事这种经济活动的商业企业叫批发商业企业（国外均称批发商）。从市场学角度看，衡量其是否属于批发商，关键看其购买动机和目的。一般来说，凡是其购买行为是为了进一步转卖或供其他商业用途都是批发交易。供进一步转卖一般是对零售商而言，供进一步加工生产是对加工生产企业出售所需的生产资料、原材料、零配件等而言，因此，凡是经营批发交易的组织和个人就统称为批发商。

2. 批发商的功能

批发商在分销渠道中主要表现为以下功能：

(1) 组织货源（购进）。批发企业和许多生产企业直接发生经济往来，工业企业的大部分产品，尤其是轻工业产品只有通过批发商的收购才能销售出去，即工业企业只有先卖出才能再买进，其再生产才能维持甚至扩大。从流通看，批发商的收购是市场商品流通的起点，它给商品的储存和销售、合理地安排市场供应提供了一个物质基础，所以组织货源、搞好收购是批发商的首要任务，购好才能销好。

(2) 储备商品（储存、存货）。社会产品离开生产过程进入流通领域，在它进入最终消费之前，必须停留在流通领域之中，形成必要的商品储存，而这种储存是商品流通不断进行的条件，流通领域蓄水池的职能主要由批发商来承担，这样合理的储存商品就成为批发商的重要任务。当然，还应区分合理储存与商品积压的关系。存货一方面可以减轻生产者的资金负担；另一方面可以便于零售商随时根据市场需求的变化进行购货，也减轻了零售商的存货负担。

（3）提供信息。批发商接近市场又接近工业企业，有利于收集市场情报并及时将有关生产技术、产品的质量、市场需求动态的有关信息提供给生产企业。批发商往往还是经营方面的专家，联系面广、有条件向零售企业提供价格和有关基础性能等方面的信息，协助零售企业搞好陈列、推销、提高服务质量。

（4）商品调运（运输）。商品调运任务通常由批发商承担，批发商及时、安全地把商品调运到消费地时往往还要经过中转，因此，运输中有节省运输费用，走最短的运输路线，用较少运输时间进行合理运输的问题，如何将商品源源不断地供应给众多的零售商的确是个繁重的任务。

（5）商品分类（分级）。商品分类在流通过程中有两种：一是工业分类，二是商业分类。工业分类具有品种单一，同种品种批量大的特点，这种分类适合于生产消费需要。商业分类具有品种多样，不同品种批量小的特点，它适应消费市场需要。由于存在这两种不同形式分类，二者之间又是矛盾的，这就需要批发企业进行商品的挑选、分装、编配和必要的加工。把商品从生产分类改为商业分类，以适应零售企业进货，适应个人消费需要。

（6）资金融通。资金融通指批发商向小型零售商开展的赊销业务，一方面可以有助于零售企业的正常销售和资金周转；另一方面减轻了生产企业的信贷风险。

西方企业通常将批发商的功能分为 8 个方面，即：购买、销售、分割、运输、财务融通、仓库、风险负担、管理服务（咨询）。这种分类与上面所叙述的在内涵上是一致的。

3. 批发商的类型

批发商按所经办商品是否拥有所有权可划分为 4 种主要类型：

（1）买卖批发商。也叫商人批发商、独立批发商。对其所经营商品拥有所有权。买卖批发商按其经营商品范围可划分为：普通批发商，即一般批发商，这种批发商经营普通商品、一般货物，而且经营范围广、种类多，销售对象主要是普通日杂店、小百货店、五金商店、电器店、药店等；产品线批发商，它经营的商品仅限于某一类商品，且这一类商品的花色、品种、规格、厂牌都较齐全；专业商品批发商，它经营产品线中有限的几种产品项目，专业化程度高，主要同大零售商和专业零售商进行交易，如生产资料商品专业批发商一般都专门经营技术性或需要销售后服务的工业品的批发销售。

（2）居间经纪商。对所经营的商品没有所有权，只为买卖双方提供交易服务，促成商品的交易，借此赚取佣金和报酬。主要类型有商品代理商、经纪人、委托商和拍卖公司等。在同一笔交易中，他们通常不同时代表买卖双方。

（3）自营批发机构。主要类型有制造商的营业部和销售机构。这是一种为制造商所有，专门经营其产品的批发销售业务的独立机构，与制造商是隶属和所有的关系。

（4）其他批发商。主要指存在于其他特殊经济部门、行业的专业批发商。如为农产品集散服务的农产品收购调运商，为石油化工品集散服务的中转库等。

（二）零售商

1．零售商的含义

零售商是指将所经营的商品直接出售给最终消费者的个人或组织。作为生产和消费的中介，零售商处在中介地位靠近最终消费者的一端；在流通领域内，零售商处在商品运动的终点，商品经过零售便进入消费领域，实现商品价值。因此，其销售活动是在营业员和最终消费者之间单独、分散进行的，一般有特定的交易场所，各种商品与消费者直接见面，并随着商品的出售向消费者提供服务。

2．零售商的特点

（1）零售商的销售对象是最终消费者。主要包括：消费者个人、家庭、从零售商购买商品用作消费的机关团体等。商品经过零售，便离开流通领域进入消费领域，实现商品价值。

（2）零售商的交易较批发商频繁，且每次交易的量小。由于零售商的销售对象是最终消费者，所以作为个人和家庭的消费需要量较小，而购买次数却较为频繁。

（3）零售商的地区分布较批发商广，一般分散在全国各地广大最终消费者中间。这是由零售商所处的地位决定的，零售商是专门从事零售贸易，直接为广大最终消费者服务的单位，而各种商品的最终消费者分散在全国各地。

3. 零售商的作用

零售商的作用也是由于它处于流通中的地位所决定的。由于它处于流通领域的终端，直接联结消费者，完成实现产品最终价值的任务，其作用有：

（1）实现商品价值，促进社会再生产的发展。商品只有通过零售商销售给最终消费者，才能使商品的价值和使用价值最终得以实现，才能补偿在生产中消耗的价值，增加国家财政收入，为国家积累资金，促进社会再生产的发展。零售商销售情况的好坏会引起整个商品流通过程和社会再生产一系列环节的连锁反应，影响整个经济的发展。

（2）为消费者提供多种方式的服务。零售商向生产企业或批发商采购商品，汇集不同厂家、不同品种、规格、花色的商品供消费者选购。同时，伴随商品的销售向消费者提供服务，根据消费者在购物、使用过程中的困难提供帮助。如送货上门、维修、提供零配件、赊购和分期付款信用、向消费者传递信息、公开交易、维护消费者利益等。

4. 零售商的类型

零售商的类型可按不同的标准进行划分，这里介绍几种典型的零售商组织形式：

（1）专业商店。是一种专门经营一类或几类商品的商店。如有专营钟表、食品、皮货、服装、毛织品、蔬菜等，有的只经营本行业商品，有的兼营其他行业。这种商店将随商品经济的发展越来越多，越来越细。其特点是经营的商品种类较单一，专业性较强（系列少、项目多，深度大），具体的商品品种、花色、规格比较齐全，它有利于消费者广泛挑选。同时，也是研究消费者需求变化的典型场所。

（2）百货商店（百货公司）。是一种大规模的以经营日用工业品为主的综合性的零售商业企业。经营的商品类别（系列）多，同时每类商品（每条商品线）的花色、品种、规格齐全（项目多），实际上是许多专业商店的综合体。一般以大、中型居多；从日用品到食品，从工业品到土特产，从低档、中档到高档品都经营，综合性强。它又是高度组织化的企业，内部分设商品部或专柜，商品部相对独立（一般半独立核算），可自己负责商品进货业务，控制库存，安排销售计划。1862 年，法国巴黎的"好市场"是世界第一家百货公司，百年来，百货公司仍是零售商业的主要形式之一。百货公司又是城市一、二级商业群的骨干企业。

（3）超级市场。是一种消费者自我服务、敞开式的自选售货的零售企业。它是在第二次世界大战后发展起来的，最先在欧美兴起。超级市场一般以经销食品和日用品为主，其特点主要是薄利多销，基本上不设售货员，经营中低档商品；商品采用小包装、标明分量、规格和价格；备有小车或货筐，顾客自选商品；出门一次结算付款。超级市场的优点是省人（节省劳动力和劳务开支）；省地（充分利用营业面积）；省钱（节省投资）；省时（不用排队，手续简便）；干净（尤其是副食、蔬菜）。

（4）折扣商店。也是第二次世界大战之后兴起的有影响的零售企业，它也是一种百货公司，20 世纪 40 年代曾与百货商店有过激烈的竞争，出售的商品以家庭生活用品为主，如洗衣机、电视机、收音机等，其特点是：它出售的商品价格比一般商店低；出售全国性牌号商品，保证质量；采取自动式售货，很少服务；店址不在闹市区；设备简单，折扣商店明码标价，但出售时给予一定折扣。

（5）样本售货商店。这种商店，主要出售毛利高，周转快的名牌货，包括装饰品、电动工具、皮箱、皮包、摄影器材等。这种商店都有彩色样本，除本土实物照片之外，标有货号、价格以及折扣数，顾客可凭样本打电话订货，由商店送货到家，提取货款和运费。如果顾客需要取货，商店设有陈列室，把各种商品放在玻璃橱中，可供展览。这是一种很新的销售方式。

（6）自动售货机。第二次世界大战以后，自动机所售的商品不断增加，目前出售的商品已由香烟、软饮料、糖果报纸等，扩大到化妆品、唱片、磁带、袜子、胶卷等。在美国，自动售货机遍及各种场所，且这些售货机均无人看管，只有工人定期巡回补货。自动售货的缺点是经营费用很高，机器需要经常保养和修理，所以自动售货的商品价格比正常零售价稍高一些。宜于采用自动售货的商品多半是人们信得过的名牌货，而且限于单价稳定、体积小、包装或容量标准化的商品。

（7）正规连锁商店。指的是在同一资本系统的统一管理之下，分设两个以上的商店。其经营业务在一定程度上受总店的控制，每一家商店都是这个集团的构成单位。一般总店控制范围有：①统一店名，对商店地点的选定，设施的提供，主要人员的安排和教育均由总店负责；②商品的采购、保管和广告由总店控制；③总店直接向厂家进货，发送给各商店，并规定经理的销售权利。这种商店的主要特点是：首先，其管理制度相当标准化。连锁组织中各家商店在计价上、宣传推广上以及售货方式上都有统一形象，使消费者无论走到哪里从视觉上首先感到的是同一组织的连锁商店。其次，由于连锁商店规模适当、数量较多、分布面广，就能获得大规模经营的各种主要利益

（好处）。比如，能提高和扩大商店规模经营的声誉，享受特别折扣，运输成本也低。其缺点是：由于集中进货、统一管理，各个商店往往缺乏因地制宜的灵活性。

【案例 8-4】降低大连锁占比　松下 7 月渠道变革①

2009 年 Panasonic（原松下电器产业（中国），以下简称"松下"）某中国区高层接受媒体采访时透露出，将对渠道动"大手术"，并明确表示："松下今年的主要经营思想之一，就是要逐步减少在国美、苏宁这两大家电卖场的销售比重。"并进一步透露出该公司经过 2009 年 1～5 月的努力，成功把国美、苏宁两大家电卖场所占的销售比重由原来的 75% 以上减少到目前的 50% 左右的初步"战果"，以及将家电大卖场销售比重控制在 30% 左右的"健康目标"。

资料显示，在日本已经拥有 1.8 万家店铺网络的松下，自建渠道已经成为其看家法宝，SPS 战略则成为其营销战略的关键所在。该公司在 2008 年末在俄罗斯提出大量开设专卖店的计划，并明确表示其平板电视、影碟机等产品将广泛展开与区域型连锁零售商的合作，在美国将其分销店铺网络扩充 6 成，达到 6 900 家；欧洲也扩充 6 成，达到 16 000 家；在中国将扩充到 8 成，达到 2 160 家门店。

但是，在中国市场松下面临的是海尔、美的、格力等强大的本土竞争对手。仅以海尔为例，几乎所有的电器店可以不销售其他品牌的家电，但必须有海尔的家电在店堂内展示（其他品牌的专卖店除外）。

当然，渠道选择产品是市场作用的结果。但是，在降低苏美大卖场销售比重的同时，针对综合商超、百货电器精品店、地域型家电连锁店以及乡镇电器店的渠道争夺战中，松下的胜算几何？既取决于该公司的努力，又取决于对手所做出的反应，而不是单纯一方的一厢情愿。最致命的则是美苏两巨头将会作何反应以及是否会采取报复性的举措？将对松下现有的渠道格局产生何种具体的影响？

（8）购物中心。其形式可分为两种：一是相当于商场的形式，设立在公共建筑物中由出售食品和日用品的零售商业组成；二是相当于商业街的形式，这类购物中心位于住宅区附近，有的位于市中心或交通枢纽。在这个区域内，商业中心一般是以百货商店和超级市场为主，此外，尚有各种类型专业商店、食品店、饭菜馆、银行等形成一个区域性购买中心。如日本位于大

---

① 资料来源：《中国企业报·消费电子周刊》，端木清言，2009-07-30。

阪郊区的千里购物中心，就以百货商店和超级市场为主配以各种食品店、日用品店、专卖店、饭馆和娱乐场所，形成一个商业服务中心。

（9）协同营业百货商店。一些国家的产业资本家，自己不经营零售业务，而是在适当地点建造高层建筑或宽敞市场，专供小零售商租用，这些零售商协同营业起到了百货公司的作用，但是他们在组织上没有什么关系，协同营业商品品种齐全，各有特色。

（10）特许代管组织。是与连锁店较相似的另一种组织形式，是近30年来与连锁商店竞争最激烈的经营方法。特许代管组织是由特许人、一家制造商、批发商或服务组织为一方，若干特许代管人（若干家批发商或零售商）为另一方，以契约式固定下来，独立经营、自负盈亏。特许代管组织形式有三类：

第一类是由制造商筹组的零售商特许代管，即生产厂主持组织零售商而构成的机构。这种组织有的是厂家为了能得到零售商的积极协助而提供一定资金，让零售商参加股份，以扶助零售商，也有的是由厂家组织自愿连锁商店，吸收零售商参加。日本的资生堂就属此类型。美国福特汽车公司有许多特许代管零售商，按照福特公司规定的销售方式和服务标准出售福特汽车。

第二类是制造商筹组的批发商特许代管。如可口可乐公司，给不同市场的瓶装商以特许代管，这些瓶装商向可口可乐公司买进可口可乐晶，自己冲制，然后购买公司的瓶子装瓶后，向零售商出售瓶装可口可乐。

第三类是服务性行业筹组的零售商特许代管，这种形式在快餐业汽车出租业应用较多。此制度已广泛流行美国，已有45万家。

二、经销商和代理商

（一）经销商

1. 经销商的含义

经销商泛指拥有商品所有权的批发商和零售商。

2. 经销商的特点

（1）拥有商品的所有权和经营权，独立自主地开展商品购销活动，独立核算、自负盈亏。

（2）一般都有一定的营业场所和各种经营设施。

（3）有独立购买商品的流动资金。

（4）承担商品的经营风险。

（二）代理商

1. 代理商的含义

代理商即商品代理商，不拥有所经营的商品的所有权，受委托人委托、代理商品采购或销售业务，从代办业务中取得一定数量的佣金。

2. 代理商的特点

（1）本身不发生独立的购销行为，对产品不具所有权、不承担市场风险；

（2）有广泛的社会关系、信息灵通等。

3. 代理商的类型

按代理商与委托企业的业务联系的特点可分为企业代理商、销售代理商、寄售商和经纪人 4 种。

（1）企业代理商。企业代理商是指受生产企业委托，签订销货协议，在一定区域内负责代销生产企业产品的中间商。企业代理商和生产企业间是被委托和委托的关系，它负责推销商品，履行销售商品业务手续，生产企业按销售额的一定比例给它酬金。通常，生产企业在产品消费对象少而分布面广、推销新产品、开拓新市场时，一般都借助于企业代理商的帮助。

（2）销售代理商。销售代理商是一种独立的中间商，它代理制造商销售全部产品，并为制造商提供更多的服务。如设置产品陈列和负责全部广告费用等。资力雄厚的销售代理商还以票据或预付款等方式向制造商提供资金方面的帮助（可以不用先付钱）。此外，销售代理商还经常派人参观国内外各种展览会，进行市场调查和搜集各种市场情报资料，供制造商参考。销售代理商实际上就是制造商的产品销售组织，它把自己的命运同制造商的发展联系在一起。销售代理商实际上是生产企业的全权独家代理商，双方关系一经确定，生产企业自身不能再进行直接推销活动，而且同一时期只能委托一个销售代理商。

（3）寄售商。寄售商是受委托经营现货代销业务的中间商。生产企业根据协议向寄售商交付产品，寄售商将销售后所得货款扣除佣金及有关销售费用后，再支付给生产企业。寄售商要自设仓库或营业场所，以便储存、陈列商品，使顾客能及时购得现货。因此，委托寄售商销售产品，对发挥潜在购买力、开辟新市场、处理滞销产品有较好的作用。

（4）经纪人。经纪人也是一种代理商，负责向买卖双方介绍业务，且帮助双方磋商交易，由委托一方付给佣金。他们同制造商没有固定的联系。今天代表这个制造商卖东西，明天又可能代表另一个制造商卖东西。有的经纪人还代表别人买东西，同其他代理商一样，他们对产品没有所有权，主要为买卖双方提供产品和价格的市场行情，协助双方进行贸易谈判。最常见的有食品经纪行，房地产经纪行，保险和证券经纪人。经纪人是既无商品所有权，又无现货，又不承担风险，只在双方交易洽谈中起媒介作用的中间商。在一般情况下，经纪人和买卖双方均无固定联系，成交后提取少量的佣金。

本章小结

1. 分销渠道是指产品或服务在其所有权转移的过程中，从生产者手中转移到消费者手中的途径，它包括生产者、中间商和最终消费者或用户。

2. 渠道设计是指建立以前从未存在过的分销渠道或对已经存在的渠道进行变更的策略活动。有效的渠道设计，应以确定企业所要达到的市场为起点。设计一个渠道系统必须要分析顾客需要的服务水平，确定渠道目标和限制因素，识别主要渠道选择方案并作出合理评价，从而进行选择。

3. 分销渠道管理目的是加强渠道成员间的合作，对分销渠道的管理主要是对中间商进行管理，管理内容有选择、培训、激励、定期评估分销渠道成员及适时调整分销渠道 5 个方面。

4. 中间商可从多种角度进行划分，中间商按其在流通过程中所处的环节分为批发商和零售商，按中间商是否拥有所经营商品所有权划分，可分为经销商和代理商。

习 题 八

1. 什么是分销渠道，分销渠道有哪些功能？
2. 影响分销渠道设计的因素有哪些？
3. 中间商的分类有哪些？
4. 选择你熟悉的一家制造企业，为其制定合适的分销渠道方案。

案例分析

突破 10 亿发展瓶颈——国内某知名食品企业渠道创新①

选择传统流通渠道还是现代终端，对于食品企业来说似乎是件不容易完成的任务。顾此失彼，要么陷入渐渐被挤出主流的尴尬，要么踏入刺刀见红的红海不归路……

① 资料来源：中国营销传播网，作者：王教洋，2008-08-07。

1. 困惑：无法突破 10 亿规模

熊总，国内某知名食品企业的领航人，白手起家，几十年的打拼成就了如今十几亿的身家，在别人的眼中，他已经功成名就，他自己也很享受这种成功的快感。但最近，他却怎么也高兴不起来，影响他心情的原因首先是财务提供了最近几年公司的财务报表，报表上清楚地反映了最近几年公司的销售情况，增长速度渐缓，连续几年销售额徘徊在 10 个亿左右，遇到了发展的瓶颈，就是突破不了 10 亿大关；其次，在 KA 卖场和连锁商超，公司的产品受到了很多竞争产品的冲击，以前的优势渐渐不复存在，甚至有很多品种出现负增长，让其百思不得其解……

看着手中的财务报表，熊总狠狠地吸了口烟，随着烟气的慢慢呼出，思绪回到了 10 年前：想当初，当国外最早的 KA 卖场进入中国的时候，凭借着企业家特有的敏锐目光和经营头脑，他立刻就意识到这个刚刚在国内兴起的新兴渠道模式，将会成为未来食品行业的主要渠道模式。于是他便果断采取措施大力开发进入 KA 卖场。在那个时代，食品行业的主流分销渠道是走大的食品批发市场，因此，熊总的这招渠道创新，被业内很多人视为疯狂之举。但如今的事实已经证明了它的正确性，在国外 KA 卖场及国内连锁商超大行其道的今天，很多人在抱怨"不进超市是等死，进了超市是找死"的时候，熊总的企业已经凭借着遍布全国的 400 多家国际 KA 卖场、近千家地方卖场、近万家大中型连锁商超赚了个盆满钵满，这一直是他整个创业历程中的得意之举，但最近的现实情况却总让他高兴不起来。

2. 解决：创新渠道模式

经过专业咨询公司深入的调研后才发现了问题的症结所在：自从 10 年前公司建立了以 KA 卖场、连锁超市为主的现代渠道模式后，渐渐抛离了公司起步阶段的传统的食品批发市场的传统流通渠道，随后的几年内，随着国外 KA 卖场和国内连锁商超等现代渠道的不断兴盛以及传统食品批发渠道的逐渐没落，公司迅速尝到渠道创新的甜头。但时隔 10 年之后，中国的传统流通模式也在不断的升级换代中，由最初的初级经销商管理模式进步到经销商存销模式、助销模式、高级经销商管理模式甚至交叉部分直销模式等，发展出了众多适合中国特殊国情的新型流通模式，这些流通模式除了覆盖一级城市更下沉到县级等众多二、三级城市甚至是乡镇、街区、农村等偏远地区，为市场做深做透、做精做细提供了基础。而反观 KA 卖场及全国连锁商超等现代终端所在的一级城市早就成了"刺刀见红、尸横遍野"的红海，与人们日常生活息息相关的，占据着越来越重要位置的大卖场和商超，也成为兵家必争之地。再加上众多厂商的追逐，众星捧月般的将这些超级大卖场和商超烘托成强势群体，名目众多的进场费、陈列费、堆头费、店庆费等让厂商的成本急剧增加，导致很多厂商发出"不进超市是等死，进了超市是找死"的慨叹；另外，现代终端渠道多覆盖国内一级城市，对于广大的二、三级城市及乡镇农村等地的消费潜力的挖掘影响较小，而随着经济的发展，这些地区早已变成了一个更加单纯、巨大的金库，对于建立全国领导性的品牌或销售都有着举足轻重的作用，而只注重现代终端渠道的熊总却忽略了这个市场，这也是为什么公司屡次推出淡季产品屡次失败的最主要原因。

"找到了问题的关键所在，接下来如何解决问题就显而易见了"。针对上面的问题，咨询公司给出了解决方案——"允执厥中，与时俱进，创新制胜"。即在传统的流通渠道（右路军）和现代终端渠道（左路军）之间寻找"允执厥中"的动态平衡点（过右将会渐渐被挤出主流，过左容易陷入刺刀见红的红海竞争），通过二者的有机结合，寻找到适合企业发展实际情况的创新的渠道模式，首先，继续在全国一级城市开发 KA 卖场及全国连锁商超，通过现代终端渠道继续领跑高端市场及重点市场；其次，重拾传统流通渠道，一位哲人曾说过："我们需要新的陈词滥调"，通过借助新的升级的传统流通渠道的下沉及全面覆盖市场的优势，开拓、占领二、三级市场及乡镇、农村等偏远地区，真正做到精耕细作，突破发展瓶颈，覆盖空白市场，全面占领全国市场。当然，这种创新的渠道模式也不是一成不变的，而是随着市场环境的变化，竞争对手的变化，与渠道相关的一些因素，诸如产品、价格、销售人员、经销商成分等的变化而不断变化的。只有这样，才能在产品日益同质化、营销手段日益同质化，竞争日趋激烈的市场中依靠具有差异化的又适合企业发展自身特色的成功渠道模式立于不败之地，成就行业老大地位。最终的方案得到了熊总的高度认可，一直困扰他的难题被解开了。

渠道创新是要创建出具有差异化的又适合企业发展自身特色的、与时俱进的成功渠道模式，它不是"人云亦云"或者通过"标新立异"寻求的，适合的才是最好的，渠道模式也要因环境的变化而变化，只有与时俱进、不断地改进创新企业才能在激烈的市场竞争中立于不败之地。

思考题

1. 结合分销渠道有关理论，思考咨询公司给出的对策效果如何？
2. 在渠道建设方面你还有什么新的建议？

第九章　促 销 策 略

学习目标

通过本章学习应明确促销的实质和含义；掌握促销组合的概念和特点；了解各种促销方式的条件；掌握各种促销策略和方法。

知识要点

促销和促销组合，促销组合决策，营业推广的形式及营业推广策略，广告决策的步骤，人员推销的基本形式，人员推销策略，公共关系、公共关系的主要决策。

案例导入

万事发公司和西尼电器

市场上企业常常会遇到销售不畅的情况，但又不是质量、价格等方面出现了问题，这时的低价、免费赠送或许是一种较好的促销方法。免费赠送就其实质而言是一种销售促进策略。日本万事发公司就是利用此策略一炮打响，彻底扭转了市场劣势。

日本万事发公司是一家生产烟草的企业，在相当长一段时期内，其香烟的销路打不开，以至于公司面临倒闭的威胁。于是公司对市场做了全面分析，在排除了产品质量、价格问题后，为了杀出一条生路，公司经过一番思考和策划，决定进行"免费赠送"的促销活动。

公司开始在各主要城市物色代理商，向代理商提供一些经费和一批香烟，然后通过这些代理商向当地一些著名的医生、律师、作家、影星、艺人等按月寄赠两条该牌子的香烟，并声明，如对方认为不够，还可以再免费提供。而每隔若干日，代理商就会寄来表格，征求对这种香烟的意见。

万事发香烟公司经过半年左右的"免费赠送"以后，赢得了一批较有身份和影响的顾客，接着利用这些名人的评价大做广告，宣传该牌子的香烟都是有身份的高贵人士在使用。这样，那些有点身价的人们当然会买来试吸，而那些并没有多少财富或名气的人，由于心理或面子的驱使，也买这种香烟吸，以显示自己的身份。这样，万事发香烟很快获得众多的顾客，只几年的时间就跻身日本烟草销量的前几位，成为世界知名品牌。

美国企业巨人西屋电器公司也曾从该方法中获利颇丰。

西屋电气公司曾经开发了一种保护眼睛的白色灯泡，为了打开销路，采用了免费赠送策略。公司从消费者名录中挑选出 1 300 户使用电器的消费者，免费给每户赠送两只白色灯泡，同时将有关灯泡性能、优点的说明书一起附上。两周后再派人到用户家去收集使用意见。

这次赠送活动的反馈意见中，有 86％的家庭主妇认为，这种灯泡比别的灯泡好，使用时眼睛感觉舒服；78％的主妇反映，这种灯泡光线、质地优良。

西屋电器公司以此作为试验性广告资料，在 15 个地区委托 100 家商店试销这种灯泡 10 万只。最后刊登出题为《具有特别性能的电灯泡》的广告，并把两次试销的结果、用户的评论意见公诸于众，立即引起了消费者的注意，西屋电器公司的白色灯泡一下成为畅销货。

万事发公司和西屋电器在促销中都获得了成功，那么除了免费赠送，还有别的更好的方法来进行产品销售吗？

第一节　促销及其组合

在竞争激烈的市场上，相同商品、相似商品之间有很强的替代性、无差异性，这就使消费者有了更多的比较和选择。而市场上影响消费者购买行为的除了商品性能、价格等因素外，还有消费者对企业的了解程度和认知程度等。这就要求企业在市场销售中必须考虑多种因素，也就是要注重产品的促销组合。

一、促销与促销组合

1. 促销

促销也称推广（Promotion），来源于拉丁文，是"前进"的意思。促销就是指企业将自己的商品或服务的有关信息通过各种方式进行传播，以使消费者了解、信赖本产品，引起消费者的注意与兴趣，激发消费者的购买欲望，促使其进行购买的活动。

促销的实质就是营销者与消费者和潜在购买者之间进行信息沟通。

2. 促销组合

现在的企业面临的沟通是一种复杂的营销信息的沟通系统。企业要把信息传递给中间商、消费者和公众；中间商也要将信息传递给消费者和公众；消费者之间也会进行信息的沟通，并将信息传递给其他的公众。同时，上述各方又会将信息反馈给企业。

因此，企业要运用多种沟通手段，合理组合不同的促销方式，以求最大限度销售自己的产品。这种促销手段的不同、搭配就成为促销组合。企业的促销组合（也称营销信息沟通组合）的方式主要有4种：

(1) 广告：即以付费的方式对产品或服务进行的非人员的展示或促销活动。它主要解决了消费者"不知"的问题，使消费者对产品有一定的了解和认识。

(2) 人员推销：是指推销人员以口头陈述的方式直接向目标顾客进行宣传、介绍和销售产品的活动，为了达成交易而与一个或多个买主进行面对面的交流。

(3) 营业推广：也称为销售促进，是指企业短期内为鼓励消费者对产品或服务进行尝试而促进销售的一种方式，是一种"诱敌深入"的策略。

(4) 公共关系：是指企业通过提高或塑造自身形象而达到促进产品销售目的的方式。

现在，人们沟通的方式不仅可以是传统的媒体，如报纸、电视、收音机、电话等，也可以是较先进的媒体形式，如互联网、传真、手机、留言电话等。

由于消费者购买行为中多表现出不知不为，不信不为，不坚定不为的特点，而促销活动本身具有的告知功能、说服功能、影响功能恰好能解决消费者行为中的问题，所以产品在市场销售中必须采用多种促销方式，以达到较好的销售效果。所以，产品销售并不局限于这些特定的促销手段，产品的式样、价格、包装，销售人员的举止、着装、业务市场，公司的办公用品等都向消费者传递着某种特定信息。因此企业的整个市场营销组合都必须与公司的战略定位有机地结合起来。

【案例 9 - 1】家乐福促销

为留住客户，增加其向心力，家乐福在长期性促销方面主要采取以下措施：方便顾客，延长营业时间；免费停车，加油打折；每天都有特价商品销售；不满意就退货；商品高堆贱卖；设置五件以下商品收银台，节省小件顾客的结账时间；大件商品免费送货上门；免费提供购物小推车和篮子，商品价格自动查询服务。

在短期性促销方面，家乐福采用节日（圣诞、中小学开学等）降价，限时降价，免费品尝，赠送礼品等手段。尤其是在开业促销和周年庆典促销方面，家乐福的营销专家表现出了高超的技巧。1998 年家乐福在创建 35 周年纪念活动期间，进行预算为 2 亿法郎、时间为 1 个月的广告宣传促销活动，散发了 5 400 万份广告传单，做了 13 000 个巨型广告牌，每天在 69 种日报上做整版广告，在收音机上播送了 4 600 条信息。在此期间，家乐福采取市场营销的一贯手段：悬念感——折扣商品印成宣传广告散发，但每天只在收音机上宣布哪几种商品打折，刺激消费者的好奇心，增加关心度；急迫感——降价商品的数量模糊，让人觉得并不是每个人都可以获得折扣，于是刺激了消费者的购买欲望；重复性——每天以同样的模式传播同样的信息，使物美价廉的形象在消费者心中根深蒂固。由此所产生的效果是销售额直线上升，仅在法国，营业额就增加了 20％，超过 20 亿法郎，几乎相当于两家超市的年营业额，除去宣传、策划、组织等费用，净赚 20 亿法郎。

二、营销信息的有效沟通

要想使信息沟通有效就必须了解信息沟通的过程及相关要素。

(一) 信息沟通的过程与要素

在图 9.1 的 9 个要素中，发送者与接收者是沟通的主要参与者，沟通的手段是信息与媒体，编码、译码、反应、反馈表示沟通的职能，最后一个要素表示系统中的噪音——干扰。

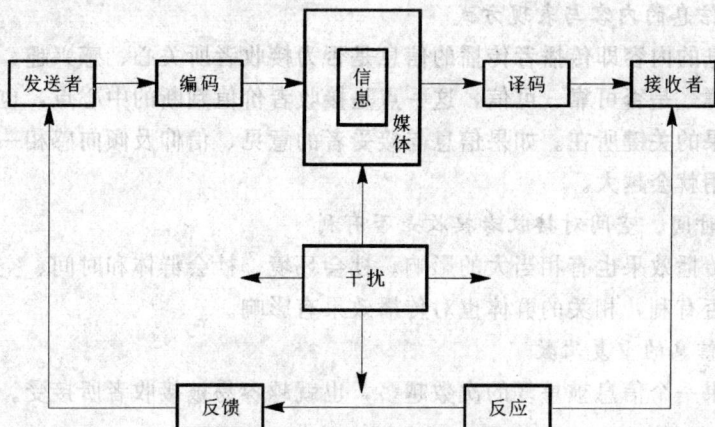

图 9.1　信息沟通过程与要素

　　该模式强调了有效沟通的关键因素发送者必须知道要将信息传播给何种接收者，并期望会得到何种反应；然后根据受众的信息解码方式进行编码，在营销学中即根据受众目标的信息的接受方式进行促销决策；利用能传播到受众目标的有效媒体来传递信息，即用何种方式、手段进行促销；发送者还必须建立反馈渠道，以便了解接收者对信息的反应，如在本章开头的案例中，西屋电器公司派人到用户家去收集使用意见就是建立了反馈系统。要使信息有效，发送者的编码过程就必须与接收者的解码过程相吻合，两者之间的经验领域重叠的越多，信息就越可能产生效果。

　　除了编码解码过程要相符合之外，发送者还应注意在环境中存在的大量噪音。在这个信息量剧增的今天，人们每天都被数以百计的商业信息包围着。接收者可能会收不到发送者的信息，或者只能接收到发送者发送的很小一部分信息。所以信息必须能引起接收者的注意，这就要求发送者的信息要力求简洁、明确、有吸引力，如要在广告中加入引人注意的标题、插图等，还要重复多次，这样才能被消费者所接受。

(二) 影响信息有效沟通的因素

　　影响信息有效沟通的因素主要有：传播媒介，信息的内容与表现方式，时间、空间对接收者是否有利，信息的重复次数。

1. 传播媒介

　　公众对传播媒介的要求一是要使用简便，易于掌握，易于得到；二是比较有效，即它的使用效果受到普遍的重视与承认，特别有效时，即使使用、驾驭上有一定难度，人们也会努力去得到或掌握它。

2. 信息的内容与表现方式

　　信息的内容即传播者传播的信息是否为接收者所关心、感兴趣，是否重要、新鲜，是否可靠、可信，这一点是接收者价值判断的中心点，也是决定传播效果的关键所在。如果信息与接受者的意见、信仰及倾向感相一致，沟通的效用就会越大。

3. 时间、空间对接收者接收是否有利

　　对传播效果也有相当大的影响。社会环境、社会群体和时间、空间对接收者是否有利，相关的群体也对传播效果有影响。

4. 信息的重复次数

　　如果一个信息被重复的次数越多，也就越容易被接收者所接受。

【案例 9 - 2】"与佳人相会于本田"——本田开拓美国市场

本田力图促进"骑摩托车很好玩"这种观念的确立。20 世纪 60 年代前期，广告的基本主题是"假日与本田"和"寻求快乐，请找本田"。为了宣传这个主题，本田必须改善因一些报刊依然广泛宣传的穿黑皮夹克的摩托车手而给人们造成的不良形象。大多数美国人从来不坐，也不驾驶摩托车，并且对骑摩托车的人印象极差，这成为本田开拓美国市场时遇到的巨大障碍。

由于广告宣传活动的大力开展，社会公众最终接受了本田的促销主题："与佳人相会于本田"。早期的广告共表现了 9 种不同的人物：老人、年轻人、不拘小节的人及一本正经的人等等，但他们有一个共性，即他们都是好人，为公众所接受，他们都骑着——本田。一则广告说："与佳人相会于本田，这涉及人的品格问题。它行驶方便，可以信赖。要求也不算高，价格在 215 美元左右，5 分钱的汽油可跑一整天，它是一位难得的朋友，很省钱！你的家庭买一辆怎么样？全世界最大的卖主。"尽管这则广告的语气很平静，但本田的全部特征通过"佳人"，"行驶方便"，"朋友"，"家庭"和"省钱"这几个词就都充分体现出来了。

同样主题的广告被用于杂志、电视、电台、报纸、户外招牌、农场刊物以及直邮信件。广告媒介尽量直接针对非传统型的自行车拥有者以及那些从未想到要拥有一辆摩托车的人。广告在《生活》《周六晚报》《体育画报》等报刊上广为宣传。

那些曾上过摩托车当的人也没有被忽视，在许多摩托车爱好者杂志上都专门为这部分人作了大量广告。此外，他们还专门选择最受青年人喜爱的 40 家电台做商业广告，还在 225 家大学报刊上登出整版广告，广告词句主要是解答关于校园停车问题，在其他报纸上也刊登了大量广告。为了最大限度地向公众展示本田形象，公司还制定统一的方案，利用广告牌作宣传。

三、建立有效沟通的步骤

(一) 明确沟通对象的评价及沟通内容

沟通对象就是对产品极其相关信息感兴趣的人或组织。人们对某个产品或信息所持有的信念、观念和感想的综合体会对产品的态度产生高度制约。明确沟通对象对本产品的评价可以通过两个步骤进行：

1. 熟悉程度和喜爱程度

人们一般用熟悉程度和喜爱程度两个指标来初步确定沟通任务。

一般来说,沟通对象对产品的了解程度如下:

从未听说,听说过,了解一些,很了解,非常了解。

如果沟通对象选择的是前两类,说明企业或者产品的知名度太低,就必须扩大产品或公司的知名度。

对于熟悉该企业或产品的顾客,要运用喜爱程度来询问他们对产品的感觉:

很不喜爱,不怎么喜爱,无所谓,比较喜爱,非常喜爱。

如果多数人选择的是前两类,那么企业就要解决公司负面形象问题。

将这个指标总和进行分析,就会初步确定沟通的内容。例如,假设调查某地区居民对本地甲、乙、丙、丁4家超市的喜爱度与熟悉程度。将他们的回答进行平均计算后,如图9.2所示。

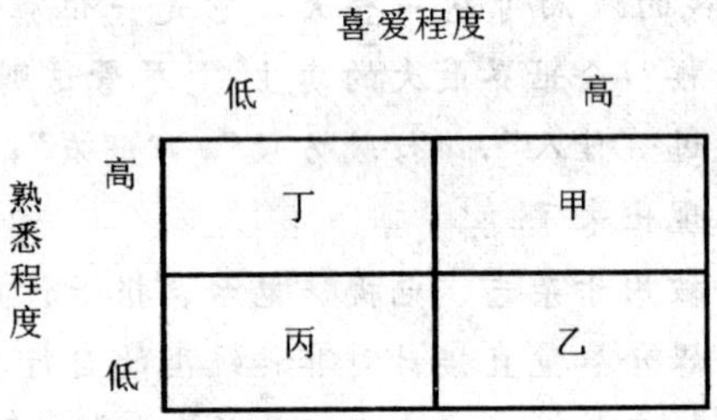

图 9.2　熟悉和喜爱程度分析

甲超市的形象最好,大多数人喜欢并熟悉它;大多数人对乙超市不熟悉,但是熟悉它的人都很喜欢它;熟悉丙超市的人不多,但是熟悉它的人都不喜欢它;大家对丁超市都知道,而且都不喜欢它,丁超市的形象最差。

这样看来,每家超市都有不同的沟通内容。甲超市要继续维护它的良好形象和知名度;乙超市应当让越来越多的人熟悉它,打开自己的知名度,并且要继续维护自己的良好声誉;丙超市不仅要设法找出人们不喜欢它的原因,改进之后还要扩大自己的知名度;丁超市要低调地找出自己缺点,改进之后要维护自己的知名度,但不要成为负面新闻的材料。

2. 确定沟通的具体内容

在初步确定沟通内容的基础上,企业还要确定接下来沟通的具体内容。

(1)确定相关衡量尺度集合,一般用的工具是语义区别法。企业的营销人员在深入调查沟通对象的基础上,应该归纳出顾客对于该企业或产品最为关心的几个方面。例如,消费者在选择超市时,往往会受以下几个方面的影响:超市产品的质量如何,产品价钱高低,产品是否齐全,服务质量如何,购物是否方便等等。衡量的尺度要尽可能的适当，太简单了不容易了解事实真相，太复杂了会对被调查者带来负担。

（2）运用随机抽样法从消费者中选出一批被调查者来进行这一实验。例如，对甲、乙、丙、丁4家超市的调查结果显示，甲超市是大型超市，产品质量好且式样齐全，购物环境良好，价钱合理，服务态度好；而相反的是丙超市，超市面积小，产品质次价高，很多产品都满足不了消费者的需要，服务态度也不好等。

超市的管理层在了解自己超市的形象、情况之后，就要制订计划确立超市的未来新形象。例如，丙超市希望其产品质量、价格、服务态度都有良好的改观。管理层就应该决定首先弥补超市的哪个形象差距，是先改进服务态度还是先改进产品的质量、价格，要根据成本、收益、时间等因素来进行衡量。

（二）设计信息

沟通对象及沟通内容一旦确定之后，就要将沟通者的创意用一定的形式表现出来，这个过程就是设计信息。在理想状态下，信息应该是有效的，要能引起信息接收者的注意（Attention）、兴趣（Interest）、购买愿望（Desire）、促使其产生购买行为（Action）。这4种反应在营销学上称为"AIDA"模式。

这样，设计营销的沟通信息，就应该有如下步骤：

1. 确定信息的内容

系统地阐述某种利益或动力，或者沟通对象应该考虑或应该做的事情，一般这个过程称为诉求。可分为3种类型：理性诉求、情感诉求、道德诉求。

2. 逻辑的表述信息

如何组织信息结构，使之更加有说服力。在这个过程中，要做3方面的决策：在信息中是否作出结论；是单方面论证还是双方面论证；表达次序如何确立，即是把最强有力的论点最先展示还是最后展示。

3. 信息形式

营销沟通者必须为信息设计出具有吸引力的形式。用不同的媒体传播信息就要考虑不同的设计手法。例如，要用印刷品传播信息，就要考虑图案的颜色，标题的大小，在版面的位置等；要通过电视或人员传播信息就要考虑人员的发型、手势、服装等。

4. 信息源

信息源要有吸引力，这样传播的信息可以获得更大的注意力也更容易让人们记住。例如，选择让周杰伦代言适合年轻人使用的动感地带品牌，就是看中了其在年轻人中的影响力。

(三) 选择沟通渠道

营销沟通者在进行传递的过程中，要选择有效的信息沟通渠道。不同的情况要采用不同的沟通渠道。信息沟通渠道大致有两种形式：人员沟通和非人员沟通。非人员信息沟通渠道，即传递信息不需要人员接触或信息反馈的媒介。如媒体、气氛、事件等；而人员沟通渠道是指两个或更多的人直接进行信息沟通，如用面对面地交谈、打电话、发邮件等方式进行信息传播。

人员沟通与非人员沟通在效果上有明显的差别，沟通者在选择沟通渠道时要根据不同的行业、企业的性质及对财力、物力等客观条件进行综合分析，最终选择适合的方式。

(四) 制定促销预算

制定促销预算是企业面临的最困难的营销决策之一。各个行业在促销费用方面差别很大。例如，在化妆品行业中，促销费用一般占销售额的20％～30％，在大多数机械行业中，促销费用只占 5％～10％。同一行业内部，不同企业的促销费用也是不同的。企业制定促销预算的方法有很多种，比较常用的有：

1. 量力支出法

这种方法首先要考虑企业能负担多少促销费用，即以本身经济能力为基础来确定促销费用的绝对额。这种方法的优点是简单易行，但是却完全忽略了促销与销售额之间的因果关系，忽略了促销对销售的影响。而且这种方法会使促销的费用支出波动较大，不利于企业制订长期的市场计划。

2. 销售额比例法

根据目前的或者是预期的销售额来确定促销的费用水平，即促销费用占销售额的一定比例。例如，上一年的销售额是 100 万元，企业决定将年销售额的 10％作为下一年的促销费用，那么下一年的促销预算就是 10 万元。或者预计下一年的销售额是 120 万元，仍以 10％作为下一年的促销费用，那么下一年的促销费用就是 12 万元。

这种方法的优点是简单易行。只要了解上一年的销售额或下一年的预期销售额就可以确定下一年的促销费用；按这种方法确定的促销费用与企业的经济能力的变动是同步的，即费用支出的增减与企业销售收入的增减是一致的。这种方法也促使管理人员将促销费用、销售单价和单位利润三者紧密地联系在一起。如果每个竞争者都用这种方法，就会使竞争趋于缓和。

这种方法的缺点是：颠倒了促销与销售额之间的因果关系；促销预算按照每年销售额增减而上下波动，不利于企业制定长远的发展规划；该方法还妨碍了企业根据每一种产品与销售区域的实际需要来确定促销预算。

3. 竞争对手法

这是一种向竞争对手看齐的预算方法。采用这种方法就要先了解同行业中主要竞争对手的大致促销预算。然后据此确定预算，使自己的预算与竞争对手的预算大致相当。企业采用这种方法出于两种理由：一是同行业中多数竞争对手的促销预算是在长期实践的基础上形成的，具有合理性，凝结了这一行业的集体智慧；二是竞争对手之间的促销预算大致相同，有助于"和平共处"，避免"促销战"。然而，上述两个理由并不一定成立。因为：①竞争对手的预算不一定合理、有效；②企业与其竞争对手在商誉、资源、机会和目标等方面都存在着一定程度的差异。

4. 目标任务法

首先要确定促销的目标，如销售额的增长率、市场占有率、品牌知名度等，然后确定为达到这些目标所要完成的任务，最后估算完成这些任务所需要的促销费用。这种方法摆正了促销费用与销售额的因果关系，可以促使管理人员将促销费用与促销目标直接联系起来，利于进行成本—效益分析。但是采用这种方法需要企业在对市场充分了解的基础上，制定正确的促销目标，否则的话，企业做出的促销目标就会失误。

以上几种方法各有优劣，企业可根据自身条件灵活运用。

四、影响促销组合的因素

1. 产品的种类或市场性质

消费者会针对不同性质的产品采用不同的购买行为和具有不同的购买习惯。因此，对于不同的产品，企业应采用不同的促销方式。消费品的购买者众多且分散，购买频率较高，花色品种多，性能简单，适合采用广告；工业品技术性能复杂，购买者的数量相对较少，适用于人员推销；而营业推广和公共关系对于消费品和工业品的销售都适宜。

2. "推动"与"拉引"策略

企业促销活动有"推动"与"拉引"之分。所谓推动策略，就是生产者对中间商进行促销以劝诱中间商进行订货，并向最终顾客推销产品，具体手段为人员推销和交易促销；所谓拉引策略，即针对最终用户促销，拉动最终用户向中间商购买产品，并进一步促使中间商向生产商订货，具体手段为广告和对消费者的促销（营业推广活动）。例如，联合利华主要依靠推动策略，宝洁公司则更喜欢拉引策略。如图 9.3 所示。

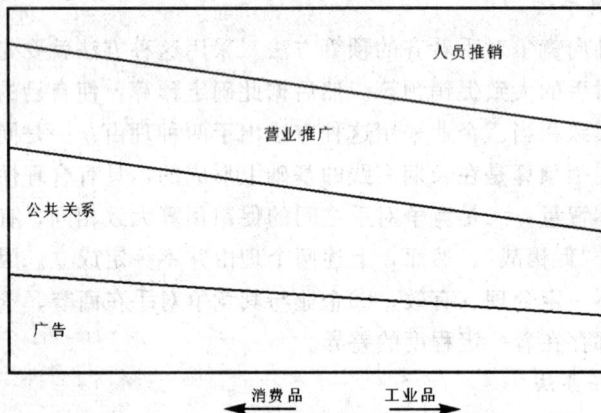

图 9.3　产品种类与促销手段的选择

3. 购买者的准备阶段

在不同顾客的购买阶段，促销工具的成本效应不同。广告和公共宣传在产品认知阶段发挥着重要的作用，它比销售人员的拜访或者销售促进更有效；顾客的理解力主要受广告及人员推销的影响。顾客的信任则主要受人员推销的影响，而受广告及营业推广活动的影响不大；销售成交主要受人员推销及营业推广的影响较大；再次购买主要受人员推销及营业推广的影响，或多或少也受到提示性广告的影响。很明显，广告和公共宣传在购买者决策的最初阶段最具成本效应；而人员推销及营业推广在购买者决策的较晚阶段最具成本效应。

4. 产品生命周期阶段

由于产品生命周期的不同阶段所面临的主要任务不同，因此所选择的促销手段也有所不同。如在产品导入期，企业的主要任务是扩大宣传、扩大产品知名度，尽管广告及宣传的成本很高，但仍应该以广告宣传为主，以期在短时间内形成较好的口碑效应。而在产品成长期，由于口碑发挥了作用，市场需求保持自然增长的势头，仅靠广告明显不足，此时人员推销就必须跟进，通过情感促销扩大产品销量。在产品成熟期，企业的主要任务是巩固市场地位，所以只有借助公共关系等多种促销手段才能有效地巩固和扩大市场份额。在产品衰退期，企业的主要任务是延缓衰退、回收资金，所以多采用降价、买赠等活动，加速资金回笼。

5. 企业的市场地位

品牌排名越靠前，做广告比做营业推广更好。如排名前三位的名牌随着广告与营业推广的费用之比扩大而投资回报率增加，排名在后面的品牌则相反。

6. 市场特点

目标市场范围小或者是市场专用程度较高，宜于采用人员推销；相反，则适宜采用广告等触及面更广的促销手段。

【案例 9 - 3】开心网的商业奇迹

作为中粮集团首个果蔬汁品牌"悦活"早已在 2008 年年底上市，但是受客观经济环境影响，悦活没有像传统快消品那样选择在电视媒体密集轰炸，而是独辟蹊径，将矛头指向互联网。在网络平台的选择上，悦活在寻找三个交集：目标消费群体和网络用户群体的交集；品牌主张和网络生活形态的交集；产品概念和网络技术概念的交集。

很自然地，开心网进入了中粮的视线。早在 2008 年 6 月，中粮就与开心网洽谈过合作事宜，终因开心网初期没有广告模式而未果。直到 2009 年 2 月，开心网花园组件的问世让中粮找到了营销悦活品牌的出口。开心网的用户大多是在城市上班的白领，他们在开心网追寻的那种虚拟世界中简单、快乐的生活主张和悦活倡导的生活主张不谋而合。而开心网花园插件中"自然种植收获"的游戏又给悦活果蔬汁自然健康的产品提供了平台。

但此时中粮却选择继续等待。开心网花园组件问世之初，人气一路飙升，用户在上面享受种地、收获、偷菜的乐趣。但 2 个月后，大部分用户已经升到最高级别，没有兴趣继续种植。一些社区论坛上出现了"你最可能因为什么厌倦开心网花园游戏"的投票，多数用户都选择"没有新作物"和"钱多了就变成数字，没有意义"，用户对花园插件的黏性正在减弱。悦活品牌终于等到了植入开心花园的最佳时机。

2009 年 5 月 16 日，"悦活种植大赛"正式上线。用户直接在果园界面的道具商店内领取悦活产地场景卡，安装后再到种子商店中购买悦活种子，播种后即开始参赛。

在开心网花园的悦活种子代表了悦活品牌的 5 个产品品种：红色 5＋5、橙色 5＋5、悦活石榴、悦活番茄、悦活橙子。通过果实饱满的形象表现以及开心网花园场景卡，悦活新鲜自然无添加的产品概念被巧妙植入。

游戏中网友不但可以选购和种植"悦活果种子"，还可以将成熟的悦活果榨成悦活果汁，并将虚拟果汁赠送给好友。游戏中还设置了这样一个环节：每周从赠送过虚拟果汁的用户中随机抽取若干名，获得真实果汁赠送权。把虚拟变成现实，开心网又玩出了新花样。

活动刚上线便受到追捧，截至 5 月底，加入悦活粉丝群的用户已经超过 40 万，线下赠送悦活礼盒达 5 000 多套。同时，线上的活动也带动了线下的销售。很多消费者在购买果汁时就能说出产地，这是因为游戏中设置了 4 个产地场景卡，代表了悦活果蔬汁的原料产地。不同的场景卡能让游戏中的果实提前成熟，用户因此对悦活产品的产地印象深刻。

同时，悦活把其倡导的简单、健康而自然的生活方式赋予了一个虚拟的"悦活女孩"，并在开心网建立了悦活粉丝群，用户可以和"悦活女孩"共同分享、探讨生活中的种种。

2 个月的时间，参与悦活种植大赛的人数达到 2 280 万人，悦活粉丝群的数量达到 58 万人，游戏中送出虚拟果汁达 1.2 亿次。根据斯戴咨询公司调研报告，悦活的品牌提及率 2 个月来从零提到了 50%。而消费者对悦活的购买兴趣则已经仅次于汇源的果汁产品。从不知名的果蔬汁品牌到被消费者平静地接受，悦活借助开心网打了一场漂亮的互动营销战役，为产品后续的市场培育打下了良好的基础。

第二节　广 告 策 略

广告是为了某种特定的需要，通过一定形式的媒介，公开向受众进行宣传的手段。广告一词来源于拉丁文 advertere，到了中古英语时代演变为 advertise，意为"通知某人某件事以引起其注意"。直至 17 世纪末，大规模商业活动的发展的需求使广告得以广泛使用并流传开来。

美国市场营销学会（AMA）对广告的定义为："由特定广告主以付费方式对于构思、产品或劳务的非人员介绍及推广"。这个定义包含的面比较广，既包括广义广告又包括狭义广告。广义广告包括非经济广告和经济广告。非经济广告又称非营利性广告，是指不以营利为目的而专注于推广性质的广告形式，如政府行政部门、社会事业单位或者个人的各种公告、声明以及启事等等。狭义广告主要指经济广告，也称营利性广告、商业广告，是以营利为目的的广告，通常是企业和消费者进行沟通的有效形式，企业进行产品展示、宣传，获取认知度的常用工具，同时也是企业之间进行竞争、占领、扩大市场份额或者攫取市场优势的重要手段。我们这里所讲到的广告主要是指狭义广告。

一、广告的要素

一个典型的广告一般包括下列 7 个要素：

1. 广告主

广告主就是发布广告信息的企业或者个人，广告必须要有明确的广告主，因为广告主不仅是广告的付费者，同时还要承担广告信息的相应责任。

2. 广告公司

广告公司是专门从事广告业务代理、制作以及发布的第三方组织。亚当斯密的分工理论指出，分工能提高效率。现代社会化大生产对精细分工的要求日益增加。广告公司已经成为社会化分工中不可或缺的一环。

3. 广告媒体

广告信息不会自己流动，它的传播必须借助一定的媒介物，这种传播广告信息的载体就是广告媒体。凡是能够在广告信息发布者和受众之间进行信息沟通的一切手段都可以称之为广告媒体。随着时代的发展，广告媒体的种类也越来越多。

4. 广告信息

广告信息是指广告要发布、传播的内容。广告信息要全面、准确、如实的反应广告主所要传递给受众的信息，包括商品、服务、事件、主张等。否则，就会造成资源的浪费。

5. 广告思想和技巧

广告的本质是传播信息。所以广告的设计要简约、直白、易懂，并准确表达意图。同时广告的设计要巧妙，引起受众的共鸣，这就是广告的技巧问题。

6. 广告的受众

广告的受众是指广告信息的接收者。由于受众的消费需求、心理满足具有很大的差异性，所以广告媒体的选择、诉求方式、广告的时空选择等就应该有所区别。

7. 广告的费用

广告的费用就是指开展广告活动所需要的费用,包括调研费用、设计制作费用、广告媒体费用、广告办公费用以及人员的开支等。

二、广告的种类

按照不同的标准,广告的分类如下:

(1) 以传播媒介为标准可将广告分为:报纸广告、杂志广告、直接邮寄广告、电视广告、电影广告、网络广告、广播广告、招贴广告、交通广告、售点广告等。

(2) 以广告目的为标准可将广告分为:产品广告、企业广告、品牌广告、观念广告、公益广告等。

(3) 以广告传播范围为标准可将广告分为国际性广告、全国性广告、地方性广告、区域性广告等。

(4) 以广告的诉求方式为标准可将广告分为感情诉求广告、理性诉求广告等。

(5) 以广告的形式为标准可将广告分为平面广告、立体广告、移动广告等。

【案例 9 - 4】脑白金的广告"软文"

广告"软文",并非只是脑白金的专利,三株、红桃 K 也做过软文,只是没有将软文深耕细挖,做得如此透彻,也没有将软文系统化、科学化与分类化,没有充分发挥软文的威力,进行优化组合,运用到营销中去。脑白金建立了一套行之有效的软文体系,投放市场后,极具威慑力,这就是脑白金独创的营销奇迹。

脑白金采用软文策略,启动市场,有其主观与客观方面的原因。主观上,"巨人"危机后,企业资不抵债,一贫如洗,如何重新振作,重建巨人?脑白金很早就在酝酿之中。但如以保健品作为第二次创业的拳头产品,必须要有很好的卖点,要找到行业以及营销方面的突破口。况且在目前消费市场不成熟的年代,广告是最重要的营销利器,企业必须具备相当的资金,必须有高投入、高风险意识,而巨人没有。如采用软广告,则可以回避高额资金投入,以相对较少的营销费用,以报纸、书刊等非电波媒体为宣传载体,独树一帜,另行其道,或许可能创造奇迹。脑白金策划人员必须更加冷静、严谨,实事求是。

客观上,软文策略也是脑白金营销策划的核心原因。营销时代,社会在变，消费心理也在变，消费者逐渐变得理性，不太相信传统广告，特别是在保健品行业。不规范的市场运作，虚假广告，夸大其辞的功效诉求，老百姓早已生厌。还有相当多的保健品，仍在不遗余力地在媒体上大把大把地烧钱，以此引导消费，而老百姓并不领情。保健品行业大浪淘沙，市场依然低迷不振。难道这是因为老百姓的需求满足了，人人身体都很健康，不需保健？其实不然。脑白金策划人员经过缜密的市场调查，总结得出，这是保健品信任危机在蔓延，这种危机直接导致了保健品行业的大滑坡。

如何从消费者立场出发，一切以消费者为中心，投其所好，把握需求动脉，以全新另类营销模式启动市场是策划人员的创意原点。遵循营销时代的"追踪消费"模式是最明智的抉择，事实证明，这条思路是对的，这种营销模式很快就被市场认可了。

脑白金以"追踪消费"模式，开创了软文广告，它将软文分为几大类。最早投放市场的是新闻炒作类。5篇大块文章，《人类可以长生不老？》（连载三篇）、《两颗生物原子弹》与《98全球最关注的人》连续见报，如一枚枚重磅炸弹，形成了脑白金的第一轮冲击波。"脑白金是什么？"已被猎奇的人们所关注，大街小巷四处相互传播，脑白金的神秘色彩非常浓郁，权威性也不容质疑。这种大块新闻软文以大量的可读性内容，如新闻题材、科学推理、焦点事件等有机融合，收到了极高的阅读率。特别是《席卷全球》小册子，在老百姓生活中迅速掀起了一股强势风暴，成为炙手可热的好书，老百姓相互传阅，争相收藏。5篇新闻软文产生的市场反响无法描述，据不完全统计，直接经济效益就近2亿元！

新闻过后，紧接着跟进的是系列性功效软文篇，主诉求点分别从睡眠不足与肠道不好两方面，阐述其对人体的危害，并指导人们如何克服这种危害。将脑白金的功效巧妙融于软文，读来轻松自如，科普性很强，而且让读者主动了解脑白金。这种广告起到了极好的埋伏性效果，如《一天不大便等于抽三包烟》、《女人四十，是花还是豆腐渣？》、《人体内有只"钟"》、《夏天贪睡的张学良》、《宇航员如何睡觉》等等，这一系列功效软文以连续性方式，更加深了产品功能的可信度，而且每一篇都在谈科普，并无做广告之嫌，投入只需两个月，就收到意想不到的市场奇效。

同时，脑白金的软文广告中，还有相当多的科普资料在推波助澜，更添加了产品的实效性与权威性。如《79岁的双胞胎》、《孙女与奶奶的互换》与《生命科学的两大盛会》等，读来趣味有加，权威性强，不由你不信。

另外，配合季节性的营销策略，在不同的季节，推出不同的软文广告，如送礼篇、夏季太阳风篇等。不同类型的软文广告各有侧重，分别解决不同的市场问题，这是脑白金软文广告的独到之处。

三、广告决策的步骤

制定广告的决策，首先要确定广告的目标，然后制定广告的预算决策，接下来根据预算和广告的目标进行广告的设计及选择媒体，最后要对广告的效果进行评估，如图 9.4 所示。

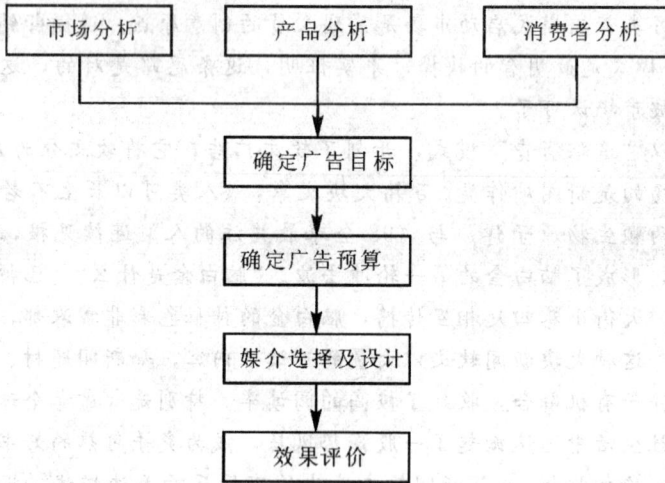

```
┌─────────┐   ┌─────────┐   ┌───────────┐
│ 市场分析 │   │ 产品分析 │   │ 消费者分析 │
└────┬────┘   └────┬────┘   └─────┬─────┘
     └───────┬─────┴──────────────┘
             ▼
       ┌──────────────┐
       │  确定广告目标  │
       └──────┬───────┘
             ▼
       ┌──────────────┐
       │  确定广告预算  │
       └──────┬───────┘
             ▼
       ┌──────────────┐
       │ 媒介选择及设计 │
       └──────┬───────┘
             ▼
       ┌──────────────┐
       │   效果评价    │
       └──────────────┘
```

图 9.4　广告决策步骤

（一）确定广告目标

广告目标也就是企业借助广告活动，在计划期内期望达到的最终效果。它对企业广告整体活动具有指导意义。

广告目标的确定有赖于对营销环境的分析。营销环境的分析包括市场分析、产品分析和消费者分析。通过这一工作可以明确企业所处的营销环境状况，明确广告宣传的前提。市场分析可以明确当前的市场状况，所占市场份额、是否是市场主导者以及市场的发展趋势；产品分析可以比较各种参与竞争产品的优势劣势，产品的扩展程度以及产品与市场的契合度等；通过消费者分析可以把握消费者的知识结构、消费习惯、偏好，从而可以进行更好的细分。

广告目标取决于营销目标，营销的不同阶段有不同的广告目标，有关学者提出了 50 多种广告目标。通常，把这些目标分成三大类：通知类、说服购买类和提醒使用类，广告目标提供的信息如表 9.1 所示。

表 9.1 可能的广告目标提供的信息

通知类 （信息性广告）	向市场通告新产品信息	描述可提供的各项服务
	建议产品的新用途	纠正错误的印象
	将价格的变化通告市场	解除消费者的顾虑
	说明产品如何使用	树立公司形象
说服购买类 （说服性广告）	培养品牌偏好	说服顾客立即购买
	鼓励消费者转向自己的品牌	说服顾客接受销售访问
	改变顾客对产品特性的认识	
提醒使用类 （提示性广告）	提醒消费者可能不久就会需要此产品	使消费者淡季也能记住此产品
	提醒消费者购买的地点	保持尽可能高的知名度

1. 通知类广告

这类广告通常用在产品的市场开拓阶段，目标就是建立初步需求。有关调查统计显示，大概 35％的消费者是直接靠广告诱导而进行购买行为的。新产品上市的推介会，平面媒体以及电视广告等都属于此类通知性广告。例如，哈尔滨啤酒公司针对市场需求推出了干啤系列产品——哈尔滨特制超干啤酒。上市之初，采取的策略为推销员在终端点的口头推介，一直未能引起市场的积极反应。原因在于：一方面，消费者观念中一直持有一种认识，即干啤是针对糖尿病患者的产品；另一方面，仅靠终端传播，缩小了受众面积。于是，公司针对这一状况专门举行了一次新品推介会，集中介绍了产品的理念，并结合电视媒体以及在市区大部分公交路牌设置滚动广告，取得了较好的营销效果。

2. 说服购买类广告

这类广告适用于产品的成长期，处在这一时期的消费者具有选择性需求的特点，尚未形成固定的品牌偏好，还要在多种品牌之间进行选择。所以此阶段广告的目标就是力劝消费者购买自己的产品，突出产品的特色以及不同于其他产品的特点，帮助顾客形成对自己品牌的偏好。当然，由于存在对比性说服，应该注意在突出自己产品特点的同时，避免贬低竞争对手，否则容易引起竞争对手的恶性攻击。这种现象在啤酒行业表现的非常明显。同时，在突出自己优点的同时应该保证自己的品牌能够经得起竞争对手的反击。

说服性广告最明显的例子就是明星代言。

3. 提示类广告

这类广告适用于产品的成熟期，目标就是提醒顾客进行购买以及购买的时间和地点。例如，可口可乐是众所周知的知名品牌，早已处在成熟期，其广告目标已经不再是介绍或者说服人们购买，而是提醒人们别忘了购买可口可乐产品的地点；提示人们近期可能会需要这种产品，同时在淡季也不要忘记了这种产品；等等。

提醒使用类广告的形式之一就是强化型广告，就是让消费者相信自己目前的购买行为是正确的。提醒使用类广告的形式之二就是公益广告，目的是通过对企业良好形象的树立促进产品的销售。

(二) 确定广告预算

广告预算是指广告主投入广告活动的费用开支计划，包括广告活动要花多少钱，广告经费在各种项目如调研、设计、制作、媒体以及办公等方面的分配；而不同的情况又有不同的广告选择，应该如何确定广告预算？广告学家哈斯波特举出了 4 种常见的广告预算确定的方法。

1. 百分率法

以一定时间内销售额或者盈余额的一定比率，计算出广告经费。以销售额为标准时，可根据上年度或者过去数年内的平均销售额，再根据次年度的销售预测额计算；以盈余额为标准时，则根据上年度或过去数年间的平均毛利额，再根据次年度一年间的预定利额计算。

2. 销售单位法

以商品的某一数量为单位，以这单位数量的广告费乘以销售数量而预算出。例如，某种产品每箱广告费用为 10 元，若一年共销售 1 万箱，则一年的广告费用为：10 元×10 000 箱＝100 000 元。

3. 邮购法

根据特定的广告获得询问价和订货的人数，来测算广告的效果。按照经验关系，找出广告费和广告效果之间的关系，以归纳的方式来决定广告经费。例如，单位广告费＝（目录印刷费＋销售信印刷费）÷邮件销售产品件数，有了单位广告费数字，就可以算出某一销售额所需要的广告费用。

4. 目标完成法

根据企业的广告目标、任务以及为实现目标和任务应做的具体工作决定广告预算。首先，根据企业营销目标确定广告目标，并且目标需要尽可能的具体；其次，明确为实现目标需要做的具体广告工作，尽可能详细地列出具体工作；最后，计算每项工作所需要的费用。

(三) 广告设计决策

在确定广告目标和预算之后，就要进行广告及广告内容的设计。通常，广告设计决策包括 3 个步骤：广告信息创意的选择、广告信息的评价与选择、广告信息的表达。

1. 广告信息创意的选择

要成功地制作广告信息，必须先确定广告对象及广告所针对的目标群体和目标市场。确定广告对象后，广告创意人员就要将所销售的产品和目标对象相结合，确定广告诉求，突出产品对买主的利益，只有紧扣这一诉求，广告才会充满感染力。那么如何获取广告信息呢？通常，广告创意人员要与消费者、经销商、营销人员进行交谈，获取素材，产生灵感。消费者是好创意的主要来源，因为他们能提供产品优点或者不足的直接印象，所以李奥贝纳公司提倡"同推销对象进行面对面的深谈。努力在心里勾画这些人的类型——他们如何使用这种产品，使用的情形又如何。"

2. 广告信息的评价与选择

评价要有标准。广告客户评价的标准应该满足愿望性、独占性和可信性。美国一位专家用讨人喜欢、独具特色和令人信服做标准，与此异曲同工。也就是说，广告信息必须表达产品带给人们感兴趣的东西，同时信息还能说明产品与同类产品相比所具有的独到之处。最后，这一广告信息应该是可信的或者是能够被证实的。真实性是选择广告信息的重要原则。广告宣传必须从实际出发，实事求是，切忌浮夸。

为了使广告信息更有效，应该先测试广告，也就是确定哪个诉求具有最强的影响。具体的方法有 3 种：第一种是直接评分法。即请消费者给不同的广告打分，然后用它来评价广告在引起注意、获取认知以及行为方面的强度。第二种是组合测试法。这种方法是请消费者观看一组广告，然后在限定时间内请他们描述对所看过广告的印象，以此来评估广告带给消费者的影响强度。第三种是实验室测试法。即在实验室用仪器进行测量，观察广告带给消费者在心理、生理上的感受和反应。

3. 广告信息的表达

广告信息的创意和选择是广告的"说什么"的问题，而广告信息的表达是"怎么说"的问题。对那些差别不是很大的产品（例如，洗衣粉、牙膏等），广告信息的表达方式更为重要，在很大程度上决定广告的效果。

广告信息的表达方式，一般有以下几种：生活片段、生活方式、音乐、幻想、气氛或形象、人格化、专门技术、科学证明、旁证等。在表达广告时，要注意运用恰当的文字、语言、声调，广告标题尤其要醒目易记、新颖独特。

（四）选择合适的广告媒体

在决定了广告信息之后，就要选择恰当的传播媒体。

1. 广告媒体种类的选择

广告媒体的种类很多，各个媒体各有其特点，如表9.2所示。

表9.2　各种广告媒体的特点

媒　体	优　点	局限性
报纸	灵活，及时，本地市场覆盖面大，可信度高	保存性差，再现质量差，传阅者少
电视	综合视觉、听觉和动作，富有感染力，能引起高度注意，触及面广	成本高，干扰多，瞬间即逝，观众选择性少
直接邮寄（DM）	接受者有选择性，灵活，在同一媒体内没有广告竞争，人情味较浓	相对成本较高，可能造成泛滥的印象
广播	大众化宣传，地理和人口方面选择性较强	仅有声音，感染力差，展露瞬间即逝
杂志	地理和人口选择性强，可信并有一定权威性，复制率高，保存期长，传阅者多	广告购买前置时间长
户外（OD）	灵活，广告展露时间长，费用低，竞争少	受众选择性较差
售点（POP）	诱导、提醒消费者，烘托售点气氛，促进指名购买	只能接触到店内外受众，传播范围有限

在选择广告媒体时，除了各种媒体的特点，还要考虑目标顾客的喜好、产品种类、广告信息、成本费用等方面的因素。企业应综合各类广告媒体的特点和上述因素来选择适当的媒体。

2. 具体媒体的选择

仅仅决定了媒体的种类还不够，还要选择具体的媒体。企业决定在电视上做广告，但全国有很多家电视台，究竟在哪家做广告，还需要根据成本和效果的综合考虑做出选择。

3. 广告时机的选择

许多产品的销售都是季节性的，不一定要在全年平均使用广告。例如，一般在销售季节到来之前，就开展广告宣传，如销售旺季的到来前做好准备。销售旺季时，广告活动达到高峰；旺季过后，逐步缩减甚至停止广告宣传。这类广告策略，要掌握好季节性商品的变化规律，过早开展广告宣传，会增加广告支出；过迟会延误时机，直接影响商品的销售。

(五) 评估广告效果

妥善地规划和控制广告的关键在于对广告效果的衡量。企业对广告效果应进行持续的评估。评估的内容主要有两个方面：

1. 信息传递效果的评估

评估广告是否将信息有效地传递给目标受众，这种评估在事前和事后都应进行。事前，可邀请顾客代表队将已经制作好的广告进行评估，了解他们是否喜欢这则广告。事后，可再邀请一些目标顾客，向他们了解是否见过或听过这一广告，是否还能回忆起广告的内容等。

2. 销售效果的评估

销售效果的评估是评估广告后销售量增长了多少。广告的有效性体现在销售量的变化上，由于做了广告，产品的销售量增加，营业额增加，由此就可以得出广告有效的结论。如果做了广告以后，销售量并没有明显的增加，则说明广告无效。

然而，有时候，销售量的测定是相对的，产品销售量的变化可能并不完全是由于广告的结果。如由于经济的衰退、市场疲软导致销售量下降或是维持在原来的水平上，并不能说明广告的效果差。同理，由于市场环境的变化给产品的销售创造了有利的条件导致销售量增加也并不能说明广告的效果好。

第三节 营业推广

营业推广，也称为销售促进，是指能刺激消费者或贸易商迅速或较多地购买某一特定的产品，包括多种多样的短期性刺激工具。营业推广对消费者提出了现在就购买的理由。这种例子随处可见，如《星期天》报纸中夹了一张插页，里面有一张购买福尔杰咖啡的优惠券；一位经理买了部康柏笔记本电脑，得到了免费手提箱。营业推广包括广泛的用以刺激更快更强烈的市场反应的手段。

营业推广的作用主要表现在 4 个方面：①可以缩短新产品进入市场的时间。新产品刚投入市场时，消费者对其缺乏足够的了解，在购买过程中往往会表现出观望态度，而中间商则由于消费者的这种态度不敢贸然采购。如果进行营业推广消除购买者的怀疑，就能激发其购买的积极性。②刺激潜在需求变为现实需求，促进购买决策的形成。当消费者的需求处于潜伏状态或在众多的同类商品中进行选择尚未作出购买决定时，采用某些营业推广的方法，往往能使消费者认识到机会难得，进而促成其立即购买。③刺激顾客进行大批量购买，加速资金周转。营业推广的一项重要任务就是刺激顾客进行大批量购买。例如，购货折扣、经销竞赛等方法的应用，可从物质利益方面诱导顾客加大购买量，从而有利于企业加速资金周转，扩大再生产。④提高商业信誉，扩大市场占有量。营业推广中服务周到、互惠、优惠券等的应用，会促进买卖双方相互信任，建立长期的协作关系，有利于企业生产经营活动的进行。

企业在利用营业推广方式进行促销时，一般要做出以下 3 个决策：确定营业推广的目标，选择营业推广的形式，营业推广方案的制定、实施与评估。

一、营业推广目标的确定

产品营业推广目标的确定，取决于它的整个营销目标，具体的营业推广目标又因目标市场的不同而不同。一般来说，企业营业推广的目标主要有 3 种：①针对消费者的；②针对中间商的；③针对本企业推销人员的，如表 9.3 所示。

总的来说，营业推广应该成为企业建立与消费者关系的一种手段，有助于巩固产品在消费者心目占的地位、建立与消费者的长期关系，而不能仅仅是创造短期销售量或是暂时改变品牌。营销员也应注意避免只顾价格的快速成交式促销，而应偏向于对保证品牌价值有利的促销。

表 9.3 营业推广目标的确定

消费者	利用消费者促销来增加短期销售或帮助建立起长期市场份额。这个目标可以是鼓励消费者试用一种新产品,可以是把消费者从竞争对手的产品里吸引过来,可以是促使消费者购买一种开发已久的产品,也可以是保持并奖励那些忠实的顾客
中间商	目的是向零售商购入新产品并且更多地存货,特别是季节性的产品;让他们为产品做公关并给予产品更多的货架空间,鼓励其持续地经营本企业的产品,建立巩固的产销关系
本企业推销人员	目的是从销售队伍那里得到对当前新产品的更多支持;或是使销售人员寻找潜在客户,签订新合同;鼓励其大力推销积压产品

二、营业推广形式的选择

为了促进销售,企业可以根据市场的类型、营业推广的目标、竞争形势以及成本等,从多种营业推广的形式中选出适当的营业推广方法。

(一) 针对消费者市场的营业推广形式

1. 样品

在消费者购买产品之前,免费赠送样品或者试用品,以介绍产品的性能、特点和使用方法等,刺激消费者的购买。这是最有效但同时又是成本最高的方式,是在新产品上市或商品还不为消费者所认知时所采用的一种方式。

2. 优惠券

送给消费者一种购物券,可按优惠价格购买某种产品。这种优惠券可直接寄给消费者,也可附在其他产品或广告中。一般来说,优惠券必须提供15%~20%的价格减让才有效果。

3. 提供赠品

当顾客购买价格较高的商品时赠送一个相关商品或其他价格较低的商品,刺激高价商品的销售。提供赠品不等于降价销售,特别是对于已经熟悉了商家推销积压商品即打折的消费者来说,提供赠品比降价更可信。

4. 现金折扣

现金折扣是对购买了一定金额的消费者给予的一种折扣，只不过价钱的减少是在购买之后而不是购买之前。

5. 折扣销售

折扣销售我们平常所说的打折。这是一种最常用的营业推广形式，能吸引许多具有"求廉"动机的消费者，属于一种价格刺激。

6. 惠顾奖励

惠顾奖励是指以现金或其他形式按比例奖励某一客户或集团客户的光顾。例如，大多数航空公司都有"经常乘客计划"，规定一个里程数，乘坐飞机里程达到这个数目的旅客可得到一次免费航程或其他奖品。

针对消费者的营业推广形式有很多，且不断在推陈出新，各种促销手段更是层出不穷。

(二) 针对中间商的营业推广形式

1. 购买折让

购买折让是指购货者在规定期限内购买某种商品时，每买一次就可以享受一定的小额购货折让，以鼓励购货者大量购买商品。中间商可以利用这种购买折让得到立即实现的利润、广告或价格上的补偿。

2. 津贴

企业为酬谢中间商替其做商品广告，往往要给中间商以广告折让。中间商为企业商品举办特别陈列，企业要给予中间商陈列折让。

3. 免费商品

当中间商购买某种商品达到一定数量时，企业要为其提供免费商品。当中间商推销企业产品有成绩时，企业要给予中间商推销金或免费赠送附有企业名字的特别广告赠品，如钢笔、日历、笔记本、烟灰缸、领带等。

(三) 针对推销人员的营业推广形式

推销人员经常要将许多不同品牌的商品推荐给消费者使用，因此，企业常运用销售竞赛、销售红利、奖品等销售促进方式直接刺激推销人员。

三、营业推广方案的制定与实施

(一) 营业推广方案的制定

企业在制定营业推广决策时，不仅要确定营业推广的目标，选择适当的推广形式，还要制定出具体的推广方案，主要内容包括：奖励规模、奖励范围、发奖途径、奖励期限以及营业推广的总预算。

1. 奖励规模

营业推广的实质就是对消费者、中间商和推销员予以奖励，所以企业在制定具体营业推广方案时应首先决定奖励的规模。在确定奖励规模时，最重要的是进行成本效益分析。假定奖励规模为1万元，如果因销售额扩大而带来的利润大大超过1万元，那么奖励规模还可扩大；如果利润增加额少于1万元，则这种奖励是得不偿失的。营业推广的这种成本效益分析，可为制定有关奖励规模的决策提供必要的数据。

2. 奖励对象

企业应决定奖励哪些顾客才能最有效地扩大销售。一般来讲，应奖励那些现实的或可能的长期顾客。如很多大商场会给拥有会员卡的消费者把积分兑换成奖金或者奖品。

3. 发奖途径

企业还应决定通过哪些途径来发奖，例如，代价券可放在商品包装里分发或通过广告媒介和直接邮寄分发，也可以通过发传单的方式直接分发。在选择分发途径时，既要考虑各种途径的传播范围，又要考虑成本。

4. 奖励期限

如果奖励的期限太短，许多消费者可能由于恰好在这一期限内没有购买而得不到奖励，从而影响营业推广的效果；反之，如果奖励的期限太长，又不利于促使消费者立即做出购买决策。

5. 总预算

确定营业推广预算的方法有两种：一种是先确定营业推广的方式，然后再预计其总费用；另一种是在一定时期的促销总预算中拨出一定比例用于营业推广。后者较为常用。

（二）营业推广方案的实施

在企业决定应用营业推广形式进行产品促销时，如果有条件的话，要对各种营业推广形式进行事先测试，根据测试结果选择要用的方式或者检验准备应用的推广方式是否合适。

企业应该为每一种营业推广方式制定具体的实施方案。实施方案中还应注明明确的方案准备时间和方案实施时间。

评估是指专业机构和人员，按照国家法律、法规和资产评估准则，根据特定目的，遵循评估原则，依照相关程序，选择适当的价值类型，运用科学方法，对资产价值进行分析、估算并发表专业意见的行为和过程。营业方案的评估就是将营业推广前、营业推广中、营业推广后的三个时期进行比较。

　　评估营业推广方案对企业具有重要的意义。例如，一种产品在营业推广之前的市场份额是 7%，营业推广期间是 12%，营业推广结束马上降为5%，过了一段时间后又回升至 8%。这些数据就说明，企业的营业推广方案在实施期间吸引了一批新的消费者，并且原有的老顾客也增加了购买量。营业推广结束后立即降为 5%，说明顾客尚未用完推广期间购买的产品。回升到 8%，说明这个推广方案最终赢得了一些新的顾客。如果过一段时间市场份额还是 7%，那么，就说明这个营业推广方案只是改变了顾客的购买时间，并没有改变顾客的购买量。

　　现今，在许多出售消费品的公司里，营业推广在所有营销开支中占75% 或更多的比例。每年营业推广开支都以 12% 的速度增长，而公关关系的增长率仅为 7%。营业推广可以马上就收到效果，但是企业要合理运用这种促销手段，避免损害企业的声誉或是长期利益。

第四节　人员推销

　　所谓人员推销，就是企业派出专职或兼职的推销人员，直接向可能的购买者进行的销售活动。人员推销是一种最基本的、最直接的推销方式。但也是一种最古老的促销方式，即使在经济高速发展的今天，它在现代企业促进产品销售方面仍旧是重要而且充满魅力的活动。

一、推销的要素

一个典型的推销主要由以下 3 个要素构成：

1. 推销主体

推销员是推销活动的主体。他们通过各种方法和技巧对推销客体施加影响，使其接受或购买其推销的产品或服务。

2. 推销对象

推销对象也称为推销的客体，是指产品或服务的接受者，是积极主动的接受者而不是消极被动的接受者，他们会主动寻找自己所需要购买的商品。

3. 推销资料

产品或服务是推销员连接顾客的媒介，也是推销员推销的对象和顾客购买的对象。推销员对顾客施加影响的大小，不仅取决于推销员的推销技巧和能力，而且取决于所推销的产品或服务是否满足顾客的需要。

二、人员推销的基本形式和特点

(一) 人员推销的基本形式

1. 上门推销

它是指推销人员携带产品样品、说明书和订单等走访顾客并推销产品。这种形式可以为顾客提供有效的服务和方便顾客购买，从而会被顾客广泛认可并接受，它是一种积极主动的、名副其实的"正宗"推销形式。例如，国际著名化妆品雅芳就是采用这种方式来进行推销。

2. 柜台推销

柜台推销又称为门市推销，这是最常见的人员推销形式，是指企业在适宜的地点设置固定的门市，由营业员接待进入门市的顾客，然后推销产品。这种推销与上门推销的形式刚好相反，它是等顾客上门式的推销。由于门市里的产品种类齐全，能满足顾客多方面的购买要求，为顾客提供较多的购买方便，并且可以保证商品安全无损，因此，顾客比较乐于接受这种方式。

3. 会议推销

它指的是利用各种会议向与会人员宣传和介绍产品，开展推销活动。例如，在订货会、交易会、展览会、物资交流会等会议上推销产品均属会议推销。这种推销形式接触面广、推销集中，可以同时向多个推销对象推销产品，成交额较大，推销效果较好。

(二) 人员推销的特点

1. 信息沟通的双向性

人员推销是推销员与顾客接触，一方面推销员为顾客提供有关商品的信息；另一方面推销员可以通过与顾客的接触，了解顾客的意见、态度和需要，为企业提供有价值的信息反馈。

2. 方法灵活，工作弹性大

人员推销由于与顾客保持直接接触，可以根据各类顾客的欲望、需求、动机和行为，有针对性地采取必要的协调行动。同时也便于观察顾客的反应，及时调整推销计划和内容，顾客有什么意见或问题也可以及时回答和解决。

3.完整性

人员推销从研究市场开始，寻求访问顾客，展示介绍商品，提供服务，直到最后成交，包括商品销售的全过程。

4.推销效率高，容易达成交易

人员推销可以对未来可能的顾客先进行一番研究和选择，通过电话或传真的预约并确定推销对象，以便实地推销时，目标明确，容易获得推销成果，同时也可将不必要的经费和时间浪费降低到最低限度。

5.可兼任其他营销功能

推销人员除了担任多项产品（服务）推销工作外，还可以兼做信息咨询服务，收集客户情报、市场调研、开发网点，帮助顾客解决商业性事项等工作。

6.有选择性

人员推销能够事先选择推销的对象，推销过程中与顾客面对面交流，能够使沟通对象的注意力保持更长的时间。

7.费用高

人员推销比各种形式的媒体广告成本更高，当市场广阔而又分散时，推销成本较高，人员过多也难以管理，同时，理想的推销人员也不容易获得。因此，除了致力于推销人员的挑选与培训外，其他推销方式也是有效的补充。

三、推销的对象和任务

(一) 推销的对象

推销对象是人员推销活动中接受推销的主体，是推销人员说服的对象。推销对象有消费者、生产用户和中间商。

1.向消费者推销

推销人员向消费者推销产品，必须对消费者有所了解。为此，要掌握消费者的年龄、性别、民族、职业、宗教信仰等基本情况，进而了解消费者的购买欲望、购买能力、购买特点和习惯等，并且，还要注意消费者的心理反应。对不同的消费者，施以不同的推销技巧。

2.向生产用户推销

将产品推向生产用户的必备条件是熟悉生产用户的有关情况，包括生产用户的生产规模、人员构成、经营管理水平、产品设计与制作过程以及资金情况等。在此前提下，推销人员还要善于准确而恰当地说明自己产品的优点，并能对生产用户使用该产品后所得到的效益作简要分析，以满足其需要，同时，推销人员还应帮助生产用户解决疑难问题，以取得用户信任。

3. 向中间商推销

与生产用户一样，中间商也对所购商品具有丰富的专门知识，其购买行为也属于理智型。这就需要推销人员具备相当的业务知识和较高的推销技巧。在向中间商推销产品时，首先要了解中间商的类型、业务特点、经营规模、经济实力以及他们在整个分销渠道中的地位；其次，应向中间商提供有关信息，给中间商提供帮助，建立友谊，扩大销售。

(二) 推销的基本任务

各个行业的人员推销都有不同的任务目标，但归纳起来，大致不外乎以下几种：

(1) 发现并培养新顾客，即寻找和招徕新的顾客；

(2) 传递信息，即将企业有关的产品或服务的信息通报给目标顾客；

(3) 推销产品，即通过与顾客接洽、向顾客介绍情况和解释疑问，最终达成交易；

(4) 提供服务，即为顾客提供各种服务，如咨询、技术指导、资金融通等；

(5) 收集信息进行市场调研；

(6) 分配货源，即当企业的某些产品短缺不能满足全部顾客的需求时，分析和评估各类顾客，然后向企业提出如何分配短缺产品或安排发货顺序等。

四、推销队伍的建设和管理

推销队伍是企业最为重要的资产之一，也是最难管理的一笔资产。这是由于销售队伍有"天高皇帝远"的工作特点，因而对销售人员的激励和管理变得很困难。

(一) 推销人员应具备的基本素质

美国学者迈克默里认为："一个具有高效率推销个性的推销员是一个习惯性的追求者，一个怀有赢得和抓住他人好感的迫切需求的人。"具体来说有 5 个特质：精力充沛，富有自信心，长期渴望金钱，根深蒂固的勤劳习性，视各种异议、阻力和障碍为挑战的心理状态。我国台湾推销大师郭泰认为："推销家必须是一个全才，他不但双手敏捷，双脚勤快，而且脑袋清楚，心灵开放。"具体来说，一个优秀的推销员应具备以下几个基本条件：

（1）热爱本职工作、对企业忠诚和具有为顾客服务的思想；

（2）具有强烈的进取精神，执着于推销的勇气和意志；

（3）头脑反应敏捷，具有良好的洞察能力，善于应变，具有较强的判断力与创造力；

（4）自信、乐观、情绪稳定、心理素质好，能应对顾客的拒绝与挫折；

（5）善于从顾客的角度考虑问题，易于取得顾客的认可；

（6）诚实、正直、具有亲和力；

（7）掌握商品知识及市场知识；

（8）有健康的体魄和高尚的礼仪风范；

（9）了解顾客需求状况、购买动机、购买条件、购买方式等，具有把握顾客心理活动的能力；

（10）具有良好的推销技巧，善于接近和说服顾客，打开僵局，应付拒绝，口才流利，举止适度，善于控制局势，把握成交机会，促使成交。

（二）推销队伍的管理

推销队伍的管理应包括以下内容：

1. 推销人员的招聘

（1）制订招聘计划，首先要计算确定需要的人员数量，计算公式为

$$S=（C_1+C_2）VL/T$$

式中 S——销售人员的数量；

C_1——现有顾客的数量；

C_2——潜在顾客的数量；

V——平均每年访问顾客的次数；

L——每次访问的平均时间（以小时计）；

T——每个推销员每年用于推销的有效工作时间（以小时计）。

如果对已有顾客与潜在顾客每年访问的次数和每次访问所需时间不相同，用 V_1 和 V_2 分别表示对现有顾客和潜在顾客每年访问的次数，L_1 和 L_2 分别表示对现有顾客和潜在顾客每次访问平均需要的时间，则上述公式变为

$$S=（C_1 V_1 L_1+C_2 V_2 L_2）/T$$

在确定了需要量之后，要确定推销员的种类、招聘日期、招聘途径。

（2）推销员的选择。选择过程一般为先行接见、填写申请表、面谈、测试、调查、体格检查、销售部门初步决定、高层主管最后决定、录用。

2. 对推销人员进行训练

对推销人员进行培训主要包括介绍企业情况、产品介绍学习、推销技巧学习等，训练方法可采用讲授法、会议法、小组讨论法、实力研讨法、角色扮演法、模仿法、示范教学法等。

3. 推销队伍的设计与组织

推销人员如何组织起来才能最有效率，也是人员推销的一个重要问题。一般应根据产品性质和企业业务规范组织推销队伍。一般来说，推销队伍有以下几种结构组织：

（1）地区型结构。这是一种最简单的组织结构，即每一个销售代表分管一个地区，负责在该地区销售企业所有产品。这种结构适用于产品和市场都比较单纯的企业。它的优点是：责任明确，有利于提高销售效率，差旅费较少，能够根据不同地区的消费特点，制订不同的营销计划。

（2）产品型结构。即每个推销员负责一类或几类产品在各地的推销。当产品技术复杂、产品间毫无联系或者产品种类很多的时候，按产品专门化组成销售队伍就显得特别适用。因为推销人员只有熟悉他所推销的产品，才能提高推销效率。例如，柯达公司用不同素质的销售人员来推销其胶卷产品和工业产品。胶卷产品销售人员经营分销任务繁重的简单产品，而工业品销售人员则由懂技术的专家来担任。

（3）顾客型结构。很多企业还按顾客类别来组织推销队伍，例如，按不同行业的客户、新客户、老客户、大客户、小客户，分别安排不同的推销人员。这种结构的优点是：推销员对顾客的特点需要非常熟悉，有时还能节约销售队伍的费用。但其主要的缺点是：如果各类客户遍布全国，那么每个推销员就要花费很多的旅行开支。

（4）复合的销售队伍结构。当公司在一个广阔的地理区域内向许多不同类型的顾客推销多种产品时，应该将以上几种组织销售队伍的方法混合起来使用。销售人员可以按地区—产品、地区—客户、产品—客户进行分工，也可以按地区—产品—客户分工。如海尔在某个城市的销售中心内分为彩电销售分公司、冰箱销售分公司、空调销售分公司等，就是典型的地区—产品型队伍结构。

4. 确定推销人员的薪酬

企业推销人员的报酬可以分为：薪金制、佣金制、结合制。

（1）薪金制：是指在一定的时期内支付给推销人员固定货币数额报酬，

不论推销业绩如何，固定不变。其优点是：有利于员工队伍的安定、员工工作心态的平和，功利色彩弱，易于管理；缺点是：容易形成大锅饭作风、搭便车行为，不利于公司控制销售费用，不利于吸引和留住人才。

（2）佣金制：是指推销员报酬与其工作业绩联系起来，如规定按推销额2％提取佣金。销售额越多，所提佣金就越多。采用佣金制关键是要根据产品销售难易程度及其他方面因素正确确定佣金占销售额的比例。其优点是：能够吸引更好的销售人员，并激励员工努力工作，减少企业的督导和销售成本。其弊端是：会导致销售人员的短期行为，对其他不产生直接效益的事情不予重视，有时甚至会损害公司的形象，会给销售人员带来压力，从而减弱销售队伍的稳定性和凝聚力。

（3）结合制：可以分为薪金加佣金制、薪金加奖金制、特别奖励制。这一制度吸取了薪金制与佣金制二者之长，减少了二者之短：它使得销售人员的收入既有固定薪金做保证，又与销售成绩挂钩。因此，国外大约有50％的企业采用薪金与佣金结合制，另有约28％的企业采用薪金制，21％的企业采用佣金制。

5. 激励推销人员

销售人员"天高皇帝远"的工作特点，使得他们不在领导的眼皮底下工作，所以犯错误的机会多，也更容易受到外部环境的影响，这一切决定了必须高度重视对他们的激励。

（1）要先拟定有吸引力的报酬计划。不仅要有有吸引力的物质激励制度，如固定工资、出差补贴、通信补贴等，还要有精神激励制度。通过对人们精神生活的满足，提高并长久保持创业激情。

（2）制定合理的销售定额。企业要先进行销售预测，定额一般都高于销售预测，这样可以促使销售经理和推销员尽最大努力去工作。但是需要注意的是：定额太低，起不到激励作用；定额太高，销售人员完成不了，信心受到打击，也起不到激励作用。只有那些员工经过努力才能达到的定额，才能真正激励员工，从而形成良性循环。

6. 监督

推销人员往往远离企业进行独立工作，因此销售负责人须采用一定的方式对其进行监督。常用的方式有电话联系、记事卡、报告等。

7. 评价

常用的评价方法是考核指标与审阅报告相结合。

（1）考核指标主要有销售额、销售目标达成率、毛利率、访问客户数目、每次商谈时间、黄金时段率、新开发客户数目、成交率、每次商谈费用、月平均访问客户数、顾客平均订货额、货款回收率等。

（2）审阅报告。通过建立推销员报告制度，监督和评价推销员工作。推销员报告包括：进度报告、费用报告、新客户报告、失去客户报告、未来活动计划。此外，负责人还可以通过与推销员的交谈和客户反映来评估推销员的工作业绩。

五、人员推销策略

在人员推销活动中，一般采用以下3种基本策略：

1. 试探性策略

试探性策略也称为"刺激-反应"策略。这种策略是在不了解顾客的情况下，推销人员运用刺激性手段引发顾客产生购买行为的策略。推销人员事先设计好能引起顾客兴趣、能刺激顾客购买欲望的推销语言，通过渗透性交谈进行刺激，在交谈中观察顾客的反应；然后根据其反应采取相应的对策，并选用得体的语言，再对顾客进行刺激，进一步观察顾客的反应，以了解顾客的真实需要，诱发购买动机，引导产生购买行为。

2. 针对性策略

针对性策略是指推销人员在基本了解顾客某些情况的前提下，有针对性地对顾客进行宣传、介绍，以引起顾客的兴趣和好感，从而达到成交的目的。因推销人员常常在事前已根据顾客的有关情况设计好推销语言，这与医生对患者诊断后开处方类似，故又称针对性策略为"配方-成交"策略。

3. 诱导性策略

诱导性策略是指推销人员运用能激起顾客某种需求的说服方法，诱发引导顾客产生购买行为。这种策略是一种创造性推销策略，它对推销人员要求较高，要求推销人员能因势利导，诱发、唤起顾客的需求；并能不失时机地宣传介绍和推荐所推销的产品，以满足顾客对产品的需求。因此，从这个意义上说，诱导性策略也可称为"诱发-满足"策略。

六、推销的主要步骤

在众多的销售理论中，应用最广泛的是"程序化推销"理论。这个理论把推销过程分为7个步骤，如图9.5所示。

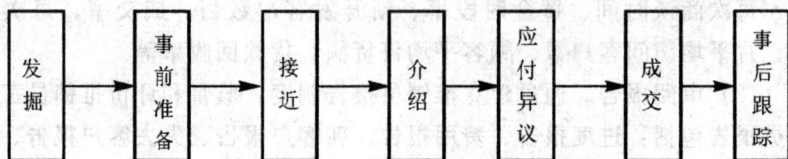

图 9.5　人员推销的步骤

1. 发掘

发掘就是寻找潜在客户和鉴定他们的资格。推销工作的第一步就是寻找潜在顾客。尽管公司可提供线索，销售代表还是需要有开发自己线索的技能，如向现有顾客询问潜在顾客的姓名或者通过中间商、供应商等介绍潜在顾客。

推销人员将搜集到的线索进行分析评价，提出有价值的线索。一般，可以将线索分为 4 类：①热线，即准备 3 个月内购买；②温线，准备在 12 个月内购买；③长期潜在顾客，即在 1 年之内没有购买的打算，但肯定会成为企业的潜在顾客；④非潜在顾客。推销人员之后要评定潜在顾客的资格，通过电话或信函联系以确定是否去访问顾客。

2. 事前准备

在出去推销之前，推销人员必须具备 3 方面的基本知识：

（1）产品知识。关于本企业基本情况、企业产品特点及用途等。

（2）顾客知识。包括潜在顾客的个人情况、所在企业的情况等。

（3）竞争者知识。竞争者的产品特点、竞争能力和竞争地位等。真正做到"知己知彼，百战不殆"。

3. 接近

在与潜在顾客进行面对面交谈时，切记"一个一开口就谈产品的人，是一个二流的推销员"这条销售戒律。此外，销售人员还应要有 3 个主要目标：

（1）给对方一个好印象。

（2）验证在准备阶段所得到的全部情况。

（3）为后面的谈话做好准备，同时，要选择最佳的接近方式和访问时间。

4. 介绍

在打开话题之后，推销员必须把握时机，进入正题，向顾客传递有关信息，以说服其购买企业的产品。这个阶段是推销过程的中心。在这个时候，推销员介绍产品时,要着重说明该产品能给顾客带来什么利益,切忌夸大其辞,脱离实际。因此,成功的推销是产品利益的推销,而不是产品特性的推销。在介绍产品时,可以用某种方法介绍。例如,可以用一些图表、坐标图、小册子等形式加以说明;可通过顾客的多感官进行介绍,其中视觉是最重要的一种。

5. 应付异议

推销过程中,推销人员经常会遇到顾客的异议,因此要随时准备应付不同意见。美国的一项调查表明,完全没有异议的情况在上门推销成功率中只占 15％。一个有经验的推销员应当具备与持有不同意见的买方洽谈的技巧,要善于倾听反对意见,还要随时准备好对付反对意见的适当措辞和论据。

6. 成交

多数推销人员认为,接近和成交是推销过程中两个最困难的步骤。在洽谈过程中,推销人员要随时给予对方成交的机会。有的买主不需要全面的介绍,介绍过程中如果发现对方有愿意购买的表示,那么就要立即抓住机会,签约成交。

推销员还可以使用如下方法促成交易:一是劝诱法,即通过给顾客以特别的成交劝诱,如送礼物、做特价等促使其购买;一是选择成交法,即向顾客提出一些购买方案,请顾客从中作出选择。

7. 事后跟踪

推销员不能将成交看成是推销工作的结束,而应是新推销工作的开始。因为,如果推销人员能确保顾客满意并重复购买,那么,事后"跟踪"就必不可少。对一些重要的客户,推销人员要特别注意与之建立长期的合作关系,帮助顾客解决问题,提供各种必要的售前售后服务,发展个人友谊,实行"关系营销"。

第五节 公共关系

一、公共关系的含义

在销售组合中,人员推销、营业推广、广告等都带有短期性的目标,而公共关系则着眼于长期的目标,是一种以长期目标为主的间接促销手段。因此,公司不仅要建设性地与消费者、供应商、经销商之间建立关系,而且要与大量的感兴趣的公众建立关系。

公共关系来自英文 Public Relations，简称 PR，是指"关于建立一个组织同既定公众之间的相互了解的活动"。事实上，公共关系就是一个组织机构为创造良好的社会关系环境，赢得公众理解和信任，争取公众舆论支持的一种协调、沟通、传播活动，是一种内求团结完善，外求和谐发展的经营管理艺术。

公共关系在市场营销中的作用越来越大，这主要是有以下 3 方面原因：

1. 社会因素的作用

随着社会的发展，全球化的趋势加强，企业不仅要在经济环境中运行，还要在一种空间复杂、多变的社会中运行。文化、心理、社会的因素对产品的影响越来越大，产品单纯依靠经济的时代已经过去。因此，企业要发展、要成功就必须塑造良好的自身形象。

2. 广告的作用力下降

现今，广告媒体的费用越来越高，视听干扰也越来越多，人们开始选择远离电视媒体，这样就造成广告的作用力在下降。这种情况下，企业会越来越多地求助于公共关系。美国一项针对营销经理的调查表明，有 75% 的被调查者宣称他们公司所开展的营销公关活动，对于建立品牌知名度和增加顾客对新产品的认识十分有效，而且所用的成本也比广告少。

3. 公共关系自身的优势

由于公共关系通常利用新闻报道进行，传递给公众的信息往往被认为是客观、真实的，可信度较高。人们对这种形式的信息比较容易接受。例如，美国纽约市为了振兴旅游业，曾开展过一个"我爱纽约"的活动，从而扭转了纽约的"城市形象"，取得了很好的效果，为纽约市带来了几百万的游客。这样，就比单纯地宣传纽约市的旅游业效果要好得多。

二、公共关系营销的职能

过去，人们常常强调公共关系在树立企业形象上的作用，却忽视了其在影响消费者认知、促进产品销售方面的作用。由于上述 3 个原因，广告的作用在逐渐下降，营销经理开始重视公共关系的促销功能，一些公司还专门成立了市场营销公共关系小组（简称 MPR）来开展公关促销。有关专家认为，MPR 比广告更具可信度，对消费者的影响力大约是广告的 5 倍左右。MPR的主要职能有：

1. 建立良好的媒介关系

建立良好的媒介关系，是企业取得舆论支持、树立企业形象的首要任务。公共关系必须利用大众传播工具，才能有效地、迅速地形成社会舆论，为塑造企业形象服务。一般来说，企业与大众媒介发生关系有两种情况：一是企业主动寻找大众媒介，希望媒介为企业的公共关系宣传服务。这就要求企业必须了解大众媒介的传播规律，与大众媒介的工作人员保持经常的联系，建立良好的关系；二是企业发生的一些情况引起大众媒介注意和兴趣，要求企业提供事实和给予帮助。在这种情况下，企业要为大众媒介的工作人员提供方便，按照他们的要求提供企业的各类资料或新闻报道线索。

2. 塑造企业形象

塑造企业的良好形象是公共关系的主要职能之一。在现代社会中，良好的企业形象是企业的一笔无形财富，它可以为企业产品或服务创造消费信息，吸引优秀人才，寻找到可靠的原材料和能源供应商及增加投资者的信息，求得稳定而有效的经销渠道。

3. 沟通信息

公关关系活动本质是通过双向沟通，有效的达成组织与公众之间的信息交流。因此企业在开展公关关系活动时，一方面通过各种沟通渠道将企业及其产品的信息传递给社会公众，使公众了解和认识企业，另一方面又搜集与企业及其产品形象有关的各种信息，包括公众对企业的产品质量、性能、价格、售后服务、用途等方面的看法和改进意见以及需求状况、竞争者状况的信息等。

4. 挽救不良的企业形象

现代企业是一个与外界环境有紧密联系的开放系统。它的经营与发展受到诸多因素的制约和影响。在市场经济中，处于动态环境中的企业，危机是不可避免的。如突发事件，这种事件有 3 个特点：一是突然性；二是破坏性，即对企业形象造成破坏性的影响；三是影响面大，即能够刺激人们好奇心理，从而成为人们议论的话题和新闻报道内容。在这种情况下，会对企业产生极大的影响。因此，企业要想维持良好的公共信誉，就必须密切关注、高度重视并慎重处理这些情况。首先要防患于未然，预防此类事件的发生。一旦类似事件发生，切记不要隐瞒真相，要实事求是地说明问题，以取得公众的谅解和信任，最后使这些危机得以妥善处理。

5. 协调关系

公共关系是一项内求团结、外求发展的经营管理艺术，其中协调是实现组织目标的重要保证。协调关系包括领导与群众关系，组织内部各部门之间的关系，组织与外部公众的关系 3 个方面。

6. 咨询建议

这里的咨询建议是指公共关系人员向决策管理部门提供有关改进企业经营管理方面的意见或建议，以实现企业决策科学化、民主化和企业形象的尽善尽美。咨询建议的前提是有足够的信息沟通，如果没有足够的信息沟通，一切咨询和建议都将是空谈。

三、营销公关的主要工具

1. 利用新闻宣传

公共关系专家的一项重要职责就是发现或创造有关企业、产品和员工的新闻，或举行活动创造机会以吸引新闻界和公众的关注，扩大影响，提高企业或产品的知名度，是无须花钱而获得的对企业及其产品的有利报道，通常是由第三者编发的。这是企业除广告以外的较好的宣传方式，并且具有广告无法比拟的优点：如具有新闻价值、可信度高、费用低廉等。对企业树立企业形象和促进产品销售具有十分重要的意义。因此，企业的公关人员要同各种新闻媒体保持良好的关系，尽可能地结识新闻编辑人员和记者，以便能在各种新闻媒体上获得对企业有利的宣传报道。美国公共协会对会员的调查显示，50％以上的会员具有 8 年左右的大众传播经验。如某地高速公路上发生一起车祸，一辆桑塔纳轿车在前后受撞和被挤压的情况下，4 名乘客安然无恙，这一事件为上海大众汽车公司进行公关关系活动和宣传桑塔纳轿车设计合理、乘坐安全提供了信息。

2. 举行各种专题活动

企业通过举办各种专题活动，如知识竞赛、体育比赛、演讲会、研讨会、记者招待会、展览会等。在高校毕业生即将开始找工作的时候，很多企业就会进入学校进行宣讲，例如，宝洁公司在举办宣讲会的时候，名曰宝洁大学开课，给学生演讲一些找工作的技巧，不仅可以吸引大量学生来听课，还在很大程度上宣传了企业本身。

3. 赞助或开展公益活动

各种公益活动，如运动会、文艺比赛、基金会等，往往为万人瞩目和各种新闻媒介广泛报道，赢得公众的广泛赞誉，而且能够显露自己提高知名度。如在 2008 年北京奥运会时，李宁公司就赞助了西班牙运动员的服装，赢得了良好的声誉和国际社会对李宁品牌的认可。

4. 开展有意义的活动

企业通过安排一些能够有效地接近公共关系对象的活动，引来公众注意，传递有关信息。如浙江千岛湖养生堂饮用水公司组织的"农夫山泉寻源之旅"、海南养生堂组织消费者到养鳖基地参观等，不但密切了企业与消费者的关系，而且通过这些参观广泛地传递了企业产品质量的信息，促进了企业良好形象的建立。

5. 撰写书面材料

书面材料包括公司的年度报告，业务通讯和期刊以及论文和小册子，等等，其内容可以包含相关的历史典故、公司特色、产品特色、民间传说、神话故事等。这些材料在不同程度上可以影响目标市场。如无锡小天鹅股份公司经理徐源在一些报刊上发表的《创造未来的"末日管理"》《小天鹅的战术是什么》等文章就起到了很好的公共宣传作用。

6. 编制音像材料

现在越来越多的企业编制了有关企业和产品的录音带、光碟、幻灯片或电影的宣传材料，这类材料由于声像俱全，使人们对企业的形象有了更直观的印象，加强了公众对企业的印象。

7. 开展公关广告

公关广告是企业为了提高知名度、树立良好的企业形象和求得社会公众对企业的支持和帮助而进行的广告宣传，它与直接以促销为目的的广告有着本质的区别。公共广告一般有3种形式：一是致意性广告，二是解释性广告，三是倡导性或公益性广告。我们经常可以在电视或其他媒体上看到公益广告，这大部分是企业赞助播放或刊登的。这样就给企业树立了良好的公众印象。

8. 建立一个统一的标识体系

在一个高度开放的社会中，公司要尽全力去获取别人的注意就必须努力设计一个公众能立刻认知的视觉识别标志。这些可用在公司的商标、小册子、招牌、名片等上面。现在很多大企业都有自己独特的标识体系，如海尔、肯德基、可口可乐、IBM等。

9. 建立与公众固定联系制度

企业通过消费者、政府机构、社会团体、银行、中间商等建立固定的联系制度，加强信息沟通，主动地向他们介绍企业的经营状况，听取他们的意见，接受他们的批评，就可以更好地取得公众的信赖和支持，并扩大企业的知名度和美誉度。

10. 游说政府

在很多时候，国家的政策、法律法规都会影响到企业的效益，因此，为了给企业创造有利的生产、销售条件，在西方国家，一些企业经常雇佣说客对立法机关、政府部门进行游说活动，以影响有关的政策和法律法规制定和实施。在美国，企业 1997 年投入的游说费用为 12.6 亿美元，1998 年为 14.2 亿美元；华盛顿市注册的说客人数在 1997 年为 14 946 人，1998 年为 18 590 人，而 1999 年又达到 20 512 人。

【案例 9－5】可口可乐的公共关系营销

可口可乐赞助体育从 1907 年赞助美国棒球比赛开始，至今已有百年的传统。1928 年，随着 1 000 箱可口可乐和参加第 9 届奥运会的美国代表团一道运抵阿姆斯特丹，揭开了可口可乐赞助奥运会的历史篇章。

企业沟通的最终目标应该是通过你的别出心裁，引人入胜的诉求，让更多的人来听你，理解你，同意你，购买你的产品，直至长期坚持下去，成为你的忠实顾客。可口可乐通过多年实践，充分意识到欲达此目的仅仅依靠传统的沟通手段已经远远不够，必须建立一种能够置身于公众之中和沟通对象直接对话的机制和通道，其最有效的方法莫过于赞助。以 1996 年为例，赞助费用高达 6.5 亿美元，约占当年沟通预算 13 亿美元左右的一半和总销售额 185 亿美元的 3.5％。当然，需要指出的是平时这方面的预算并没有这么多。这一年的奥运会有点特殊，既是百年大庆，又适逢在可口可乐总部所在地亚特兰大举行。其奋斗目标是"哪里有体育，哪里就有可口可乐"。

经销商是可口可乐的第一沟通对象，因此可口可乐坚持，凡是他们所赞助的赛事，都要取得设立接待帐篷的回报，以利用这一机会，有目的、有选择地分发一些请柬，邀请一些重要的经销商和重点联络对象到休息厅叙会。当地或上级代理商将和客人们在优雅舒适，轻松愉快的气氛中相互沟通，交际，洽谈业务，联络感情，客人们还可以享受一日三次的冷餐。经验表明，在这样的场合和经销商们进行一次年度商业会谈以外的接触很有必要。这是可口可乐和重要客商建立感情，商谈业务的一种重要方式。

2001 年 7 月 13 日晚萨马兰奇刚一宣布北京为 2008 年奥运会举办城市，可口可乐北京分公司就立即开工生产特别纪念金罐装的可口可乐，第二天一早就在北京许多超市出现。该罐以代表喜庆的金红两色为主调，加上长城、天坛等北京标志建筑以及各种运动画面，此外，罐身图案中央可口可乐液从古典弧形瓶口飞溅而出，上端印有"为奥运牵手，为中国喝彩"等字样，下端则强调"从 1928 年起即为奥运会全球合作伙伴"的光荣历史。行动之快，寓意之深远，情意之绵长，都令人感叹不已。纪念金罐限量市场 3 万箱共 72 万罐，由于具有很高的纪念意义和收藏价值，上市后不几天就一抢而空。

四、公共关系的主要决策

企业公关决策主要包括 4 个方面：确定公关目标、选择内容和方法、实施公关计划、评估公共效果。

(一) 确定公关目标

公共关系的基本目标是确立企业在公众心目中的良好形象。为了实现这一目标，企业必须根据公共关系的实际状况和市场营销目标，确定每次具体的公共关系活动的目标。这些目标主要有以下一些类型：

(1) 建立知名度。可通过在媒体上讲述一些有吸引力的故事来强化人们对该企业、产品、服务、人员、企业文化等观念的注意。

(2) 建立可信性。可通过编辑报道来传播信息以建立公众信任。

(3) 刺激销售队伍和经销商。新产品投放市场之前先以故事宣传方式加以披露，能帮助销售队伍将产品推销给零售商。

(4) 降低促销成本。公共关系营销的成本比直接邮寄和广告的成本要低很多，而且越是促销预算少的企业，运用能打动人心的公关手段就越多。

(5) 避免纠纷，化解矛盾。可以利用公关手段增进企业和公众之间的了解，避免发生不必要的纠纷。

(6) 挽救形象。这是在出现形象危机时企业公关关系的首要目标。

(二) 选择内容和方法

在确定了公共目标之后，就需要按要求选择适当的公关内容和形式。如前所述，可供选择的方法很多，应利用人际关系等方面的现有资源，选用投入适当、效果明显和切实可行的方案。例如，一所不知名的院校希望得到更多人的认识，那么公关人员就要为其寻找可能的奇闻异事。如该学校的教师的实力、背景如何；学校有什么重大的科研项目；学校有没有开设不同寻常的课程；学校特殊的地理位置或是有什么特别的建筑、景点等。

选择出来的故事须与企业要树立的形象相符。如果故事素材不够充分，就应该让企业做几件有新闻价值的事情。

(三) 实施公关计划

企业实施公关计划时要面临很多困难，例如报刊拒绝刊登已经撰写好的公关文件等，因此公共人员要有让媒体接受新闻稿件和参加新闻发布会的市场技巧和人际关系技巧。公关人员的重要资本之一，就是他们与各种媒体的编辑之间所建立的私人关系。宣传人员如果能把媒体编辑视为一种市场，并满足其要求，则这些编辑也必然会愿意采用他们所提供的新闻。而且，公关人员要充分预料各种影响力量对事态发展的影响，并对公关计划加以监控与实施。

（四）评估公共效果

　　最直接的评价是媒体展露次数，要对公关活动中所有报道的次数加以统计，同时还要对其沟通效果加以分析，评估公关在引起公众态度转变以及增进产品理解上的作用，当然，还可以估算其对销售额或利润的影响。

　　例如，经过统计，某企业的稿件被登载在 15 种报刊上，共计 12 000 字，约有 2 100 万人读过；在 6 家电台合计广播了 50 分钟，约有 3 200 万人听过；在 17 家电视台播出，收看人数约为 8 000 万人。如果在上述媒体做广告，需要 20 万元的费用，其效果还不如宣传报道。

　　还有一种较好的衡量方式是看公共活动能够使人们在产品知晓、了解和对产品的态度上有了多大程度的转变。比如，有多少人听说过这种产品，有多少人向别人转告过，有多少人听说这种产品后改变了主意。

　　上述评估方法的缺点是，不能说明人们是否认真收看或是收听了这些宣传报道，也不能说明公众的反应如何。

本章小结

　　1. 企业为取得营销的成功，不仅要以适当的价格，通过适当的渠道向顾客提供适当的产品，而且还必须通过适当的方式，使顾客从纷繁复杂的市场上认识、了解、接受并购买本企业的产品，这就是促销的功能。市场上一般的促销包括广告、营业推广、人员推销和公共关系等具体活动。

　　2. 在各种促销活动中，信息的传播活动是不可忽视的部分，在信息的传播活动中必须注意发送者、接收者、信息符号、媒介和噪音等 5 个要素，重视对信息接收者的控制和引导。

　　3. 企业产品的促销策略往往是在对各种促销手段加以认真组合的基础上产生的，这既说明各促销手段之间能相互补充，形成促销合力，又强调了人以及关系的重要，故组建一支结构合理、素质较高的推销队伍，并以产品质量为根本，全力塑造企业良好形象的公共关系也就成为促销策略中不可缺少的内容。

习 题 九

1. 促销组合有哪些?
2. 简述各种促销方式的特点。
3. 简述各类广告媒体的特点。
4. 什么是营业推广? 主要的形式有哪些?
5. 人员推销的主要步骤有哪些?
6. 企业以公共关系作为一种促销手段时, 面临哪些主要的决策?

案例分析

"雅芳"的成功营销战略

在过去的 100 多年中, 伴随着"叮当, 雅芳到"这句简单的广告词, 雅芳美容产品已经遍及世界各地。雅芳公司成立于 1886 年, 1916 年以加利福尼亚香水公司的名义注册, 同时雇佣了一大批女性来推销其产品。在"雅芳"的发展过程中, 有将近 4 000 万雅芳小姐, 她们在家中向邻居和朋友介绍雅芳产品, 接受或交付订货, 赚取佣金。通过直销, 雅芳公司轻而易举地避开了与其他竞争对手争夺百货店、减价杂货店和超级市场的空间之战。进一步而言, 直销还为顾客提供了方便——以朋友的身份为顾客提供个人美容建议。雅芳公司的营销战略取得了巨大的成功。但是 20 世纪 80 年代以来, 环境和文化的变化威胁着雅芳公司的传统营销战略。

1988 年詹姆斯·普瑞斯顿继任公司总裁。面对 90 年代的全国经济衰退, 普瑞斯顿不得不修订公司的市场营销战略。首先, 他把注意力集中到"雅芳"的核心业务上, 通过降低成本, 依靠质量上乘的香水打入国际市场。其次, 他着手实施促销策略, 把广告费用恢复到以前的水平。普瑞斯顿坚信雅芳公司流失了多达 1 000 万的老顾客和潜在顾客, 这些顾客想购买雅芳产品, 但由于销售人员的更替, 她们不知道如何与销售人员取得联系或如何买到雅芳产品。雅芳公司通过开展目录业务促进直邮销售以争取年轻人和收入较高的顾客群。为了支持目录计划, 雅芳公司发起了以标语"雅芳——城里最时髦的商店"为标志的印刷广告运动。顾客可以根据广告上的免费电话号码索要目录, 公司会把她们介绍给离她们最近的雅芳代表。同时, 自 1988 年停播电视广告以来, 雅芳公司于 1993 年重新推出一系列电视广告。这些广告鼓励女性使用免费电话订购雅芳产品。此外, 雅芳公司还利用"成功女性奖"这项公关计划树立了良好的公众形象，该奖项授予那些战胜不幸、歧视或个人不利条件而在事业上取得成功的女性。

思考题

1. 雅芳公司的新战略对营销组合做了哪些调查？新的营销组合策略中各部分是如何相互配合的？

2. 雅芳公司发起目录运动、印刷广告运动和电视广告运动的目的何在？

3. 你认为雅芳公司应该采取什么措施从顾客和销售人员两方面进行促销？

4. 雅芳举办的"成功女性奖"取得了哪些成功？

第十章　服　务　营　销

学习目标

在产品差异越来越小的今天，服务营销已被越来越多的企业所重视，成为市场制胜的武器。通过本章的学习应明确服务与服务营销的概念；了解服务及服务营销的特征；掌握服务营销组合策略；掌握服务质量差距的形成及缩小差距的方法；熟悉服务流程及其设计方法，能够绘制企业服务流程，并把握各部门之间的关联。

知识要点

服务与服务营销概念，服务与服务营销的特点，服务营销组合的概念、策略，服务质量的概念、构成要素，服务流程及设计方法。

案例导入

移动和联通

总的来讲，服务类企业市场营销的难度，要远远高于产品类企业。然而，服务类企业中，也不乏优势企业，如中国移动和中国联通。通过近几年的发展，中国目前已经成为世界通信大国，中国移动的用户已经超过英国电信巨人沃达丰，位居世界第一。排除国家的政策扶持、中国人口基数大等因素，中国移动和中国联通较高的市场营销能力，也是推动中国通信市场前进的主要原因。

电信营销，实质上是服务的营销，和它的使用载体——手机——的营销相比，显然缺少了许多"热闹"。尽管联通请姚明做"新时空"的代言人，而市场大众对"新时空"的品牌印象仍很模糊。"新时空"虽然借助姚明提高了知名度，但临门一脚的销售显然单依靠姚明是不行的。如何刺激老百姓的购买欲望？于是，联通推出了"存单作担保，免费拿手机""打电话，得手机"的活动，把服务的营销依附在漂亮的 CDMA 手机上，让无形的服务营销插上了有形的翅膀,在发展新用户、完成全年 700 万用户的目标方面,立下了汗马功劳。

移动也看到了把服务依附在手机上进行推广的重要性,于是推出了"话费立即送,酷机任你选"的活动,把服务同 15 款手机紧密联系在一起,减少了消费者信息接受和筛选的过程。

联通 CDMA 在刚开始推广时,可以用"出师不利"来概括。联通 CDMA 刚开始的销售,主要是卖卡放号,坐等客户上门,时间过半,而用户数才 100 万,与全年 700 万的任务相差甚远。下半年开始,联通立即采取了同上游手机制造商合作,定制生产大批手机,以降低成本;同时把下游社会零售渠道拉了进来,共担风险,共享利益,极大地调动了价值链上下游企业的积极性。如上海联通同永乐家电进行合作,永乐家电以包销的方式,帮助联通发展了大批顾客,而同时,联通给予的优惠政策,极大地调动了消费者的购买热情,使永乐家电坐上了上海手机零售业的头把交椅,形成了一个"多赢"的局面。

基于目前强大的网络优势和用户优势,中国移动率先推出了"积分奖励计划",即根据消费者的话费,进行积分反馈。不同积分给予价值不等的优惠待遇。一般情况,在网时间越长,积分就越多,优惠就越多,这就给消费者增加了连续使用中国移动服务的信心。虽然这个活动看似简单,但作为移动通信市场的领导企业来运做,活动的意义和影响力度,自然不一般。对于中国移动来讲,"积分计划"是一件花钱少、便于执行和推广的活动。而联通则继"存单作担保,免费拿手机"活动之后,又推出了"打电话,得手机"的活动。前一个活动只需消费者在指定银行存入一笔定期存款,凭存单作抵押,则可免费获得一款 CDMA 手机;而后一个活动中,消费者在三年中的话费是所购手机的两倍,则消费者可以获得联通的全额手机款反还的优惠。这两个活动的一个绝妙之处,就在于通过活动,锁定了消费者三年在网时间。通过这三年的使用,消费者将从陌生到熟悉,从熟悉到认同,对联通的服务产生依赖,而这正是联通活动的目的所在。

虽然中国移动和中国联通的市场营销能力,还有待进一步提高,但通过移动和联通的市场运作手法,我们仍可以从中得到许多有益于提高服务类企业市场营销能力的启示和思考。总之,由于行业的特殊性,服务类企业应多从企业的横向、纵向、内部等方面,提高企业的市场营销能力,通过多种途径和办法,将"无形之争"转化为"有形之争",从而决胜市场。

随着经济地不断发展,服务在整个社会中所占的比重也在逐渐增加。服务业也称为第三产业,在国民经济中比重的上升标志着现代经济的发展。当第三产业在国民生产总值中的所占的比重大于 50％时,就标志着服务经济已经到来。但是在早期,市场营销学关注的是农产品的销售,最后范围扩大至有形产品的市场营销。服务相对而言是无人关注的。直至 20 世纪 60 年代起,美国学者 John Rathmal 首次对服务与有形产品进行区分,提出要以非传统方法研究服务的市场营销问题。到 1974 年 Rathmal 所著的第一本论述服务营销的专著面世,标志着服务营销学的诞生。

第一节 服务与服务营销

一、服务

(一) 服务的概念

服务是一种非常复杂的社会现象,范围极其广泛,不仅包括传统的服务业还包括制造业内部的各种隐形服务和客户支持服务。在市场经济条件下,服务本身就是一种商品,是一种无形产品。

但是要给服务下一个比较准确的定义还有点困难,似乎每一种定义都有其局限性。这是因为服务具有多样性和外界对其影响因素太多造成的。

这里,我们仅举几个有代表性的定义:

服务是一种行为、一种表现、一项努力。

服务是用于出售或是同产品一起进行出售的活动、利益或满足感;本质上是不可感知和不涉及实物所有权转移,但可以区分、界定和满足欲望的活动。(美国市场营销学会,AMA)

服务是可以购买和销售的,但不具有实物的形态的事物。

服务是一方向另一方提供的基本上是无形的任何东西或利益,并且不导致任何所有权的产生。它的产生可能与某种有形商品联系在一起,也可能毫无关系。

服务一般是以无形的方式,在顾客与服务职员、有形资源商品或服务之间发生的、可以解决顾客问题的一种或一系列行为。

可以这样说,服务是一种本质上无形的活动或利益,但是能够有效地提供某种满足或利益的过程。这是因为:服务作为一种无形的商品,要通过交换来满足某种需要和提供某种利益;服务是一种无形的产品,它的产生必然伴随着一系列的过程。

服务和产品由交融在一起到彼此分离呈现 4 种状态：

（1）纯有形商品状态。如牙膏、洗发水、香皂、烟、盐等，产品本身没有附带服务。

（2）附有服务的商品状态。如计算机、空调、冰箱等，附有服务（例如送货上门、免费安装等）以提高对顾客的吸引力。

（3）附有少部分商品的服务状态。如空中旅行的头等舱，除提供服务外，还提供食品、报纸杂志等。

（4）纯服务状态。如心理咨询、家政服务等服务者直接为顾客提供相关的服务。

（二）服务的特征

服务是一种特殊的商品，它具有以下基本特征：不可感知性，不可分离性，可变性，易消失性，所有权不可转让性。

1. 不可感知性

服务最关键的是不可感知性。这包括两层含义：一是服务在本质上是无形的，构成服务的很多要素也是无形的，顾客在购买之前是不能触摸或凭视觉感受到其存在的，很难事先判断或预知服务的好坏，如在顾客进入某个理发店之前，他不会预先知道这家理发店的理发技术如何，只能在理完发之后才能感知到；一是顾客在消费后所获得的利益，很难察觉或是经过一段时间后，顾客才能感觉到利益的存在。

服务的不可感知性只用以区别实物商品，其意义在于提供一个视角分清服务与实物商品。服务有时候需要一定的载体，如录像、录音作为电视的载体，载体的有效性强弱体现了服务质量的高低。如人们在西餐厅就餐时，服务载体是餐厅的设施及环境，如果环境优越、设施齐全，则人们得到的服务效果就好；反之，在嘈杂的环境就餐，人们得到的服务效果就差。

为了减少服务的不可感知性，服务营销者必须能够把无形的服务转换为具体的利益，通过地点、人员、设备、宣传资料等对顾客进行服务产品的宣传与服务承诺，从而可以化无形为有形，使服务的购买者事先就能对无形服务的质量做出判断和对效果进行预期。同时，服务介绍的诚实性与准确性也是服务营销者应该注意的问题，要对服务及时履约、兑现。

2. 不可分离性

服务的不可分离性是指服务的生产过程与消费过程同时进行，生产服务与消费服务在时间上是不可分离的，即服务人员提供服务给顾客时，也正是顾客消费、享用服务的过程。

由于服务的生产和消费同时发生，服务质量和顾客满意度将在很大程度上依赖于"真实瞬间"发生的情况，员工的行为、员工与顾客之间、顾客与顾客之间的相互作用都会影响服务的质量。例如，在一辆大巴上，旅客之间可能会影响彼此之间对旅程的体验，一个需要休息的旅客与一对大声聊天的旅客坐在一起时，负面的影响就产生了。

服务的这个特征要求顾客和服务人员都必须了解整个服务的传递过程，并且将顾客纳入管理，而不只局限于对员工的管理。因而对顾客宣传服务知识，提高顾客参与服务生产过程的水平也十分重要。服务营销者要善于引导顾客参与服务生产过程，并要及时沟通服务人员与顾客之间的关系，促使顾客在服务过程中扮演好自身的角色，以保证服务生产过程高质量地完成。同时，服务的这一特征表明服务员工与顾客互动行为既是服务质量高低的影响因素，也是服务企业与顾客之间关系的影响因素。

【案例 10 - 1】病人看医生

一个重病病人到医院看医生。选择哪个医院？选择哪个医生？孰好孰坏？一切均来自广告和亲友的介绍，而自己一无所知，当自己有了亲身体验后才有真正的发言权。而对于医生来说，一般情况下是要见病人才能完成诊断和治疗工作的。

3. 可变性

可变性是指服务由特定人表现出来的一系列行为过程，因此没有两种服务会完全一致，而总是有所区别，结果导致服务过程和结果具有非常易变和不稳定的特征。这种不稳定性既由服务人员素质的差异所决定，又受顾客本身个性特征的影响。不同素质的服务人员会产生不同的服务质量效果，同样同一服务人员为不同素质的顾客服务，也会产生不同的服务质量效果。而且同一服务人员的精力、体力、情绪的波动也会影响其服务质量。

例如，一个银行的柜台工作人员，在早晨工作的时候精力充沛，服务态度好且有耐心，经过一天紧张的工作后，在临下班的时候筋疲力尽，服务也草草了事。如果同一顾客恰巧在这两个不同的时段来到银行，就可能会感受到这位工作人员不同的服务态度。

由于服务的可变性是引起顾客不满的最主要因素，这就要求企业要招收高素质的员工进行严格的培训，并且将服务过程制度化和标准化，还要建立顾客意见和投诉系统。管理者要尽力保证服务质量的稳定性。

4. 易消失性

服务的易消失性即服务的不可储存性。服务在时间上不可储存，在空间上不可转移，如不及时消费就会造成损失。服务的这种特性极易引起供求之间的矛盾。如：一个顾客打错电话后即使重新拨打，也不能将上一个电话产生的通信服务费用抹杀掉；一个理发师为一位顾客剪出了糟糕的发型也不能退货重剪或转让给他人。

由于服务无法储存和转移，服务分销渠道的结构和性质和有形产品差异很大，服务的中间销售环节一般比较少。服务的这个特征就要求企业要充分利用资源进行需求预测。同时，服务的易消失性也决定了服务的生产规模不能盲目扩大。

5. 所有权的不可转让性

服务所有权的不可转让性是指服务的生产和消费过程不涉及任何东西的所有权转移。服务在交易完成后就消失了，消费者所拥有的对服务消费的权利并未因服务交易的结束而产生像商品交换那样获得实有的东西，服务具有易消失性。比如顾客在银行存款，并没有发生货币权的转移；空中飞行服务，只是满足旅客由此地到彼地的需要，并没有形成任何东西所有权的转移。

服务的这一特征是导致服务风险的根源。由于所有权并不会发生转移，顾客在购买服务时并没有获得某种东西的所有权，因此感到购买服务的风险性，从而形成消费心理障碍。为避免这种情况，服务业的管理中应逐渐采用"会员制度"，顾客作为会员时可享受某些优惠，在心理上产生拥有企业所提供服务的感觉，以维系企业与顾客的关系。

（三）服务的连续谱

服务的这些特征基本决定了服务与有形产品之间的区别，美国学者Shostack 认为，在现实生活中，从高度无形到高度有形之间存在一个连续谱，如图 10.1 所示。

这个连续谱的意义在于：服务和有形产品是有区别的，它们的区别在于有形的程度上，但是其划分界限越来越模糊，有形产品有时也具有某些服务特征。服务可以看做是不可感知性、不可分离性、可变性、易消失性不同组合变化趋势的一种反映，是服务各种特征的不同组合体。

服务不仅局限于服务业，而且也包含在制造业之中，服务的应用和研究几乎涉及任何一个部门。例如：IBM 公司为购买其硬件设备的企业和个人所提供的服务占其业务总收入的 33％，这些服务包括租赁、维修、软件等。在美国，制造部门 65％～76％的工作人员从事服务工作，如研究、后勤、维修、产品设计、会计、金融、法律服务等。

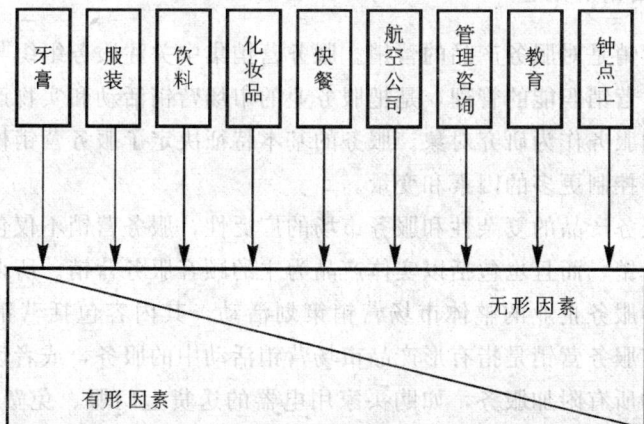

图 10.1 有形与无形的连续谱

【案例 10 - 2】IBM 就是服务

"IBM 就是服务！"是美国 IBM 公司一句响彻全球的口号，是 IBM 企业文化之精髓所在。IBM 举世闻名，全称国际商用机器公司，在世界计算机领域中首屈一指，是世界上最杰出的公司之一。

IBM 公司的服务体现于诚、信、情、礼之中，形成一套 IBM 企业文化，它已向人们清楚证明：服务对于企业形象的塑造多么重要，优质服务早已被视为企业最佳管理法的一把利刃，是企业信誉的关键因素及可靠保障！

IBM 从顾客或用户的要求出发，帮助用户安装调试，排除故障，定期检修，培养技术人员，及时解答他们提出的各种技术问题，提供产品说明书和维修保养的技术资料，听取用户使用产品后的评价和意见等。通过多种多样的服务，使顾客或用户达到百分之百的满意，从而建立起企业有口皆碑的信誉，营造出独特的 IBM 文化。

服务是不可感知性、不可分离性、可变性、易消失性的组合，每项具体的服务，其基本特征的组合是不同的，因此可以通过改变服务的基本特征、调整其基本特征的组合来改变服务，使其具有更多的针对性和个性化，从而获得更多的竞争优势。

二、服务营销

(一) 服务营销的概念

服务营销是对服务产品的营销。服务营销集中关注服务组织与制造业的服务部门对营销职能的管理,是把服务业的市场营销活动和实物产品市场营销活动中的服务作为研究对象。服务的基本特征决定了服务营销模式更为复杂,也需要控制更多的因素和变量。

由于服务产品的复杂性和服务市场的广泛性,服务营销不仅包括服务产品本身的营销,而且也包括以实体产品为主的顾客服务营销。所谓服务产品的营销是指服务企业的整体市场营销策划活动,其内容包括营销活动的全部;而顾客服务营销是指有形产品市场营销活动中的服务,或者说附加在有形产品上的所有附加服务,如购买家用电器的送货上门服、免费维修服务,买鞋的"三包服务"等。

服务营销也是营销,与市场营销相比,其基本、核心的功能是没有变的,只不过服务营销是向市场提供能满足顾客需要和欲望的优质服务产品的社会活动过程。

(二) 服务营销的特点

服务营销与一般的市场营销相比,有其自身的特点。

1. 促销有一定的困难

有形产品的营销可以采用不同的策略,如产品陈列、展览、演示、人员推销等,顾客在购买产品之前就可以对产品的外观、功能、特点、效果有比较全面的了解。而服务是无形的,不能展示和陈列的,所以顾客在购买之前很难对服务产品的功能和效果进行评价,因此,在促销方式的选择上就存在一定的困难,而且很难取得顾客的信任。

2. 供求分散性

服务营销活动中,服务产品的供求具有分散性。服务产品的供应不仅涉及了第三产业的各个部门和行业,还包括第一、第二产业提供的与产品相关的服务;而其需求方同样不仅涉及千家万户、各个企业、部门,还涉及不同类型的顾客。再加上一般服务企业占地小、资金少、经营灵活,故易于分散在社会的各个角落。服务产品供求的分散性本身也要求服务网点要广泛而且分散，这样才能充分满足各个地区各种类型顾客的需求。

3. 分销方式单一

有形产品的营销可以根据产品及市场的特点采取不同的渠道形式或复合渠道来销售产品，如可以经销、代理或者直销等。而且有形产品在市场上可以经过批发、零售多个环节才能到达消费者的手中。服务营销由于生产与消费的统一性，决定了其只能采取直销的方式，中间商的介入几乎是不可能的，而储存产品也是不可能的。服务营销方式的单一性、直接性，在一定程度上限制了企业服务市场规模和范围的扩大，增加市场开发的难度。

4. 服务对象的复杂性

有形产品的购买者相对简单，且购买目的单一。而服务市场的购买者是多元的、广泛的、复杂的。某一服务产品的购买者可以是各行各业、各种身份和地位的人，其购买的动机和目的差异很大，购买行为受多种因素的影响；不同消费者对服务产品的种类、内容、方式的需求也会经常发生变化，如经济的发展、产业结构的升级、消费结构的变化、科学技术水平的提高等都会导致服务需求的变化并使其呈现多元化的发展趋势。

5. 服务需求弹性大

根据马斯洛的需求层次理论，人们的基本物质需求是一种原发性需求，对这类需求人们易产生共性，而人们对精神文化的消费需求属于继发性需求，需求者会因各自所处的社会环境和各自具备的条件不同而形成较大的需求差异。同时，对服务的需求与对有形产品的需求在一定组织及总金额支出中相互牵制，也是形成需求弹性大的原因。因此，服务需求受外界条件的影响很大，如季节的变化、生活环境的变化、科技发展、经济条件的变化（如金融危机）等对信息服务、环保服务、航空服务、旅游服务等的需求会产生较大的影响。服务的需求弹性大是服务营销者感到最棘手的问题。

6. 对服务人员的技术、技能、技艺的要求高

各种服务产品的提供都离不开人，以及人所拥有的技术、特定的过程和提供方式。服务者的技术、技能、技艺直接关系着服务质量。而服务不是任何人都可以提供的，如文艺家精湛的技艺才能满足文艺欣赏者对艺术质量的要求，教师渊博的知识才能满足学生对教学质量的要求，这就使得服务产品的质量很难统一和把握。提高服务质量也就成了促进营销的重要方法之一。

第二节　服务营销组合策略

一、服务营销组合

服务营销的复杂性和广泛性，使得服务营销组合的概念和内容在传统的 4P 营销组合的基础上有所发展和深入。

（一）服务营销的组成

服务产品的特征和服务营销的复杂性决定了仅依靠 4P 营销为主的外部营销来保证服务营销的有效性和高质量显然是难以实现的，服务营销不仅包括外部营销，还应包括内部营销和交互式营销，如图 10.2 所示。

1. 内部营销

内部营销就是企业对职员的选择、录用、培训、激励和评价，使企业的每一个职员都具备良好的为顾客服务的愿望和能力。内部营销包括两种类型的管理内容：态度管理和沟通管理。

2. 交互式营销

交互式营销是指企业的职员在提供服务产品与顾客接触时应该具有的各种服务技能。这就要求企业的员工不仅要有良好的技术能力，而且还要具有与顾客进行有效沟通的能力。因为顾客评价服务的质量高低不仅要依据服务过程中提供的技术质量，还要依据服务过程中的功能质量。

图 10.2　服务营销的组成

3. 外部营销

外部营销就是传统意义上的营销，是指企业应用产品、价格以及分销渠道和促销对顾客开展的组合营销。在一个既定的时间和细分市场中，存在一个最佳的营销组合，并且每一个变量都是相关的，在一定程度上相互依赖。

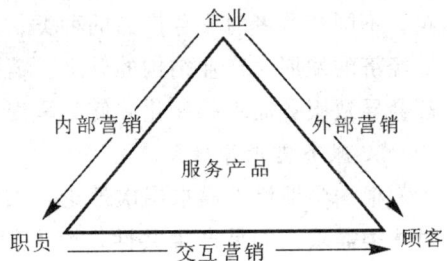

（二）服务营销组合策略

尽管鲍敦和麦卡锡的市场营销组合一直被广泛重视和应用，但是服务业的营销实务从事者认为传统营销组合内容不足以涵盖服务业的需要。服务营销组合是服务企业依据其营销战略对营销过程的 7 个要素变量进行配置和系统化管理的活动。服务营销组合的形成过程大致与实物商品的营销组合过程相似，其主要过程是：将产品分解成部分或细节组合；将各细节组合调整称为营销组合。

传统的营销 4Ps 组合已经发展为现代服务营销 7Ps＋3Rs 组合，即产品（Product）、定价（Price）、地点或渠道（Place）、促销（Promotion）、参与者（Participants）、有形展示（Physical）、过程（Process），以及近年来企业将营销重点放在如何挽留顾客、如何使顾客购买相关产品、如何让他们向亲友推荐企业的产品，这就产生了 3Rs，即顾客挽留（Retention）、相关销售（Related Sales）、顾客推荐（Referrals）。因此在制定营销组合策略时，管理人员要考虑这些组合要素。以下分别就服务营销组合中的各种要素策略做一介绍：

1. 产品（Product）

在服务营销中，产品（Product）、服务（Services）与有形商品（Goods）是有一定区别的。严格地说，产品是一个大概念，它是指能够为顾客提供某种利益的客体或过程，而服务和有形产品则是产品概念下的两个小概念。菲利普·科特勒认为：服务产品往往依附于有形的物品，而有形产品里面也包含着服务的成分。

有形产品的整体概念包含了 5 个层次，服务产品的整体概念则包含核心服务、便利服务和辅助服务 3 个层次。企业在服务产品策略中必须考虑所提供的服务范围、服务质量和服务水准，同时还要注意品牌、保证及售后服务等要素。而通常企业在进行产品决策时很难确定服务出售物的构成要素，这不仅是因为一些要素是无形的，使企业很难描绘出构成服务产品的所有要素，而且在实际操作过程中，有些服务构成要素并非由企业所提供而是由顾客提供的。

【案例 10-3】小吃店 VS 星级酒店

在路边小吃店你不会要求餐具的精美、细致，你不会苛求菜品的特色，甚至你对就餐环境都不会有过多的要求。而对星级酒店的服务要求就不一样了，餐具、环境、菜品方面你会有要求，你甚至会要求酒店给你提供消毒巾、轮椅、婴儿椅等辅助服务。

2. 定价（Price）

价格方面考虑的因素有：价格水平、折扣、折让和佣金、付款方式、信用等，在区别一项服务和另一项服务时，价格是一种识别方式，因此，顾客可从一项服务中获得价值观。由于价格与质量之间的相互关系，在许多服务价格的组合中应将二者做为主要的考虑对象。

总之，在服务营销市场上，各种有形产品定价的概念和方法均适用于服务产品定价，但是，由于服务受产品特征的影响，企业与顾客之间的关系通常比较复杂，企业定价不单单是给产品一个价格标签，服务定价战略也有其不同的特点。因此，我们必须重视定价在服务营销中的作用，研究服务产品定价的特殊性，同时，也要对传统定价方法在服务市场营销中的应用给予一定的重视。

3. 渠道（Place）

服务渠道策略就是服务企业为目标顾客提供服务时对所使用的位置和渠道所做的决策，它包括如何把服务交付给顾客和应该在什么地方进行。在服务营销中，企业为了获得竞争优势、应该寻找并制定适宜的交付服务方法和地点的渠道策略，方便顾客对服务产品的购买、享用和受益。提供服务者的所在地以及其地缘的可达性在服务营销中也是很重要的因素，地缘的可达性不仅是指实物上的，还包括传到和接触的其他方式，如互联网数据传输的流畅、高速和电话线路的畅通等。所以销售渠道的形式以及其涵盖的地区范围都与服务可达性有密切关系。

服务业市场的中介机构型态很多，常见的有下列 5 种：代理、代销、经纪、批发商、零售商。改革开放以来在服务分销的方法上产生了许多创新，使服务渠道更加广阔，如租赁服务、特许经营、综合服务、准零售化。

4. 促销（Promotion）

企业的促销活动是由一系列具体的活动所构成的，服务促销组合包括多种元素。即：有形产品促销中常用的广告、营业推广、人员推广、公共关系、口头传播、直接邮寄等。另外服务营销中的促销方式还有更多的要素，如人员、有形展示、过程等。

由于服务自身及行业的特点使得在促销中尽管采用了有形产品的促销方法，但在细节上还是有所区别的。

【案例 10 - 4】名人做广告

当你在电视上看到这样一幅广告片：歌星宋祖英身穿白大褂，化身为一家妇幼保健医院的主治医生，且医术高超，能够妙手回春……

当你在电视上看到这样一幅广告片：歌星宋祖英拿一款手机，微笑着介绍它的功能……

当消费者有这两种需求时，会不会慕名前往，实施购买行为？

5. 参与者（Participants）

参与者是指参与服务并影响购买者感觉的所有人员，包括服务提供者、顾客、其他顾客，这是服务营销中一个非常重要的组成要素。

服务企业的员工其实在顾客眼中也是服务产品的一部分，其着装、仪表、行为等都为顾客认识服务提供了依据。服务提供者又是服务组织的兼职营销人员。顾客本身也参与和影响服务提供的过程，从而影响服务质量和他们的满意度。对某些服务业而言，顾客与顾客之间的关系和相互影响也会影响服务的过程，在这种情况下，管理者应加强对顾客之间相互影响的控制。

6. 有形展示（Physical）

有形展示是指在服务市场营销管理的范畴内，一切可传达服务特色及优点的有形组成部分。它包括：有形环境（装潢、陈设、颜色、声音）以及服务提供时所需要大的装备实物（比如电脑租赁公司所需要的电脑），还有其他的实体性线索（比如麦当劳餐厅提供的食物包装上的标志以及干洗店将洗好的衣物贴上标签）。

有形展示能唤起顾客想到该服务的利益；可以强调服务提供者和消费者之间的相互关系；可以联结非实物性服务和有形物体，而让顾客易于辨认。有形展示的部分会影响顾客对一家服务公司的评价，而且完全不涉及有形展示的"纯服务业"也很少。

【案例 10 - 5】别具特色的希尔维亚·贝奇饭店

在美国俄勒冈州钮波特海滨有一家不起眼的小饭店，它占地面积极小，整个饭店仅 20 间客房，有不少客人从远处赶来海滨就是为了想在这家名叫希尔维亚·贝奇的袖珍饭店里住几天，领略这儿特别的风情。如此一家小饭店，何以能够吸引众多游客前来下榻呢？秘诀便在客房的陈设和布置上。

20 间客房，每间都有自己的特色，没有两间布置得一样。如果说一样，它们的设计思路是大致相同的，都是以著名的作家为主题，可以说，希尔维亚·贝奇饭店是靠世界大文豪发家生财的。例如，一间名叫福尔摩斯客房，凡读过柯南·道尔作品的人，都知道那个知名的侦探。在这间客房你可以看到和书中描述相同的帽子、披风、烟斗。客人坐在房中，面前似乎就是那位誉满全球的神探在思索……

希尔维亚·贝奇饭店外观很平常，内部没有酒吧、泳池……在这里只有客人默默的阅读与思索，偶尔有人交流，那也是在交流心得和评论。

每年来这里的人很多，如果不预定房间，准会扑空的！

7. 过程（Process）

服务过程是指一个产品或服务交付给顾客的程序、任务、日程、结构、活动和日常工作。服务产生和交付给顾客的过程是服务营销组合中一个主要因素，因为，顾客通常把服务交付系统感知成服务本身的一个部分。服务业公司的顾客所获得的利益或满足，不仅来自于服务本身，同时也来自于服务的递送过程。

对于服务组织来说，服务过程和人的行为同等重要，它也是顾客判断服务质量的重要依据。表情愉悦、专注和关切的工作人员固然可以减轻顾客排队等待服务的不耐烦心情，或者可以平息技术上的问题而造成不满和抱怨，但是却没有办法补救因为服务过程不合理而导致的问题和失误。服务管理要特别注意：服务系统的运作流程和步骤、服务供应中机械化程度、给予员工何种限度的特权、顾客参与操作过程的程度、预定与等候制度等。

此外，营销者必须重视服务表现和递送的程序，在营销组合中这个重点也应包括。对于从事服务营销业营销活动的公司，这方面同样也是相当重要的。

8. 顾客保留（Retention）

企业通过与顾客建立长期的关系以维持与保留现有的顾客，从而取得稳定的收入。顾客保留的关键是在于如何使顾客满意，因为顾客的满意是维系与顾客长期关系的基础，是建立顾客忠诚的条件。顾客保留能使企业的营销费用持续降低，因为与顾客的交易成本和其他费用会因关系的确立和满意的提高而下降。研究表明，顾客保留率每提高 5 个百分点，企业的利润将提高 75%。顾客保留不能是一成不变的，因为顾客的消费模式在不断变化，企业也应不断提高服务营销的水平，以提高顾客保留率。

9. 相关销售（Related Sales）

企业新产品上市，由于老顾客已对企业产生了信心，因此将会大大降低新产品的介绍与推广费用，推进新产品的时间也大大缩短。而且老顾客比较容易接受新产品，对价格也就不太敏感，因此，相关销售的利润率通常较高。一些企业的成长主要来自产品的升级换代和相关产品的销售。

10. 顾客推荐（Referrals）

满意的顾客是企业最好的资源，也是企业最好的广告。顾客的推荐和口碑的传播将对企业潜在的顾客产生深刻的影响。顾客推荐将形成对企业有利的效应，最终提高企业的赢利水平。当今市场竞争很激烈，人们对大众传播媒体的信任越来越少，而在进行购买决策时越来越看重亲朋好友的推荐，尤其是已有产品使用经验者的推荐。

总之，服务营销组合策略的运用是一门科学也是一门艺术。每个服务企业所采用的服务营销组合都应该是独一无二的，营销组合也应随着市场的变化、顾客消费习惯的改变而进行调整。

第三节　服务营销管理

产品市场营销管理的重点是产品质量管理，服务营销管理的重点也应是服务质量的管理。

一、服务质量管理

(一) 强化服务质量意识

服务质量是服务满足规定或潜在需求的特征和特性的总和。特征是用以区分同类服务中的不同档次、规格、品位的概念，如同是交通服务，但有航空运输、铁路运输、公路运输、水运之分。特性是用以区分不同类别的产品或服务的概念，如健身房能使人身体得到健康、减肥、塑形体的特性；旅游有使人得到放松、陶冶人们情操的特性。消费者对于服务质量的要求一般包括服务的安全性、有效性和经济性。鉴于服务交易过程的顾客参与性和生产与消费的不可分离性，服务质量必须经顾客认可，并被顾客所识别。

1. 服务质量的内涵

服务质量的内涵包括以下内容：

(1) 服务质量是顾客感知的对象；

(2) 服务质量既要有客观方法对其加以规定和衡量，更多地则按顾客的主观认识对其加以衡量和检验；

(3) 服务质量发生在服务生产和交易的过程；

(4) 服务质量是在服务企业与顾客交易的真实瞬间实现的；

(5) 服务质量的提高需要服务企业内部形成有效的管理和支持系统。

2. 服务质量和有形产品质量的区别

(1) 服务质量较有形产品的质量更难以被消费者所评价；

(2) 顾客对服务质量的认识取决于他们的预期同实际感受到的服务水平的对比；

(3) 顾客对服务的评价不仅要考虑服务的结果，而且要涉及服务的过程。

3. 调整预期服务质量

预期服务质量是影响顾客对整体服务质量的感知的重要前提。如果预期过高，即使服务人员提供的是高质量水平的服务，顾客仍然会认为企业的服务质量水平较低。预期质量一般受 4 个因素的影响：市场沟通、企业形象、顾客口碑和顾客需求。

（二）明确服务质量的组成：技术质量和功能质量

顾客最终是通过对公司提供给他的技术以及提供的方式产生感知来判断服务质量的。例如，餐厅的顾客通过对饭菜质量（技术质量）、服务方式（过程质量）来感知评价整个服务。

技术质量即服务本身的质量标准，包括所使用的设备和作业方式等技术层面的内容，相当于硬件。如律师受委托人的委托打赢了一场官司；餐厅为客人提供的饭菜色、香、味俱全；旅店为客人提供了干净、整洁的被褥等。由于服务过程中人的差异，而导致服务很难有统一的技术质量标准，只能由顾客进行评价。但多数情况下，顾客均能比较客观地评价服务的技术质量。

功能质量是指服务过程的质量，主要取决于顾客接受服务时的感觉，即顾客对服务的认知程度。如律师在受委托期间表现出来的敬业精神、职业道德、设身处地为委托人着想的态度；饭店服务人员上菜时的动作、态度；旅馆服务人员的服务态度等。功能质量的好坏取决于顾客的主观感觉，因此其变数也大。

（三）把握服务质量的衡量标准

在服务营销的质量管理中，仅有服务意识是不够的，企业及其员工还必须确立从消费者的角度衡量服务质量高低的意识。营销研究人员在对消费者如何评价服务质量问题进行了充分研究后，确定了消费者认定的决定服务质量的因素主要有 5 项：

1. 可靠性

可靠性是指企业准确无误地完成自己所承诺的服务，也是企业借以建立形象和声誉的路径。

2. 响应性

响应性是指企业对顾客的要求能否给予及时的满足，这也是衡量企业是否把顾客利益放在第一位的标准。

3. 保证性

保证性是指服务人员的友好态度和胜任能力，它对增强顾客信心和安全感有很强的效果。

4. 移情性

移情性是指消费者容易移情别恋，转向其他企业，故服务营销管理中要求企业及其服务人员要真诚地对待每一个顾客，了解他们的实际需要并予以满足，使服务过程更具人情味，从而牢牢留住顾客。

5. 有形性

有形性是指服务过程中顾客可以看到、可以感知到的部分。它既向消费者提供了本企业的服务标准，又可以直接影响消费者对本企业服务质量的感知。

（四）缩小服务质量差距

在企业的服务质量管理中，常常会遇到这样的问题：员工及管理层作出了巨大的努力，甚至和企业的行为标准、技术标准吻合，但顾客仍有抱怨和不满。问题出在哪里？经过长期地营销实践，美国问题专家建立了一个差距分析模型，专门用来分析质量问题的根源，他们将服务质量差距分为5种差距，都是由管理前后不一致造成的。

1. 差距一：管理者对顾客所期望的质量认识存有偏差

这个差距是指管理者对顾客所期望的质量认识不准确，进而与顾客期望的服务质量标准出现差距。产生的原因有：对市场研究和需求分析的信息不准确；对期望的解释信息不准确；没有需求分析；从企业与顾客联系的层次向管理者传递的信息失真或丧失；臃肿的组织层次阻碍或改变了在顾客联系中所产生的信息。

解决方法：通过顾客投诉、对顾客的小组讨论等途径更好地了解顾客的期望；增加管理人员和顾客之间的直接沟通以增进了解；改善从顾客接触人员到管理层的上行沟通，减少两者之间的层次。

【案例 10 - 6】　质量认识的偏差

居民对银行的要求是服务快捷、资金安全；而银行管理者认为顾客需要的是服务态度或是宽敞的大厅。

2. 差距二：企业所制定的质量标准出现偏差

这一差距是指企业服务质量标准与管理者对质量期望的认识不一致而出现的差距。原因如下：计划失误或计划过程不够充分；计划管理混乱；组织无明确目标；服务质量的计划得不到最高管理层的支持。

解决方法：建立正确的服务质量标准，确保最高层对根据顾客观点定义的质量表现出不断的实践努力；让中层经理为他们各自的工作单位设定以顾客为导向的服务质量标准；对重复性的工作进行标准化，通过用可靠的技术代替人工接触和改进工作方法来保证服务质量的统一性和可靠性；确保雇员了解并接受目标以满足消费者的期望。

【案例 10－7】　　质量标准的偏差

有这样一个饭店：室内光线昏暗、餐具均有破损、员工服装污渍、操作间杂乱无章……而该饭店的经理知道消费者对饭店的要求是卫生、舒适的就餐环境，可口的饭菜，可是他所制定服务标准以及以此标准所购买的设备却相差太远。

3. 差距三：服务提供中出现的质量差距

这一差距指在服务生产和交易过程中员工的行为不符合企业规定的质量标准，而出现的企业制定的服务质量标准与员工实际操作行为有差距。这是因为：标准太复杂或太苛刻；员工对标准有不同的意见；标准与现有的企业文化发生冲突；服务生产管理混乱；内部营销不充分或根本不开展内部营销；技术和系统没有按照标准为工作提供便利。

解决方法：阐明员工的角色；确信所有的员工都了解其工作对顾客满意度的贡献；挑选具备做好一项工作所需要的能力和技巧的员工；向员工提供有效完成所分配的工作所需要的技术培训；向员工坚守顾客的期望、认知和问题；通过让员工参与设定标准的过程消除雇员之间的角色冲突；设计有意义、及时、简单、准确和公平的奖励系统；保证内部支持性员工向与顾客接触人员为顾客提供优质的服务。

4. 差距四：营销沟通中产生的差距

这一差距指企业营销沟通行为所做出的承诺与其实际提供的服务不一致。其产生的原因是：营销沟通计划与服务生产不统一；传统的市场营销和服务生产之间缺乏合作；营销沟通活动提出一些标准，但组织却不能按照这些标准完成工作；有故意夸大其辞承诺太多的倾向。

这些原因也可以分为两类：一是外部营销沟通的计划与执行没有和服务生产统一起来；二是在广告等营销沟通过程中往往承诺过多。

解决方法：制作新的广告计划时，寻求生产人员的参与；制作由承担实际工作的真正员工主演的广告；让销售人员邀请生产人员同顾客进行面对面的座谈；保证在多个地点传递的服务标准是统一的；保证广告内容准确地反映出那些在顾客同组织的接触中对他们最重要的服务特征；确定和说明造成服务实施中出现缺点的不可控理由；以不同的价格提供给顾客不同水平的服务，并说明这些水平之间的差异。

【案例 10 - 8】甲企业 VS 乙企业

在产品的售后服务宣传中，甲企业承诺 24 小时热线接听，24 小时上门服务，工作人员进门套鞋套，工具箱下要铺放报纸等标准；乙企业只承诺三天上门服务，再无其他内容。在炎热的夏天，消费者购买空调要安装，甲企业电话难打，好不容易打进去，却被告知因人手有限，安装要等两天……乙企业电话中告知顾客三天内上门安装；两家的安装工在入户安装的过程中都要求住户提供报纸以铺放工具。

5. 差距五：感知服务质量差距

这一差距是指感知或经历的服务与期望的服务不一样。它会导致以下后果：消极的质量评价（劣质）和质量问题；口碑不佳；对公司形象的消极影响；丧失业务。

解决方法：努力提高产品的质量水平、服务水平；通过广告等手段重新塑造企业的形象。

差异分析可指导管理者发现引发质量问题的根源，并寻找适当的消除差距的措施；差距分析是一种直接有效的工具，它可以发现服务提供者与顾客对服务观念存在的差异；明确这些差距是制定战略、战术以及保证期望质量和现实质量一致的理论基础。这会使顾客给予服务质量积极评价，提高顾客满意程度。

二、服务流程管理

企业向消费者提供的服务、消费者购买服务的过程，往往需要多个部门的配合，所以了解服务作业流程对消除质量隐患很有必要。

(一) 服务流程概念

1. 流程

所谓流程是指一个或一系列有规律的行动，这些动作以确定方式发生和执行，导致特定结果的实现；它是一个或一系列连续的操作。

2. 服务流程

所谓服务流程，是指为提供服务而发生的一系列活动及其发生的顺序。服务流程与一般的流程相比，既具有流程的一般特点，又有其自身的特殊性：

（1）服务流程由提供服务所经历的步骤、顺序、活动完成。

（2）服务流程是从客户的角度来安排企业的服务活动，其宗旨是保证在服务的每一环节、每一步骤都能增加顾客享受和体验服务时的价值。

（3）服务流程体现在服务的每一个环节、每一个步骤为顾客提供一系列服务的总和。

不同服务组织的服务流程是不同的，同一企业的不同服务活动的流程也是不同的。同时也还具有其自身的一些特点。

（二）服务流程的分类

服务流程的分类方法有很多，就根据服务作用的对象及可否接触的情况划分可以将服务流程划分为 4 种类型：

1. 作用于顾客人体的可接触的服务流程

这类服务的结果使顾客人体发生一定改变（身体状况、外形、地理位置移动等）。这类服务要求顾客在服务过程中必须在场，即身体处于服务设施内。例如，一些女性要做美容就必须到美容院；生病之后看病就必须到医院或诊所就医。这类服务流程与服务组织及其员工和服务设施在服务过程中有较长时间的接触。

2. 作用于顾客精神的不可接触任务流程

这类服务的结果主要对顾客的精神发生作用，使顾客感到愉悦、增加知识、改变想法、消除疲劳、恢复体力等。这类服务活动顾客可身处服务设施内、也可以不在服务设施内。在这类服务过程中，服务传递的信息、服务提供者的行为、服务环境及服务组织的正常都会形成顾客服务感受。

3. 作用于顾客有形资产的可接触服务流程

这类服务要求顾客提供其物品，顾客可在服务现场，亦可不在服务现场。在很多情况下顾客可将物品留给服务组织，或者服务组织主动上门服务，顾客只需要提供足够的进行服务的信息和要求即可。这类服务顾客与服务人员的接触时间一般较短，顾客的满意度取决于服务质量和服务收费。例如，安装电器、修理管道、草坪修剪就属于此类服务。

4. 作用于顾客无形资产产品的不可接触行为

这类服务包括帮助顾客理财和处理文件、数据等。该服务活动在顾客和服务组织或人员接触后，顾客就没有必要在场或参与其中。如网上证券、信用卡等。

将服务流程进行分类，有助于营销者从不同角度理解不同服务流程的特点，并根据这些特点的要求有针对性地进行服务流程的设计和管理，以最大限度地提高服务效率和顾客的满意度。

(三) 服务流程设计

服务流程在设计的过程中，其内容和形式一定要站在顾客的角度与顾客的需要相吻合，并且各个环节要具有相应的灵活性或机动性，并且要注意特色和创新。服务流程设计的方法主要有 3 种：

1. 编写服务剧本

所谓服务剧本，是指对服务过程构成步骤的详细讨论，它从顾客角度出发，以时间为顺序。服务剧本可繁可简，因服务而异。如，银行自动取款机交易的服务剧本，其所包括的活动显然要少于航空旅行服务的剧本。服务剧本的所做规定，可强可弱，因具体情况而异。如提供个性化服务的企业，其服务剧本的约束力相对较弱，而为大量顾客提供服务的企业，其剧本的约束力就相对较强。

经过认真编写而得的服务剧本，可以清晰详细地描述前台服务的提供过程。服务剧本还是作为企业的常规工具，借助它，企业才能真正从顾客角度出发来观察服务提供的过程，发现哪些应该发生而哪些不应该发生。一个服务企业，如果能从顾客角度出发，对典型的服务发生过程所包含的时间予以描述，那么，就能保证服务表现在顾客看来是成功的。对顾客期望和服务剧本的每个步骤加以研究，能帮助服务组织成功地设计其服务表现，以保证顾客的满意度。

2. 绘制服务流程图

所谓服务流程图，是指服务过程的关键构成要素的图形表现。它识别的内容包括：顾客、服务人员（前台与后台）、顾客与服务人员的接触点、员工与员工之间的接触点、前台有形证据和后台活动。更重要的是流程图把这些要素当做一个整体来描述，展示它们之间如何共同创造服务表现。大部分的前台行为，是服务组织后台活动的结果。其不仅对服务表现的前台行为做出界定，而且对服务表现所需的后台支持进行分析，目的是帮助营销人员对即将实施的服务表现进行设想与计划。

尽管对服务流程图绘制没有严格详细的规定，但是服务营销人员必须保证服务流程图包括服务的全部步骤，不管是顾客看得见的，还是顾客看不见都应该包括其中。服务流程图除有与服务剧本相似的功能外，还能加深服务人员对整个服务过程的认识，有助于员工认识到其整个服务表现中所扮演的重要角色。此外，服务流程图还应该明确地指出应改变、增加或删减的步骤，从而为服务组织提高服务质量指明方向。

3. 借助戏剧表演管理方法，区分前台与后台

在服务流程图中，以顾客视线为界限，将服务活动分为前台与后台两大部分。事实上，前台与后台是服务领域普遍存在的基本问题。

（1）前台。服务过程中的前台活动和程序是一直展现在顾客面前的、看得见的部分，如装饰物、家具摆设、为顾客服务的员工等。这些要素对顾客体现服务和评价服务起到最主要、最直接的作用，所以，服务组织应对这些要素的筛选和控制予以特别的重视。可以设想一位顾客抵达一个旅店：有门卫为他开门，有人专门接待其办理入住手续等，这些前台人员和设施，按照接待顾客的顺序逐一亮相，使顾客可以直接做出自己对服务的评价。

（2）后台。服务作业的后台是处于顾客视线之外的、看不见的部分，是一个在时间或地点上与前台隔离的区域。由于竞争越来越在附加服务上下工夫，后台的工作就越来越复杂，如饭店的操作间。顾客点好菜肴后，由专门的服务员到厨房下单、有人要配菜、做菜，在菜做好之后还要由专门的服务人员将菜端出来。顾客接触的人不多，各类相关的服务人员却不少。

许多有关服务提供的计划、组合与实施活动发生与后台，许多对前台表现给予支持的关键要素也发生于后台。尽管后台包括设备的最重要部分以及员工，但它却很少接受顾客的检查。如顾客在一家饭店吃饭，他一般是看不到饭店厨房的卫生状况是如何的，因此，如果后台状况不是很好，顾客一旦不小心闯入后，后果将不堪设想，很可能会破坏企业的优质服务形象。

（3）前台与后台的联系和变更。前台是后台努力的展现，后台是前台工作的支持，前台与后台相辅相成、互相协调，构成一个完整的服务流程。如果一个服务企业对其依赖某一前台特征来树立同一形象的能力持怀疑态度，它应当考虑把这一前台特征转移到处于顾客视线之外的后台来。在某些时候，将一些后台活动或设备提到前台对企业是大有好处。例如，一个饭店可以举办一些活动，让顾客可以有机会到整洁、卫生、设施齐全的厨房进行参观，可以加强顾客对饭店的好感，树立起饭店食品卫生的形象。

本章小结

1. 服务营销是一门讨论如何有效开展无形产品（服务）的营销活动的学科。其研究的内容不仅包括服务行业的服务营销过程，也包括有形产品的

无形服务。

2. 由于服务这种无形产品的特殊性，决定了服务营销与有形产品的市场营销既有着一定的关联性，又有着一定的不同。在明确了服务营销与有形产品营销的区别之后，才有可能更好地分析服务营销组合中的 7Ps＋3Rs 策略，才能重视人、过程以及有形展示等因素在服务营销中的作用。

3. 服务质量是服务营销的核心，也是服务企业在竞争中制胜的法宝。在服务的提供过程中必须协调供求矛盾，还要清楚质量差距形成的原因，又要能够给出了解决方案，从而消除质量隐患，保证服务质量。

习 题 十

1. 什么是服务营销？服务和产品由交融在一起到彼此分离呈现哪 4 种状态？

2. 什么是服务营销组合？服务营销组合的策略有哪些？

3. 服务质量的组成部分有哪些？服务质量的差距有哪些？

4. 服务流程的分类有哪些？

5. 服务流程设计方法有哪些？

6. 请你为一服务企业绘制服务流程图（企业自定，但必须是服务类企业）。

案例分析

服务营销的典范——宜家家居

宜家家居，这个已有 56 年历史的瑞典家居用品零售集团，在全世界 29 个国家的各大城市——如纽约、巴黎、悉尼、斯德哥尔摩等拥有 150 个商场。1998 年宜家落户于中国上海，1999 年初又在北京开了分店。如今，宜家已成为世界上最大的家居用品公司，商品品种多达 11 000 种。几乎涉及日常起居的方方面面，宜家的所有产品都在瑞典开发、设计，以美观、优质、实用而闻名于世。

1. 宜家让你买的放心

每个顾客在作出购物决定之前，如果对所购商品的特性一无所知，那么他肯定就会感到手足无措。反之，他所掌握的商品信息越全面，越真实，他就越容易作出购买决定。宜家的做法，与戴尔计算机公司可谓异曲同工。戴尔将触角直接伸到了电脑最终用户那里，使用户能根据自己的需求配置自己的计算机，然后直接从厂家订购，因此它出售的几乎都是定做的、完全符合用户要求的产品。

宜家总是提醒顾客"多看一眼标签：在标签上您会看到购买指南、保养方法、价格"。如宜家出售的"四季被"的标签上，就这样写着："四季被，三被合一，一层是温凉舒适的夏季被，一层是中暖度的春秋被，你也可以把两层放在一起，那就是温暖的冬季被。被芯填料：65％鸭绒，35％鸭毛，被芯外套为100％棉。四季被可在60度温水中清洗，也可以用干衣机甩干。"

"你知道为什么要选择购买和使用节能灯泡吗？答案是这样的：①一只节能灯泡的寿命相当于8只普通灯泡，您可以少换几次灯泡；②节能灯泡可为一个家庭一年节省电费约400元；③11瓦节能灯泡相当于60瓦普通灯泡的亮度；④节能灯泡是环境的保护者。"更有趣的是，在这则说明的下面安装了两排闪闪发亮的灯泡，一排是6只11瓦的节能灯泡，另一排是6只60瓦的普通灯泡。两排灯泡对应着两个电表，电表的启动时间是1999年5月7日9：30，到2000年的8月25日，6只11瓦的节能灯共用电420度；6只60瓦的普通灯泡已用了2 237.5度，而且有一只灯已经不亮了。一只箭头指着两只电表："请看这两种灯泡巨大的区别。"正是"事实胜于雄辩"！

一般人购买家具前都会有忐忑不安的心理，毕竟是大件商品，而且要长期在家中使用，买了，用一段时期，小毛病不断，大毛病又犯，扔了可惜，继续用着又堵心，要求退换货更没把握……因此，买一件能使人放心的好家具，是每位消费者由衷的心愿。而在宜家，这些担心都是多余的。以沙发为例，为什么要买宜家的沙发？因为"大部分宜家沙发具有如下特点：①可拆换沙发套（为了一个崭新的面貌）；②便于清洗；③可以延长沙发的寿命；④孩子们可以在周围尽情地玩耍；⑤表面经过防污渍处理；⑥经过褪色测试（当然，还是应该避免阳光直射）。此外，宜家沙发都拥有结实的框架，都经过每日耐磨度测试，而且不管是扶手椅、两座沙发、三座沙发，还是沙发床均有多种尺寸可供选择，因此适合各种体型。

看了以上的介绍，再坐上去亲身感受一番，你还会担心自己购买后上当吗？可能你仍不放心，那也不要紧，宜家的《商场指南》里写着："请放心，您有14天的时间可以考虑是否退换。"14天以内，如果你对已购物品不满意，还可以到宜家办理更换等值货品或退款手续。

再比如，如果你不懂怎样挑选地毯，宜家会用漫画的形式告诉你："用这样简单的方法来挑选我们的地毯：一是把地毯翻开来看它的背面；二是把地毯展开来看它的里面；三是把地毯折起看它鼓起来的样子；四是把地毯卷起看它团起来的样子。"

2. 宜家让你轻松购物

轻松、自在的购物氛围是全球150家宜家商场的共同特征。宜家鼓励顾客在卖场"拉开抽屉，打开柜门，在地毯上走走，或者试一试床和沙发是否坚固。这样，你会发现在宜家沙发上休息有多么舒服"。如果你需要帮助，可以向店员说一声，但除非你要求店员帮助，否则宜家店员不会打扰你，以便让你静心浏览，轻松、自在地逛商场和作出购物决定。

进了宜家，一切都是自己的事了。从门口取一个特大的包装袋，需要什么，尽可以往袋子里装，如果累了，随处都有存放袋子的地方，放在那里，走时回来取。商场里还备有尺子和铅笔，量量尺寸、记记价格都很方便。宜家提倡一切自己动手，因为宜家物品全部是单板包装，哪怕是家具也是一块块分开包装，拿起就走，回到家里一组合就完事，安装起来也很方便，不用专人去上门安装。如果是大件东西，顾客从二楼三楼看好后，到一楼拿一片一片包装好的货品，然后在门口付账将货提走，在出口处还设有包装处，有各种方便包装的捆扎绳、剪刀等工具。宜家的单板式包装，方便购买、方便安装。简单是宜家用品的一大特点，但也正是这"简单"正在改变着中国人一种长久不变的"家具耐用"的消费观。

此外，经常有人带孩子来逛宜家，但时间一长，孩子对大人枯燥的购物感到厌烦时，会大哭大闹。为了让人们能安心购物，宜家在进门处特设有儿童娱乐区，在这里有各种各样的玩具供孩子们玩耍，还有专人负责看管小孩，顾客可以安心购物。

3. 宜家让你感受人性化设计

宜家组织生产已设计好的产品时，会首先考虑一个合理的价格，然后选用优质原材料，并且在全球范围挑选技术熟练的供应商与宜家设计师合作，按照这个价格或低于这个价格组织生产。这种"价廉物美"的思想和方法包含在宜家商场的每件家具和产品设计之中。宜家总是大批量采购，因此享受到优惠的采购价格，从而降低销售价格。另外，宜家的产品采用平板式包装，节省了运输空间，大大降低了开支，同时又不影响商品质量。在宜家家具店，顾客所购的家具都会附有一张装嵌图。只要按照包装图示，就可按部就班地把家具装嵌妥当，可帮助顾客节省不少装嵌费用。

现代人不再像过去那样只偏爱一成不变的东西，也不再固执地守着某种旧有的模式。经常地打破格局和灵活地改变居室的空间也许正成为现代人的一个嗜好，不管怎样说，现代人更看重家居的实用与灵活。宜家家居推出的每一款家具，都是在原有的简洁实用风格的基础上，多了几分灵活。如一款看似普通的沙发或者坐椅，就因为设计师的巧妙设计而让它在任何家中都有了可以随意匹配的灵活性。

　　总的说来，宜家产品的特点就是简洁、灵活。任意一件家具都能随意拆卸下来，搬动起来毫不费力，且具有多功能性。产品大都造型简洁、方便生活、使用舒适，但质地不一定很讲究。宜家产品统一色彩、统一款式，搭配起来非常协调，且款式、颜色都是最时尚的。其他家居商场的物品一般都是从不同地方、由不同品牌组织在一起的，不易搭配。而在宜家便可以购置一个非常统一协调的家居环境。这种特点非常适合于易接受外来文化、追求新奇变化的现代年轻人。家具在一个位置呆久了，看着会觉得腻烦，总想调换位置，有种新感觉。

　　而宜家的家具便于经常移动，每个人都可以做到拆卸自如。宜家产品尤其适合只愿在一起同居的新生代家庭，所有简洁的家具搬家时都不会成为累赘。

　　而且在宜家买家具，每一块板都有明码标价：书柜不想买门，可以把门除去；小孩的双层床缺个楼梯，没关系，小楼梯板也可以单卖。宜家的家具都可以拆开卖，看好哪样家具中的其中一块板您就可以拿走。在宜家你可以买走家具的某一个细节，把这个细节买回家或许就是一个很好的装饰。

　　正是宜家所倡导的"宜家做一部分（大批量采购以降低价格、平板式包装以降低开支）、你自己做一部分（自己选购、自己运送回家和自己组装家具）"的购物方式，使顾客找到了自己需要的一切，布置一个真正属于自己的舒适雅致的家。

　　4. 宜家让你感受人性化设计

　　宜家很少有孤零零的商品展示。在宜家家居商场产品展示区内，你会看到：一张餐桌，几把竹椅，餐桌上摆放着高脚玻璃杯、咖啡壶、闪闪发亮的刀叉、精美的瓷盘，以及鲜花和果蔬；被子、床单、枕头和抱枕总是在各式大床上展示它们的效果；更别说那些厨房、书房、客厅、卧室、浴室和"家居办公室"的示范室了——它们往往集中了宜家家居所贩卖的大部分商品品种，摆放有序，像一个真"家"那样设施齐全，风情万种。

　　商品的交叉展示，既是宜家卖场的展示风格，又是宜家家居的经营风格。目前在国内，除了大型的百货公司和购物中心，家具一般只在家具店里卖，而锅碗瓢盆、玩具灯具等则往往是超级市场货架上的商品。但在宜家家居，你可以买到几乎所有的家居用品，其实仔细想一想，它们本来就都是配合使用，不可或缺的，干吗要把它们人为地分开呢？

在宜家，用于对商品进行检测的测试器总是非常引人注目。在厨房用品区，宜家出售的厨柜从摆进卖场的第一天就开始接受测试器的测试，厨柜的柜门和抽屉不停地开、关着，数码计数器显示了门及抽屉可承受开关的次数：至今已有 209 440 次。你相信吗？即使它经过了 35 年、26 万次的开和关，厨柜门仍能像今天一样地正常工作！

与国内家具店动辄在沙发、席梦思床上标出"样品勿坐"的警告相反，在宜家，所有能坐的商品，顾客无一不可坐上去试试感觉。周末客流量大的时候，宜家沙发区的长沙发上几乎坐满了人。宜家出售的"桑德伯"沙发、"高利可斯达"餐椅的展示处还特意提示顾客："请坐上去！感觉一下它是多么地舒服！"在沙发区，一架沙发测试器正不停地向被测试的沙发施加压力，以测试沙发承受压力的次数。计数器上的数字显示：至 2000 年 8 月 25 日 15：53，这只受过 582 449 次压力。由此看来，那些向顾客发出"样品勿坐"警告的国内家具店，除了对顾客惯有的冷漠之外，是否还有一种对自己的产品缺乏信心的心态在作祟？

思考题

1. 请运用整体产品的概念，说明服务营销的必要性。

2. 宜家家居对顾客的关心和体贴表现在哪些方面？谈谈宜家家居案例给你的启示。

第十一章　网上营销

学习目标

网络时代的来临，改变了信息的传播和接受方式，网络技术也广泛地应用于各个行业和领域。网上营销为企业提供了适应网络发展的技术和手段，帮助企业发掘网上的无限商机，是一种重要的营销策略。通过本章的学习，了解网上营销的概念、网上购物的过程以及网上广告的类型等。

知识要点

网上营销，网上购物，网上广告。

案例导入

亚马逊的成功

2006 年 3 月，美国亚马逊网上书店推出一项名为"页购"的新服务，允许顾客购买网络版图书的一部分、甚至一页。另外，顾客购印刷版书籍后支付一笔额外费用，便有权阅读该书的亚马逊网络版。例如一本书价值 20 美元，购书者只需再支付 1.99 美元便有权阅读其网络版。亚马逊书店总裁杰夫·贝索斯说："我们认为这能实现读者、出版商、作者的三赢。"这也为亚马逊公布的 2006 全年运营盈余在 3 亿 7000 万美元至 5 亿 1000 万美元之间的预测增添了重要的砝码。在贝索斯的带领下，其创业方式完全改写了传统营销模式，并演绎着电子商务的真义。亚马逊网络书店，在短短几年的时间里，从 1000 多家同行中脱颖而出，成为全球最大的网络书店。其实，亚马逊网络书店已经成为全球电子商务的一面旗帜。从 1995 年创办到如今，亚马逊公司的全球客户已达 4000 万，是最受欢迎的购物网站；它在网络上销售的商品已达 430 万种；营业额已超过 10 亿美元；其股票市值更超过了 300 亿美元。

亚马逊的强项正是体现在网络上，在亚马逊网上购书，一般三秒钟之内就可得到回应。亚马逊的另一个优势就是有更多的选项，这一点是传统书店永远都无法想象的，也是无法仿效的。在网络上，亚马逊可以拿出 250 万册的书目来。贝索斯说：如果有机会把亚马逊所提供的目录以书面的方式印制出来的话，大概相当于 7 本纽约市电话簿的分量。同时，亚马逊宣布实行所有新书不满意退款的政策。只要亚马逊推荐的图书，如果在读者中反响不好或受到严厉批评，那么该公司就无条件退书还款给消费者。亚马逊的这一举动获得了顾客的完全信任。其实，在网络上互相利用网页空间来刊登广告，以节省大笔的广告费用，并把自己的网站提供出来作为广告媒体，收取一定的"租金"是司空见惯的事。这对贝索斯来说获利非常重要，但相对于顾客就成次要的了。

亚马逊的崛起的确是一个奇迹，虽然看起来有些不可思议，但只要认真分析它的成长历程，就不难发现其中的奥妙。庞大的资料库、最友善的使用界面、周到迅捷的消费者服务、彻底的利益提供和深植人心的品牌，这些特点决定了亚马逊成为电子商务时代的开端。

第一节　网上营销概述

一、网上营销的概念

网上营销也称为网络营销。目前学术界对网上营销还没有一个统一的定义。一般来说，网上营销是指以国际互联网络为基础，利用数字化的信息和网络媒体的交互性来辅助营销目标实现的一种新型的市场营销方式。简单来说，网上营销就是以互联网为主要手段开展的营销活动。网上营销具有很强的实践性，注重从实践中总结营销活动的一般方法和规律。网上营销必须充分认识互联网这种新的营销环境，利用各种互联网工具为企业营销活动提供有效的支持。

二、网上营销的特点

随着互联网的普及和网络成本的降低，互联网迅速将企业、团体、组织以及个人联结在一起，使得他们之间信息的交换变得越来越简单可行。市场营销中最本质的交换是组织和个人之间的信息交换。互联网具有营销所要求的某些特性，使得网上营销呈现出以下一些特点。

1. 跨时空

互联网能够跨越时间约束和空间限制进行信息交换，因此使得脱离时空限制的交易成为可能。由于互联网的存在，企业可以每周 7 天，每天 24 小时随时随地在线提供全球性营销服务。因此，企业会获得更多的营销机会，同时，市场竞争也会更加激烈。

2. 多媒体

互联网可以传输多种媒体信息，如文字、声音、图像等，使得信息交换可以以多种形式存在，可以充分调动营销人员的积极性，发挥营销人员的创造性。

3. 交互式

互联网可以有效地实现供需互动与双向沟通，通过向客户展示商品图像，商品信息资料库，可以使顾客更好地了解产品，还可以进行产品测试及消费者满意调查等活动。因此，互联网是企业产品设计、商品信息发布以及顾客意见反馈的最佳工具。

4. 人性化

互联网上的促销是一对一的、理性的、消费者主导的、非强迫性的、循序渐进式的，而且是一种低成本的人性化的促销方式，可以避免现实生活中推销员的强势推销给顾客造成的尴尬。而且互联网促销可以通过信息提供与双向沟通，最终与顾客建立一种长期的友好的合作关系。

5. 成长性

互联网使用者的数量增长很快，截至 2009 年 6 月 30 日，我国网民人数达 3.38 亿，超过美国总人口 3.07 亿。根据调查，网络使用者大多是高收入的、接受较高教育水平的年轻人，由于这部分群体购买力强而且具有很强的市场影响力，因此网络营销具有较好的市场潜力，处于迅速成长阶段。

6. 整合性

网上营销是一种全程的营销活动，可以完成从商品信息的发布至付款收款和售后服务的一系列活动。同时，企业可以借助互联网将不同的传播营销活动进行统一设计规划和协调实施，向消费者传达统一的传播资讯，可以避免不同传播渠道产生的不一致性。

7. 超前性

互联网具备一对一的营销能力，是一种功能最强大的营销工具，它同时兼具渠道、促销、电子交易、互动顾客服务以及市场信息分析与提供的多种功能，符合定制营销与直复营销的未来发展趋势。

8. 高效性

计算机可储存大量的信息，建立大量的数据库，帮助消费者查询可传送的信息数量与精确度，同时，网络还能适应市场需求，及时更新产品信息，调整产品价格，因此能及时有效了解并满足消费者的需求。

9. 经济性

互联网的信息交换更加经济，一方面网上营销可以代替以前的实物交换、面对面的交换，从而可以减少印刷与邮递成本，可以无店面销售免交租金，节约水电与人工成本，另一方面可以减少多次交换带来的损耗，最终大大降低了交易成本，提高了交易效率。

10. 技术性

网上营销是建立在高技术作为支撑的互联网的基础上的，企业要想顺利地实施网上营销，必须有一定的技术投入和技术支持，提升信息管理部门的功能，引进懂营销与计算机技术的复合型人才，才能在未来的市场竞争中立于不败之地。

【案例 11-1】Dell 的网上营销

1984 年，一个名叫麦克尔·戴尔的年轻人突发奇想，他要创办公司，按照客户的需求来制造计算机并向客户直接发货，这一天才的想法使得该公司迅速跻身于业内最大的制造商之列。Dell 的网上营销是贯彻这一营销理念的重要手段，Dell 的顾客通过 Dell 公司的网站和 Dell 在线商店可以评价多种电脑配置模式，了解各款电脑和各种电脑零配件的即时报价，自己设计和订制产品，然后通过网络将这些信息传递给 Dell 公司。Dell 公司再按订单设计、生产，最后通过物流配送体系直接将货发送到消费者手中。Dell 电脑的网上营销模式为 Dell 赢得了大量的顾客，打开了产品的销路。

三、网上营销与传统营销的比较

网上营销指的是借助互联网来了解顾客的需要，并生产出产品满足其需要的过程，而传统营销没有借助互联网技术，其理论思想也没有受过互联网技术的冲击。网上营销由传统营销发展而来，相对于传统营销而言，出现了一些新特性。

1. 营销观念的转变

在当代，面对日益激烈的市场，企业要在竞争中立于不败之地，只有了解和满足目标顾客的需要和欲望，树立以顾客为中心、以顾客为导向的服务观念，但传统的营销难以做到这一点。网络能够超越时空的限制，使网上营销能与顾客进行一对一地充分沟通，从而真正了解顾客的需求和欲望，而且顾客利用网络可以参与产品的设计，获得贴近自己兴趣的个性化的产品和服务。网上营销已从传统的大规模目标市场向集中型、个性化的营销观念转变，使把每一个顾客都作为目标市场成为可能。

2. 供求平衡的变化

网上营销减少了商品在流通中经历的诸多环节，降低了流通费用和交易成本。在传统营销的环境下，企业无法对产品的数量加以准确规划，供应商不知道顾客何时需要他们的产品，也不知道顾客需要多少，不得不建立库存以应对市场需求的变化，但库存常伴随着积压，造成资源的浪费。而网上营销使产品定制成为可能，企业按照顾客的需求生产，使供给和需求越来越趋于平衡。

3. 市场环境的变化

网上营销面对的是全新的信息经济环境，市场环境完全开放。而传统营销受到时间和空间的阻隔，信息的传递也是单方向的。由于网络的存在和公众的参与，网上营销面对的市场环境是完全开放的，其内容丰富多彩，信息交流灵活便利，越来越多的网络用户参与其中。

4. 沟通方式的转变

传统营销的信息传递是单向的，信息发送出去之后，企业很难获得消费者的反馈信息。在传统的媒体如电视上做广告，企业投入的可能是巨额资金，但宣传时间短，企业无法对产品的性能、特征和功效进行深入的描述，而消费者只能被动地接受广告中的信息。而网上营销是企业与消费者之间的交互式信息沟通，信息的沟通是双向性的。通过网络，企业为客户提供丰富翔实的产品信息，同时客户及时地向企业反馈信息。

5. 时空界限的变化

网上营销比传统营销更便捷，消除了时间和空间的限制。网络能够提供 24 小时的服务，消费者可随时随地查询所需产品的信息，并在网上购物。

同时，网上营销也存在一些缺陷，如网上支付的安全性，物流配送的及时性以及平面媒体信息传递的真实性等。网上营销只是营销的一种新形式，永远不能完全替代传统营销。从发展趋势来看，网上营销的实施是必然的，网上营销和传统营销只有紧密结合，扬长避短，才能更好、更快、更有效率地满足顾客需要。

第二节 网上购物

一、网上购物的概念

网上购物，就是通过互联网检索商品信息，并通过电子订购单发出购物请求，然后填上私人支票账号或信用卡的号码，厂商通过邮购的方式发货，或是通过快递公司送货上门。国内的网上购物，一般付款方式是款到发货，直接银行转账或者在线汇款。比如亿人购物商城、瑞丽时尚商品批发网，担保交易（淘宝支付宝，百度百付宝，腾讯财付通等），货到付款（如惠极商城）等。随着互联网在中国的进一步普及应用，网上购物逐渐成为人们的网上行为之一。

【案例 11-2】男女网络购物对比

据悉，CNNIC 采用电话调查方式，在 2008 年 6 月对 19 个经济发达城市进行调查，包括 4 个直辖市北京、上海、重庆和天津，15 个副省级城市为广州、深圳、长春等，访问对象是半年内上过网且在网上买过东西的网民。报告显示，在被调查的 19 个城市中，上半年网络购物金额达到了 162 亿元。从性别比例看，男性网购总金额为 84 亿元，女性网购金额略低于男性，达到 78 亿元。

二、网上购物的流程

网上购物非常便捷，消费者可以使用支付宝、网上银行、财付通、百付宝等网络支付卡来支付。网上购物是一个新兴产业，消费者可以对比图片和价格，在确定要买的产品后，对这个产品的价格进行对比，然后观察卖家的信誉以及各买家对这个产品的评价，然后选择有保障的交易方式。

下面以通过财付通付款的具体操作步骤来说明网上购物的流程：

（1）在拍拍中选择想要购买的商品，确认出价金额和购买数量，然后点击"确认购买本商品"；

（2）进入"购买信息确认"页面或在购买下商品后在"我的拍拍"→"已购买的商品"页面，选择"现在去付款"按钮；

（3）核对商品购买信息和收货信息，如果没有填写收货信息请立即填写，确认无误后，点击"现在就去付款"按钮；

（4）如果"财付通账户"中余额足够支付，可以直接输入"财付通账户"的支付密码，然后点击"确认提交"。若"财付通账户"中余额不足支付，可采用"财付通·一点通关联支付"。如果暂时没有财付通账户，可以选择一家银行通过网上银行支付，然后点击"确认提交"。

（5）支付成功后，确认信息即可。

三、网上购物的问题

随着网络的普及，网上购物越来越多地进入了人们的视野。网上购物带给人们的便捷之处是众所周知的，然而，网上购物也存在一系列的问题，在一定程度上影响了网上购物的发展。

1. 安全性

安全性是阻碍网上购物发展的最大问题。国内一些网上购物网站经常忽视网络安全体系的建设，使其容易受到计算机病毒和网络黑客的攻击，从而为网上购物的开展带来了安全隐患。其次，我国的网络基础设施还不完备，网络接入速率低、反应速度慢、网络带宽窄，这在一定程度上限制了网上购物的发展。再次，网络上的数据经常会遭到窃听、截取和篡改。以上因素都会影响网上购物的发展。现存的支付宝方式虽然在网上购物中起到了很好的作用，但它只是电子支付的过渡产品，其在解决电子支付的安全性和资金流动的实时性上存在明显缺陷，不能完全满足金融电子化的要求。

2. 隐私权

网上购物给隐私权的保护造成了极大的困难，隐私权正受到前所未有的严峻挑战。由于网络信息易于复制和窃取，且不留痕迹，这就给不法分子以可乘之机，导致各种侵害隐私权的行为屡屡发生。例如网络经营者为追求利润和利益使用甚至买卖消费者个人信息；有的经营者甚至未经消费者同意就利用消费者的个人信息进行商业活动。这些情况都会引发人们对网上购物的不信任，阻碍网上购物的健康发展。

3. 税收问题

由于网上购物具有无址化、无形化、无界化、虚拟化和电子支付等特点，这使税收工作难于有效地开展，出现了一系列税收管理的漏洞，导致本应征收的税款白白流失，给国家造成了巨大的经济损失。

4. 消费者权益的保障

在网上购物活动中，交易双方缺少面对面地交流，交易具有很大的不确定性。买方都是通过网络获得相应商品的信息。一些不良网络企业利用消费者无法看到商品的实样和无法当面交易，从而制造假冒伪劣商品坑害消费者。因此，公众普遍感到网上购物不直观，不安全，不肯轻易相信网络上的花言巧语，其结果是阻碍了网上购物的发展。网上购物的售后服务也处于真空地带，出现问题后客户往往不知该去找谁负责。此外，送货不及时也是现今网上购物的一大弊病。物流基础设施不完善、第三方物流服务发展滞后也在一定程度上阻碍了网上购物的发展。

在现阶段，虽然我国还存在着许多阻碍网上购物发展的问题，但是我们不能就此放弃对网上购物的发展。我们应该重视遇到的各种问题和障碍，完善网上购物立法和相关法律制度，加强网络安全体系建设，加快物流体系建设，使网上购物快速健康地发展。

第三节 网上广告

一、网上广告的定义

1997 年 3 月，我国出现了第一个商业性的网上广告，传播网站是 Chinabyte，广告主是 IBM，广告表现形式是 468×60 像素的动画旗帜广告，最早在国内互联网上投放广告的广告主是 Intel 和 IBM。什么是网上广告呢？网上广告是基于计算机、通信等多种网络技术和多媒体技术的广告形式，其具体操作方式包括注册独立域名，建立公司主页；在热门站点上做横幅广告（Banner Advertising）及链接，并登录各大搜索引擎；在知名 BBS（电子公告板）上发布广告信息或开设专门论坛；通过电子邮件（E-mail）给目标消费者发送信息等。

在网上广告中，存在三大主体：广告主、广告受众和广告制作商。广告主是发布网络广告的企业、单位和个人，是网上广告投放行为的发起者；广告受众是网上广告所指向的对象，任何活跃在网络上的人都有可能是网上广告的对象；广告制作商是指受到广告主的委托，为其设计符合产品或企业特点的网上广告并组织实施的公司或机构。

【案例 11-3】蒙牛早餐奶

早晨，刚上班的小李收到朋友传来的一个 MSN 动漫：清晨，阳光洒满大地，草地上的两只小猴正在寻找早餐，噗！它们最后用月光宝盒变出了两杯“蒙牛早餐奶”。这就是我们熟悉的网上广告之一。

二、网上广告的特点

随着网络的普及，近年来，网上广告也以其独特的形式吸引了人们的注意。网上广告也是广告的一种，具有广告的一般特点，但由于网络媒体的特殊性，网上广告与一般的广告也有所差别，一般来说，网上广告具有以下几个特点。

1. 传播范围广

现在全球上网人数有 10 多亿人，覆盖 186 个国家，而这个数字还在快速增长。网络联结着世界范围内的计算机，通过互联网发布广告信息范围广，不受时间和地域的限制。作为广告媒体，其传播信息的范围越广，接触的人越多，广告效应就越大。从广告用户市场看，用户市场遍及世界各个角落，即使是一家小企业上网，都有可能一夜成为国际性公司。绝大多数的电视、广播、报纸及杂志只是地区性和专业性的，而通过网上发布广告，可以最快的速度把产品信息传达到全球的客户。

2. 信息容量大

传统广告由于受媒体的时间和版面的限制，其信息容量有限。而在网上，广告主提供的信息容量是不受限制的。网上广告可以借助层层点击或直接链接进入另一网站的方式，使网络用户获得更多的信息，突破了传统广告的局限。广告主可以提供相当于数千页的广告信息和说明，而不必顾虑传统媒体上每分每秒增加的昂贵的广告费用。网络上一个小小的广告条后面，广告主可以把自己的公司以及公司的所有产品和服务详尽的信息制作成网页放在自己的网站中。可以说，费用一定的情况下，与别的网站上交换广告条，广告主能够不加限制地增加广告信息。

3. 投入成本低

广告宣传的目的是为了促销产品，而促销产品的最终目的是为了获取企业利益。由于企业广告的价格不断增长，对许多企业已构成负担。网络媒体的收费远低于传统媒体，网络广告由于有自动化的软件工具进行创作和管理，能以低廉费用按照需要及时地变更广告内容。与传统广告的价格相比，网上广告在价格上极具竞争力。据美国《现代企业》杂志对旗下企业社员的统计，网上广告能有效地节约广告费用达 40%～70%。若能直接利用网上广告销售产品，则可以节省更多的销售成本。

4. 交互性强

网上广告不同于传统广告的单向传播，而是信息交互传播。采用交互界面,可以使访问者对广告的阅读层次化、深入化。感兴趣的访问者除了了解产品的概况外,还可以阅读有关企业和其他产品的相关资料。广告浏览者甚至可以借助电子邮件方便地在线提交申请表单,向厂商请求咨询或服务。厂商也能够在很短的时间里收到信息,并根据客户的要求和建议及时做出积极反馈。网上广告提供的这种交互功能,可以非常方便地满足消费者边浏览广告,边在线订货、购物的需求。这就顺应了人们快节奏工作和生活的需要,从而吸引更多的消费者。同时企业可以利用网络及时监测功能对访问者类型、访问的时间、访问的地区进行统计,从而了解到广告的实际效果,并随时修改广告出现的频率或实时改变创意。

5. 注意力集中

通过研究发现,网上广告相对于传统广告而言,受众关注度高。电视并不能很好地集中人的注意力,看电视时可能有 40% 的观众同时在阅读,21% 的人同时在做家务,13% 的人在吃喝,12% 的人在玩赏它物,10% 的人在烹饪,9% 的人在写作,8% 的人在打电话。由此可见,通过电视播放的广告效果并不好。而网上用户则不同,55% 的用户在使用计算机时不做任何其他事情,只有 6% 的人同时在打电话,5% 的人在吃喝,4% 的人在写作。因此,网上广告具有更好的注意力集中效应。

三、网上广告的形式

最初出现的网上广告就是网页本身。当越来越多的商业网站出现之后,广告主亟需寻找一种可以吸引浏览者到自己网站上来的方法,同时网络媒体也需要依靠它来赢利。目前,网上广告的形式比较多,我们主要介绍当今网络广告界常用的一些网上广告形式。

1. 网幅广告

网幅广告(Banner)是以 GIF,JPG 等格式建立的图像文件广告,定位在网页中,大多用来表现广告内容,同时还可使用 Java 等语言使其产生交互性,用 Shockwave 等插件工具增强其表现力。

网幅广告分静态、动态和交互式三种。静态的网幅广告就是在网页上显示一幅固定的图片,它也是早年网上广告常用的一种方式。它的优点是制作简单,能被所有的网站所接受。缺点是在众多采用新技术制作的网幅广告面前,显得有些呆板和枯燥。事实上,静态网幅广告的点击率比动态的和交互式的网幅广告要低。动态网幅广告拥有会运动的元素,它的原理是把一连串图像连贯起来形成动画。通过不同的画面,可以传递给浏览者更多的信息,也可以通过动画的运用加深浏览者的印象，它们的点击率要比静态的高很多。而且这种广告在制作上也不复杂，尺寸也比较小。因此，动态网幅广告是目前最主要的网上广告形式之一。交互式广告的形式多种多样，比如游戏、插播式、回答问题、下拉菜单、填写表格等，这类广告需要与用户进行交流，比单纯的点击包含更多的内容。

　　2. 按钮广告

　　按钮广告是从 Banner 演变过来的一种形式，是表现为图标的广告，通常广告主用其来宣传其商标或品牌等特定标志。按钮广告是一种与标题广告类似，但是面积比较小，而且有不同的大小与版面位置可以选择，最早是浏览器网景公司用来提供使用者下载软体之用，后来这样的规格就成为一种标准。

　　按钮广告能提供简单明确的资讯，而且其面积大小与版面位置的安排都较具有弹性，可以放在相关的产品内容旁边，是广告主建立知名度的一种相当经济的选择。例如，戴尔曾将一个广告按钮放在一份科技类报纸的电脑评论旁边。一般这类按钮不是互动的，当你选择点击这些按钮的时候会被带到另外一个页面。

　　3. 赞助式广告

　　赞助式广告的形式多种多样，在传统的网幅广告之外，给予广告主更多的选择。赞助式广告的定义至今仍未有明确划分，台湾区行销总监伍臻祥则提出，凡是所有非旗帜形式的网上广告，都可算作是赞助式广告。这种概念下的赞助式广告其实可分为广告置放点的媒体企划创意，及广告内容与频道信息的结合形式。

　　赞助式广告一般有 3 种形式：内容赞助、节目赞助和节日赞助。广告主可根据自己所感兴趣的网站内容或网站节目进行赞助。但网站节目特指时效性网站，例如：澳门回归网站、世界杯网站、奥运会网站等。另外，节日赞助是指网站在特别节日所推出的网站推广活动。例如：新浪"竞技风暴"首页，"NIKE"赞助了该频道，名字也相应改成"NIKE 竞技风暴"，并配上不同栏目。

　　4. 文本链接广告

　　文本链接广告是将文字嵌入到比较引人注目的版位，一般为 10～15 字，内容多为一些吸引人的标题。文本链接广告所占的空间小，通常排列在网页的两侧。相对于其他网上广告而言，文本链接广告是一种对浏览者干扰最少，但却最有效果的网上广告形式。一般只需点击文字，就可以链接到其他的广告页面，也可以链接到一篇软文。例如 QQ 聊天对话框下面的文字链接，用户很容易点击到广告并进入相应的页面。淘宝站内搜索条下的热门搜索关键词，实质上也是花钱购买的广告，这种形式在引导消费者方面起到了很好的作用。

5. 插播式广告

插播式广告的英文名称叫"Interstitial"，中国互联网络信息中心将 Interstitial 定义为"空隙页面"，认为"空隙页面是一个在访问者和网站间内容正常传递之中插入的页面。空隙页面被递送给访问者，但实际上并没有被访问者明确请求过"。插播式广告有各种尺寸，有全屏的也有小窗口的，有静态的也有动态的。它们有点类似电视广告，都是打断正常节目的播放，强迫观看。它们的区别是浏览者可以通过关闭窗口不看广告，电视广告却无法做到，但是它们的出现没有任何征兆。广告主很喜欢这种广告形式，因为它们肯定会被浏览者看到。只要网络带宽足够，广告主完全可以使用全屏动画的插播式广告。插播式广告的缺点就是可能引起浏览者的反感，网民一般有自己的浏览习惯，他们选择自己要看的网站，点击他们想点的东西。当网站或广告主强迫他们浏览广告时，往往会使他们反感。为避免这种情况的发生，许多网站都使用了弹出窗口式广告，而且只有 1/8 屏幕的大小，这样可以不影响正常的浏览。

6. 搜索引擎广告

搜索引擎是指根据一定的策略、运用特定的计算机程序搜集互联网上的信息，在对信息进行组织和处理后，并将处理后的信息显示给用户，为用户提供检索服务。搜索引擎广告和搜索引擎的使用密不可分，广告主在搜索引擎网站购买流行的或与产品相关的关键字，在用户输入该关键字检索时，广告就出现在搜索结果的页面中。就百度而言，搜索引擎广告主要分为两类：一类作为搜索结果出现在搜索列表当中；另一类则出现在搜索结果列表右侧的广告版位中。同时，搜索引擎广告分为付费的和免费的两种。

7. 电子邮件广告

电子邮件是网民经常使用的网络交流工具之一，有超过 70％ 的网民几乎每天使用电子邮件。电子邮件广告针对性强、费用低廉，且广告内容不受限制，它可以针对具体某一个人发送特定的广告，为其他网上广告方式所不及。在提到电子邮件广告的时候，人们可能容易联想到垃圾邮件。垃圾邮件是把相同的信息在互联网中复制了无数遍，然后强加给那些不乐意接受它们的人群。发送垃圾邮件会引起收件者的不满，是一种极其危险的市场策略。

　　电子邮件广告一般采用文本格式或 html 格式。通常采用的是文本格式，就是把一段广告性的文字放置在新闻邮件或经许可的 E-mail 中间，也可以设置一个 URL，链接到广告主公司主页或提供产品或服务的特定页面。html格式的电子邮件广告可以插入图片，和网页上的网幅广告没有什么区别，但是因为许多电子邮件的系统是不兼容的，html 格式的电子邮件广告并不是每个人都能完整地看得到，因此把邮件广告做得越简单越好，文本格式的电子邮件广告兼容性最好。

【案例 11 - 4】E-mail 营销

　　冯英键先生在其著作《E-mail 营销》中对 E-mail 营销是这样定义的：E-mail 营销是在用户事先许可的前提下，通过电子邮件的方式向目标用户传递有价值信息的一种网络营销手段。按照这个定义，有效的 E-mail 营销必须同时具备下列 3 个条件：基于用户许可、通过电子邮件传递信息、信息对用户是有价值的。近日，当当在其联盟计划中增加了 E-mail 营销，用其作为一个新的销售促进方式。显然当当注意到 E-mail 营销在网络营销多种方式中所具有的便捷、低廉等诸多优势，借此在日益竞争激烈的中国 B2C 电子商务市场中获得更多的客户。但在垃圾邮件盛行的今天，对于当当来说，有点冒险。

　　目前，相关打击垃圾邮件的立法还不健全，正当的 E-mail 营销和垃圾邮件还不能从法律上严格区分，不少人把两者混为一谈。当当这个时候推出 E-mail 营销联盟恐怕会被社会一棒子打死。就像屏蔽发送垃圾邮件的服务器一样，如果以后把惩治垃圾邮件的重点放在了以"当当"名义发送的邮件，那就可怕了。有人说，现今垃圾邮件泛滥到连发垃圾信的商家都已经觉得发垃圾信实在没什么效果了。在这个时候，当当推出 E-mail 营销真是不明智。当当的 E-mail 营销应该缓行或者提高合作条件，把合作者局限于拥有经过许可的邮件列表者。

本章小结

　　1. 网上营销是以国际互联网络为基础，利用数字化的信息和网络媒体的交互性来辅助营销目标实现的一种新型的市场营销方式，具有跨时空、多媒体、交互式、人性化、成长性、整合性、超前性、高效性、经济型和技术性的特点。

　　2. 相对于传统营销而言，网上营销的营销观念、供求平衡、市场环境、沟通方式和时空界限都发生了变化，这也使得网上营销相对于传统营销显示出了其自身的优势。

3. 在网络经济条件下，更多的消费者选择在网上购物，这对企业的网上营销也会产生一定的影响。网上购物是指消费者通过互联网购买商品，消费者可以对比图片和价格，在确定要买的产品后，对这个产品的价格进行比较，然后观察卖家的信誉以及买家对这个产品的评价，最后选择有保障的交易方式付款，卖家选择相应的配送企业送货上门。但网上购物也存在许多问题，网络体系的安全性、消费者的隐私权、税收问题以及消费者权益的保障问题等。

4. 网上广告对于产品的网上推广起到了重要的作用，网上广告是基于计算机、通信等多种网络技术和多媒体技术的广告形式，具有传播范围广、信息容量大、投入成本低、交互性强、注意力集中的特点。而目前网络上主要的广告形式是网幅广告、按钮广告、赞助式广告、文本链接广告、插播式广告、搜索引擎广告和电子邮件广告。

习题十一

1. 网上广告和传统营销的其他广告相比，有何特点和优势？
2. 新浪网站的网络广告类型有哪些？
3. 分析网上广告的发布方式有哪些？

案例分析

成功的汽车网上营销

如今，中国的车商不能再闷在厂房里或"4S"店里等待顾客来电或来店，车商们必须转变思维，必须转变"单向传播"的营销模式，主动出击多端口集合最大化扫描，垂钓最大化的客源，搜寻最大化的市场，捕捉更多的消费者行为的信息。事实证明，在目前这样一个充分多元化的传播市场上，"大一统"的受众群体日益被分割为众多小型的、社区化的、多方向的传播、交流、阅读群体，"大一统"的僵硬的传播渠道已经严重落伍。

可喜的是，众车商们已经意识到大众传播的时代过去，分众传播的时代已经到来。更为专业的"传播载体"为五花八门的"小众传播"量身定做更个性化、人性化、民众更喜闻乐见的资讯内容。而在这方面，互联网能将车商与消费者的沟通路径放大好几百万倍，作为第一家开通微博的汽车企业——长安福特——近期围绕"广州第七届国际车展"开展的"围脖"系列活动就是一个典范。

长安福特的"围博"全民行动紧扣福特一贯宣扬的"活得精彩"主打诉求理念，抛出十分出彩的"三彩"活动——"活得精彩"、"拍得精彩"、"说得精彩"。前中后呼应、环环相扣、精彩迭出，车展前福特推出"活得精彩千元大礼包"，里面有数码产品加香水，更吸引人的还有一百张车展通票，目的是给网民提供看车展的"入场券"，民众赢得"大礼包"很简单，只要进入"长安福特"微博点击关注就有机会获奖，其用意在于"以礼换点击"吸引网民的眼球，提高长安福特微博的点击率。当然有礼还不够，还必须调动网民参与的积极性、煽动其表现的激情，于是第二招棋"拍得精彩"出手了，这是为了让广大网民车展期间光顾福特展场关注福特汽车，通过手中各级各类的摄像器械帮福特系列车型"曝光"，网民拍完后必然会将图片上传到各式各样的网路上去，这无形中为福特做了广泛的"草根传播"。拍得精彩的当然会获得福特送出的奖品。但光拍不表态也不行，于是车展"围博"系列获得的杀手铜——"说得精彩"亮了出来"箍紧网民的喉咙"让网民说话，不说话继续"围博"（当然这是幽默的比喻）。鼓励福特的"粉丝"发表精彩评论用一句话传播福特的精彩。于是"围博"收官之作画上了一个圆满的句号。"活得精彩有礼"是诱使网民点击，间接地与网民接触；"拍得精彩"让网民现身给福特拍"写真"，贴壁纸般传播"写真"，虽然有点直接，但始终有点"车大无脑"有形象无思维的缺憾；于是鼓励粉丝们"说得精彩"些，说出福特想要的心声。至此，人（潜在消费者）通过"网"（"微博"）认识了"车"（福特系列车），最后有可能成为福特的车主，福特"微博"的版主，人网车一体化。

上述多元化立体式沟通交流体验的成功案例正是通过互联网得以实现的！互联网过去一直被视为新一代年轻高知分子的"首选"，如此区隔有些"形而上学"，必然会亵渎互联网的"真义"，试问一下何为"互联网"（最大范围互动联系的网络）？"互联网"有区分男女老少吗？"互联网"有嫌贫爱富的吗？"互联网"有规定只能卖书卖衣服，不准卖房子车子的吗？（物联网的掀起会让互联网变得不再虚拟），当大家回答了上述问题就不难发现过去的观念是非常可笑和愚昧的，沟通交流方式没有高低贵贱之分，只有哪种沟通更便利更划算。因此车商不论是定位高档豪华车还是中低档轿车的，选择互联网宣传推广根本不会影响其品牌形象。但是话有说回来，在当今互联网还没有百分百普及，千网万网混杂一网难于打尽的当下，车商只要精准锁定符合自己目标消费者门当户对的网站，对号入座就行，其余的事交由网站运营商及网民。另者多品牌覆盖高中低端车型的车商，如长安福特，还可以"划整为零"根据其车型档次选择与之匹配的网站进行一系列网上营销推广。

汽车互联网营销方兴未艾，呈现以下趋势：

1. 汽车互联网营销由单一的虚拟宣传推广转向综合的实体经营

今后车商能在互联网开"4S店"、汽车综合服务贸易园（包括销售、维修、配件、二手车置换、汽车金融、汽车俱乐部等），网上服务在汽车维修、汽车租赁、二手车置换、汽车物流等方面为消费者创造全新的体验价值。

2. 汽车互联网营销让从业人员的工作形态更加多样

通过互联网平台，在极大便利消费者买车、修车、租车、换车等同时，也给员工的工作形态以及企业自身的管理运营带来了实质性变革。

互联网营销盛行后，汽车销售顾问不必一直呆在销售展厅，甚至可以在家办公，他们可以建立个人的网站并与公司的网站对接或直接嵌入企业的网站里，就可以开展移动销售了，他们工作时只要链接公司的数据库，分享信息资源并且根据需要自由地登录、漫游或离开互联网，对机会（即潜在客户或目标客户）的捕捉、大客户的拜访、区域的运行规则及辖区内活动的管理，以及对产品配置、定价、合同、订单、报价和促销的管理都可以通过网络进行，而且借助互联网一名销售顾问就可以为成千上万名顾客同时提供服务。

3. 汽车互联网营销让企业的营利模式更加多元

互联网让员工获益非浅，对企业来说更是如此！企业通过互联网搭建自己的信息流、资金流、物流平台，与上游供应商以及下游合作伙伴开展战略联盟、虚拟庞大的有机的企业组织，而且企业产能可以几何级数地翻倍增长。

4. 汽车互联网营销更讲究资源的整合

今后互联网营销讲求综合门户网站、车商网站、草根网站以及其他新兴网站的有机配搭。

5. "促销搭档"关系向"数据库搭档"关系的演化

今后的竞争除了继续存在于企业之间外，还将扩及企业合作的网络，未来的营销剔除了简单原始的促销搭档角色，而是借助新兴的技术平台结成战略联盟，利用彼此的数据库开展营销，实现资源共享。

6. 对广告被动接受向积极搜寻演化

由于互联网的普及，百度、谷歌等搜索引擎技术的日新月异，为消费者接受广告信息提供了更自由更广阔的空间，而以往消费者那种"无法躲闪"

被动接受广告的局面将一去不复返。

未来企业将通过由各种广告载体,特别是互联网广告载体向消费者提供"自愿式广告",而消费者也会根据需求主动地搜寻符合自身口味的广告信息,因此一对一的个性化、分众化广告将会在未来成为引领主流。

7. 单一功能的广告和促销向多功能的互动式营销活动演化

过去那种传统的孤立广告宣传和专项的促销活动会逐步被淘汰,取而代之的将是融广告宣传、促销活动、互动式交流为一体的立体营销。

8. 产品品牌建设向关系品牌建设的演化

今后品牌建设将向多维化、交互性的关系品牌建设转变,企业通过从各种渠道(其中最重要的渠道就是互联网)获得大量的客户资料,包括客户的姓名和地址,然后对潜在顾客进行鉴别,试探他们的需求以及消费嗜好,更多地了解他们,在一个持续不断的相互关系中始终与他们保持联系———一种新的品牌建设形式正在演进:关系品牌建设即将到来。

9. 消费者对企业的单向忠诚度转向双向交互联系甚至多维的关系

这种模式的方法之一就是通过将购买者自身维系在一个志趣相投的由许多购买者组成的团体中,将销售者和购买者之间的联系加以拓展,为其提供各种全新的体验,从而将消费者的忠诚度提高到一个更高的水平。例如长安福特某车商专门针对福特车主组建了由车主自行管理的"车友组织"(俱乐部形式),通过企业退居幕后让车主自发管理的方式增强组织的感召力、公信力和体验性。

这种模式的另一方法是企业与消费者建立交互式设计的价值链,企业设身处地地为消费者创造价值,满足他们的各项需求,当消费者需求麻木迟钝时,通过各种方式激活它、唤醒它。而消费者也采取主动的方式参与企业产品或服务的设计或提供有建设性的意见,为企业创造价值。因此过去企业那种通过产品、服务、品牌换取消费者忠诚度的单向格局将会被打破,一种多维、互动的关系维系模式将会出现。

这世界,唯一不变的就是变化!中国的汽车市场也始终充满着变数,未来的中国汽车营销将更加精彩。

思考题

1. 汽车网上营销的成功之处体现在哪些方面?

2. 结合案例分析哪些产品适合做网上营销?如何开展网上营销?

参 考 文 献

[1] 迈克尔 R 索罗门.市场营销学原理[M].北京:经济科学出版社,2005.

[2] 迈克尔 R 辛科塔,彼得 R 迪克森.营销学:最佳实践[M].北京:中信出版社,2003.

[3] 加里·阿姆斯特朗,科特勒.市场营销学[M].北京:中国人民大学出版社,2007.

[4] 辛科塔.营销学:最佳实践[M].北京:中信出版社,2002.

[5] 菲利普·科特勒.市场营销管理:亚洲版[M].北京:中国人民大学出版社,1996.

[6] 菲利普·科特勒.市场营销导论[M].北京:华夏出版社,2004.

[7] 菲利普·科特勒.营销管理.11 版[M].上海:上海人民出版社,2004.

[8] 菲利普·科特勒,凯文·莱恩·凯勒,卢泰宏.营销管理[M].北京:中国人民大学出版社,2009.

[9] 富兰克林·阿·茹特.进入国际市场的战略[M].北京:中国经济出版社,1992.

[10] 郭国庆.市场营销学[M].北京:中国人民大学出版社,2000.

[11] 郝渊晓,张鸿.市场营销学[M].西安:西安交通大学出版社,2009.

[12] 朱华.市场营销案例精选精析[M].北京:中国社会科学出版社,2009.

[13] 马清梅,陈荣铎.市场营销学[M].北京:清华大学出版社,2007.

[14] 晁钢令.市场营销学[M].上海:上海财经大学出版社,2003.

[15] 梁东,刘建堤.市场营销学[M].北京:清华大学出版社,2006.

[16] 胡春.市场营销学案例评析[M].北京:清华大学出版社,2008.

[17] 王志伟.市场营销学[M].北京:对外经济贸易大学出版社,2008.

[18] 李强.市场营销学教程[M].大连:东北财经大学出版社,2000.

[19] 冯丽云.现代市场营销学[M].北京:经济管理出版社,2008.

[20] 纪宝成.市场营销学教程[M].北京:中国人民大学出版社,2008.

[21] 涟漪.市场营销学——理论与实务[M].北京:北京理工大学出版

社,2007.

[22] 邓永成.中国营销理论与实践[M].上海:立信会计出版社,2004.

[23] 梅洪常.市场营销学[M].重庆:重庆大学出版社,2003.

[24] 吴健安.市场营销学[M].北京:高等教育出版社,2000.

[25] 汤定娜.中国企业营销案例[M].北京:高等教育出版社,2001.

[26] 黄中鼎,陈伟.市场营销学[M].上海:上海财经大学出版社,2003.

[27] 周建波.营销管理教程[M].北京:北京大学出版社,2003.

[28] 张岩松.市场营销案例精选精析[M].北京:经济管理出版社,2003.

[29] 高秀丽,姚惠泽,吕彦儒.市场营销[M].上海:上海财经大学出版社,2007.

[30] 梁彦明.服务营销管理[M].广州:暨南大学出版社,2004.

[31] 许德昌,王谊.服务营销管理[M].成都:西南财经大学出版社,2005.

[32] 郑吉昌.服务营销管理[M].北京:中国商务出版社,2005.

[33] 叶万春.服务营销管理[M].北京:中国人民大学出版社,2003.

[34] 甄小虎,秦琴,邬兴慧.网络营销与实训[M].北京:经济科学出版社,2009.

[35] 孔伟成,陈水芬.网络营销学[M].重庆:重庆大学出版社,2008.

[36] 张圣亮.市场营销原理与实务[M].合肥:中国科学技术大学出版社,2003.

[37] 王新胜.危机下的定价策略[J].饭店现代化,2009.

[38] 姜少敏,侯书森.财富论谈:破译世界500强的内幕[J].北京:中国城市出版社,1999.

[39] 张伯伦.电信产品定价的影响因素和方法研究[J].商业研究,2008.

[40] 邓海云.长虹"彩管战略"是垄断吗[J].光明日报,1998.

[41] 张威.成也广告败也广告,奥妮不能忘却的民族品牌[J].化妆品报,2008.

[42] 林深.20年大宝为何"投奔"强生[J].中国经济周刊,2007.

[43] 金楚.网上购物带来的问题[J].商场现代化,2009.

[44] 世界经理人网站 http://www.ceconline.com/

[45] 哈佛商业评论网 http://www.timeceo.cn/

［46］　中国营销传播网 http：//www. emkt. com. cn/

［47］　第一财经日报 http：//www. china-cbn. com

［48］　中国企业管理培训网 http：//www. cemtnet. com. cn/

［49］　成美营销顾问网 http：//www. chengmei-trout. com/

［50］　李嘉诚玩转屈臣氏成功魔方 http：//www. u258. net/